Das große Buch der EXPERIMENTE

Über 200 spannende Versuche, die klüger machen

gondolino

Il grande libro degli Esperimenti
© 1999, Istituto Geografico De Agostini S.p.A., Novara

© für diese Ausgabe: **gondolino** in der Gondrom Verlag GmbH 2004
Übersetzung: Anke Schreiber (akapit Verlagsservice)
Satz: akapit Verlagsservice, Berlin/Saarbrücken

ISBN: 3-8112-2292-9

002

5 4 3 2 1

Inhalt

Luft

Hat die Luft ein Gewicht? Übt die Luft eine Kraft aus? Wie viel Kraft hat der Wind? Welches sind die besten Bedingungen zum Fliegen? Woraus besteht Luft? Wie verbreitet sich der Schall? Die Antwort auf diese und viele andere Fragen findest Du mit Hilfe der Experimente auf den folgenden Seiten zu diesen Themen:

Die Luft ist überall • Der Luftdruck • Warme und kalte Luft
Der Flug • Luft und Verbrennung • Der Schall

Die Luft ist überall

Die Luft zirkuliert und nimmt jeden freien Platz ein. Sie befindet sich im Wasser, in Gegenständen, in Pflanzen und auch im Körper von Menschen und Tieren. Luft ist leicht und unsichtbar, aber es gibt Möglichkeiten, sie zu wiegen und zu sehen. Lass uns zusammen herausfinden, warum es eine kleine Lüge ist, zu sagen, dass eine Flasche leer ist …!

Wo findet man Luft?

IM WASSER, OHNE NASS ZU WERDEN

Was du brauchst

- ein Einmachglas
- einen Tischtennisball
- ein Blatt Küchenpapier
- eine durchsichtige Schüssel (höher als das Glas) voll Wasser

Wie du vorgehst

1 Stecke das Küchenpapier in das Einmachglas und drücke es am Boden fest.

2 Lege den Ball auf die Wasseroberfläche in der Schüssel.

3 Stülpe das Glas über den Ball und tauche es ins Wasser, bis es den Boden der Schüssel berührt.

Was passiert?

Es dringt kein Wasser in das Glas ein, und der Ball liegt auf dem Boden der Schüssel im Trockenen.

Weil...

... die Luft im Glas verhindert, dass Wasser eindringt und das Küchentuch nass wird: wenn du das Glas aus der Schüssel nimmst, kannst du dich davon überzeugen, dass das Papier trocken geblieben ist. Das Glas war nur scheinbar leer!

4 Tauche das Glas noch einmal in die Schüssel.

5 Halte es schräg, sobald es den Boden berührt.

Was passiert?

Aus dem Glas entweichen Blasen, die nach oben steigen und platzen: Wasser dringt ins Glas ein, der Ball treibt im Glas immer mehr nach oben, und das Küchentuch wird nass.

Weil...

...die Luft im Glas einen Weg nach draußen gefunden hat und aufsteigt; jetzt kann das Wasser ihren Platz einnehmen.

Vakuumverpackungen

Wenn du die Informationen auf einer Kaffepackung liest, findest du das Wort „vakuumverpackt": Es bezeichnet ein industrielles Verfahren, bei dem die Luft aus der Packung gesaugt wird, um das Aroma des Kaffees besser zu erhalten. Wenn man die Packung öffnet, ist ein Zischen zu hören: Das ist die Luft, die ihren Platz in der Packung wieder einnimmt.

Die Luft im Wasser

Auch Wasser enthält Luft; du kannst dich davon überzeugen, wenn du ein volles Wasserglas neben eine Wärmequelle stellst: wenn das Wasser sich erwärmt, siehst du, wie sich kleine Luftblasen an den Glaswänden sammeln.
Der Mensch kann die Luft im Wasser nicht zum Atmen nutzen, sondern braucht im Wasser einen Schnorchel, mit dem er Luft von der Wasseroberfläche bekommt, oder eine Sauerstoffflasche.

Die Luft ist überall: Sie nimmt jeden auch noch so kleinen freien Raum ein.

Hat die Luft ein Gewicht?

EINE WAAGE FÜR DIE LUFT

Was du brauchst

- zwei Plastikstäbchen, 15 und 30 cm lang
- zwei gleichgroße Luftballons
- zwei gleiche Getränkedosen
- Klebeband
- einen Bleistift

Wie du vorgehst

1 Kennzeichne mit dem Bleistift die Mitte des längeren Stäbchens.

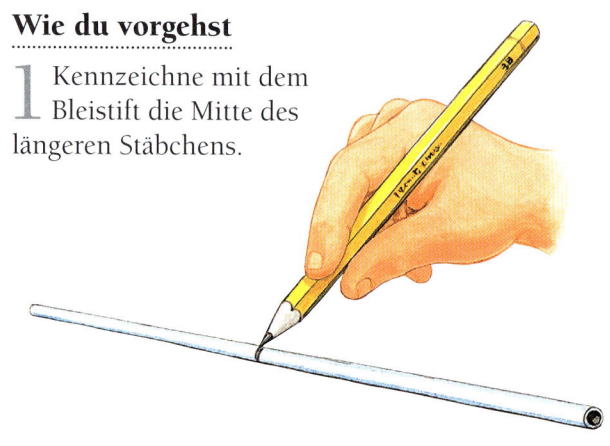

2 Befestige die beiden Luftballons mit Klebeband an den Enden des Stäbchens.

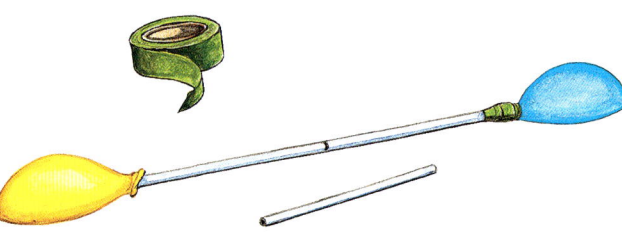

3 Lege den Mittelpunkt des langen Stäbchens quer über das kurze, das du auf den beiden Getränkedosen befestigt hast.

Was passiert?

Das Stäbchen bleibt horizontal liegen.

Weil...

... die Luftballons dasselbe Gewicht haben

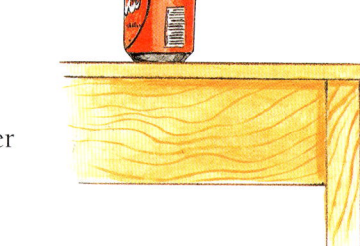

4 Blase einen Ballon auf und befestige ihn wieder an dem Stäbchen. Passe dabei auf, dass es genauso liegt wie zuvor

Was passiert?

Das Stäbchen neigt sich zu der Seite mit dem aufgeblasenen Ballon.

Weil...

... die Luft in seinem Inneren ihn schwerer macht als den nicht auf- geblasenen Ballon.

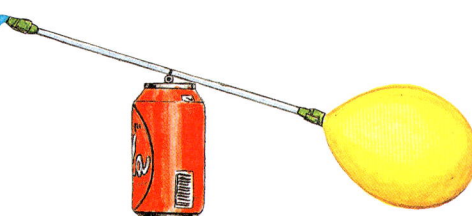

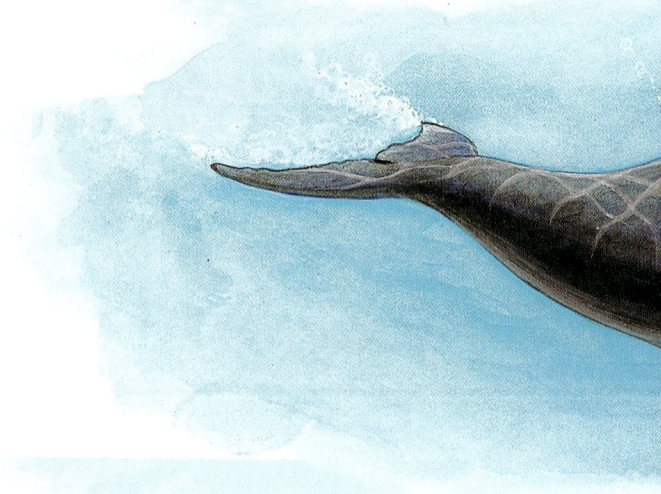

8

DIE LUFT IN EINEM RAUM

Was du brauchst

- einen Zollstock (oder ein Maßband)
- Papier und Stift
- eine Personenwaage

Wie du vorgehst

1 Miss die Größe eines Raumes: Länge und Breite des Fußbodens (das geht am Besten entlang der Wände) und die Höhe des Zimmers.

2 Multipliziere diese Maße miteinander, um das Volumen in Kubikmetern zu erhalten (Volumen = Länge x Breite x Höhe).

3 Wissenschaftler haben ausgerechnet, dass ein Kubikmeter Luft etwa 1,2 kg wiegt: multipliziere also das Volumen des Zimmers mit 1,2 und du erhältst das Gewicht der Luft in diesem Raum.

4 Jetzt wiege dich selbst und vergleiche dein Gewicht mit dem der Luft: Wer wiegt mehr?

Was passiert?

Du wirst feststellen, dass die Luft in einem Raum mehr wiegt als du.

Weil...

... die Luft in einem Raum mittlerer Größe so viel wiegt wie ein Erwachsener (etwa 70 kg).

Luftblasen zum Anlocken der Beute

Wenn du einen Tischtennisball unter Wasser drückst und ihn dann loslässt, wird er ganz schnell wieder an die Oberfläche kommen, denn Dinge, die leichter sind als Wasser, schwimmen darauf. Deswegen steigen Luftblasen im Wasser immer nach oben. Der Buckelwal nutzt dieses Phänomen zum Beutefang: Er schwimmt konzentrische Kreise unterhalb von Fischschwärmen und produziert dabei Luftblasen, die beim Aufsteigen die Fische zusammendrängen, so dass der riesige Wal sie leicht verschlingen kann.

Auch eine scheinbar leichte Substanz wie die Luft hat ein Gewicht.

9

Der Luftdruck

Die Atmosphäre, die dichte Luftschicht, welche die Erde umgibt (etwa 1.000 km), übt auf Körper und Gegenstände Druck aus, den man aber nicht spürt, obwohl auf einen erwachsenen Menschen 15 Tonnen Luft drücken!

Lass uns zusammen den Luftdruck entdecken und herausfinden, warum wir ihn nicht spüren, wie man ihn messen, erhöhen und nutzen kann, um Maschinen anzutreiben oder die Schwerkraft zu besiegen.

Übt die Luft eine Kraft aus?

EINE UNSICHTBARE KRAFT

Was du brauchst

- ein Lineal
- ein großes Blatt Papier
- einen Tisch als Untergrund

Wie du vorgehst

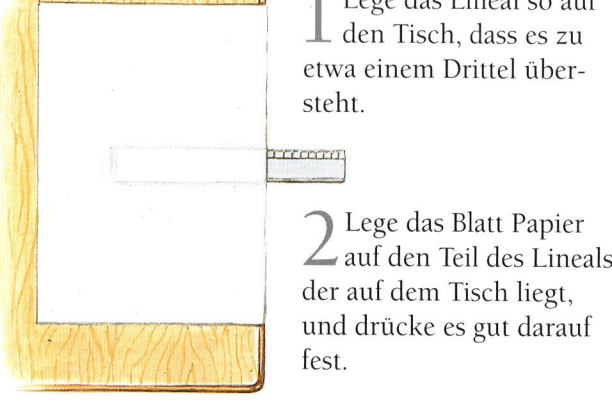

1 Lege das Lineal so auf den Tisch, dass es zu etwa einem Drittel übersteht.

2 Lege das Blatt Papier auf den Teil des Lineals, der auf dem Tisch liegt, und drücke es gut darauf fest.

3 Schlage auf den überstehenden Teil des Lineals, damit das Papier in die Luft fliegt. Vorsicht, ein zu starker Schlag kann das Lineal zerbrechen.

Was passiert?

Das Blatt Papier verhindert, dass das Lineal sich hebt.

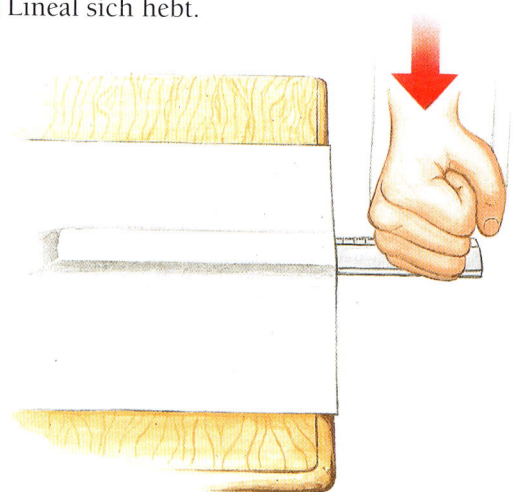

Weil...

... Luft auf das Papier drückt. Da die Oberfläche des Blattes sehr groß ist, kann genug Luft darauf drücken, um zu verhindern, dass das Papier angehoben wird, egal wie stark der Schlag war.

DIE LUFT HEBT DAS WASSER

Was du brauchst

- eine Schüssel
- ein Glas
- Wasser

Wie du vorgehst

1 Tauche das Glas ins Wasser und stelle es auf den Kopf.

2 Hebe es so an, dass der Rand unter Wasser bleibt.

Was passiert?

Das Wasser im Glas wird angehoben und erreicht so ein höheres Niveau als das Wasser außerhalb des Glases.

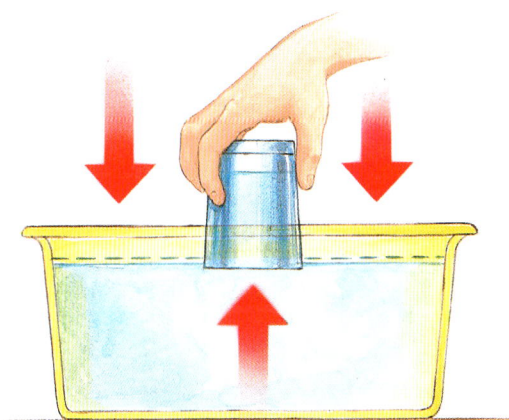

Weil...

... der Luftdruck an der Oberfläche des Wassers in der Schüssel das Wasser in das Glas drückt. Wenn man das Glas aus dem Wasser heraushebt, dringt Luft hinein und drängt das Wasser hinaus: Das Glas leert sich.

Die Luft übt auf alle Oberflächen, mit denen sie in Kontakt kommt, Druck aus.

Drückt die Luft nur von oben nach unten?

STÄRKER ALS WASSER

Was du brauchst

- ein Glas mit glattem Rand
- eine Ansichtskarte oder ein Stück glänzenden Karton in der gleichen Größe
- Wasser
- ein Waschbecken, über dem du arbeitest

Wie du vorgehst

1 Fülle das Glas mit Wasser.

2 Drücke die Karte mit der glatten Seite nach unten fest auf das Glas (Sie darf dabei ruhig ein bisschen nass werden).

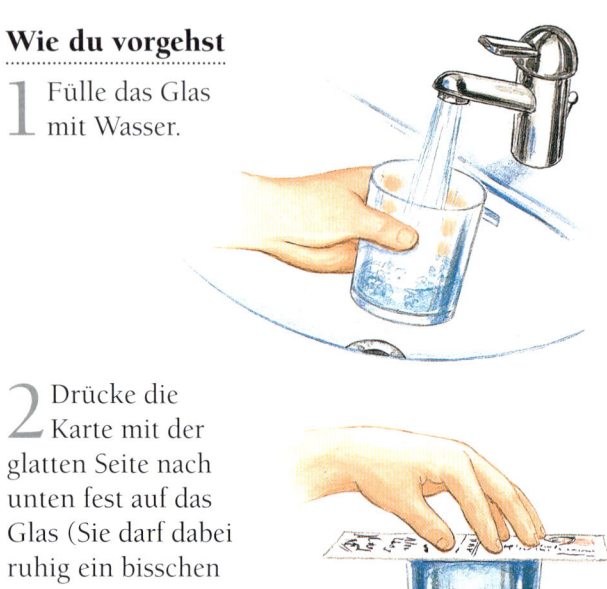

3 Halte die Postkarte mit der Hand fest und drehe das Glas um.

4 Nimm die Hand von der Karte.

Was passiert?

Die Postkarte bleibt am Rand des Glases haften, und das Wasser fließt nicht heraus.

Weil...

... der Luftdruck, der von unten auf die Postkarte trifft, größer ist als das Gewicht des Wassers im Glas. Deshalb kann die Karte dem Wasser standhalten und fällt nicht herunter.

Die Kraft von Saugnäpfen

Wenn du einen Saufnapf auf eine Oberfläche drückst, entweicht die Luft aus seinem Inneren; der äußere Luftdruck bewirkt, dass das Gummi des Saugnapfes fest an der Oberfläche haften bleibt. Wenn du den Rand des Saugnapfes anhebst, dringt Luft hinein und er funktioniert nicht mehr: Der Innen- und der Außendruck sind im Gleichgewicht. Du kannst selbst ausprobieren, auf welchen Oberflächen ein Saugnapf haften bleibt und auf welchen nicht.

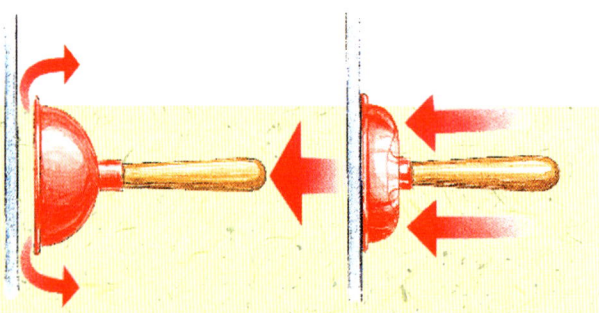

Du wirst feststellen, dass Saugnäpfe nur auf ganz glatten Flächen haften: Auf rauem Untergrund dagegen kann die Luft, die beim Andrücken entweicht, durch die Spalte zwischen Fläche und dem Gummi des Saugnapfes sofort wieder eindringen.

Der Luftdruck wirkt in alle Richtungen, auch von unten nach oben.

Drückt die Erdatmosphäre auf uns?

EIN ABDRUCK

Was du brauchst

- Plastillin oder Knetmasse
- eine Glasflasche voll Wasser mit Schraubverschluss

Wie du vorgehst

1 Knete das Plastillin und drücke es gleichmäßig flach.

2 Drücke die Flasche mit dem Boden auf das Plastillin.

3 Drücke die Flasche noch einmal darauf, diesmal aber mit dem Verschluss voran.

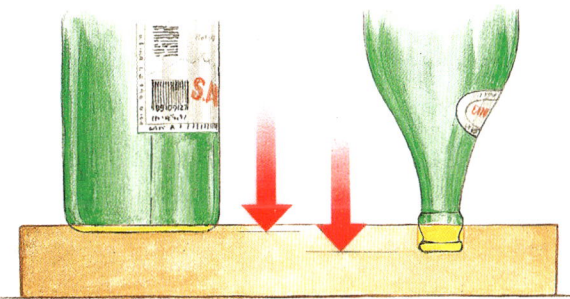

Was passiert?

Der Abdruck, den der Flaschenboden im Plastillin hinterlassen hat, ist nicht so tief wie der des Verschlusses.

Weil...

... im ersten Fall die Fläche, auf die sich das Gewicht der Flasche verteilt, größer ist; im zweiten Fall konzentriert sich dasselbe Gewicht auf eine viel kleinere Fläche, übt dadurch einen stärkeren Druck aus und hinterlässt einen tieferen Abdruck. Der Druck, den ein Körper ausübt, hängt also tatsächlich davon ab, wie groß die Fläche ist, die auf den Untergrund drückt: Deshalb versinkst du mit Skiern nicht im Schnee.

Ein Kräftegleichgewicht

Der *atmosphärische Druck* wird durch das Gewicht der Luft bestimmt, die über uns ist und auf alles drückt, was sich auf der Erdoberfläche befindet. Wie kommt es, dass sie uns nicht zerdrückt? Weil unser Körper verschiedene Oberflächen hat, auf die der Luftdruck sich in verschiedene Richtungen verteilen kann und vor allem deswegen, weil sich im Inneren unseres Körpers, wie auch in Tieren und Gegenständen, Luft befindet, die nach außen drückt und den Druck der Atmosphäre ausgleicht. Dank dieses Kräftegleichgewichts spüren wir den Druck der Atmosphäre nicht.

Unterschiedlicher Druck

Der Luftdruck im Gebirge ist geringer als der Druck auf der Höhe des Meeresspiegels: Je höher man kommt, desto weniger dicht ist die Luftschicht über uns, und damit reduziert sich auch der Luftdruck. Dasselbe passiert unter Wasser. Je tiefer man kommt, desto mehr spürt man den Druck des Wassers über sich. Der Luftdruck hängt auch von der Temperatur (warme Luft wiegt weniger als kalte) und der Feuchtigkeit ab (Luft voller Wassertröpfchen ist schwerer als trockene). Diese Unterschiede können mit verschiedenen Instrumenten wie dem *Barometer* oder dem *Höhenmeter* gemessen werden.

Mit dem Barometer kann man den Luftdruck messen und so Veränderungen der Witterungsbedingungen vorhersagen.

Die Luft übt einen gleichmäßigen Druck auf Körper und Gegenstände aus und wird durch den Druck der Luft, die in ihnen enthalten ist, ausgeglichen.

13

Kann sich Luft verdichten?

DIE LUFT ZUSAMMENDRÜCKEN

Was du brauchst

• eine Spritze ohne Nadel

Wie du vorgehst

1 Nimm die Spritze und ziehe den Kolben heraus, so dass sie voll Luft ist.

2 Halte mit dem Finger das Loch zu, drücke kräftig auf den Kolben und lasse ihn dann los.

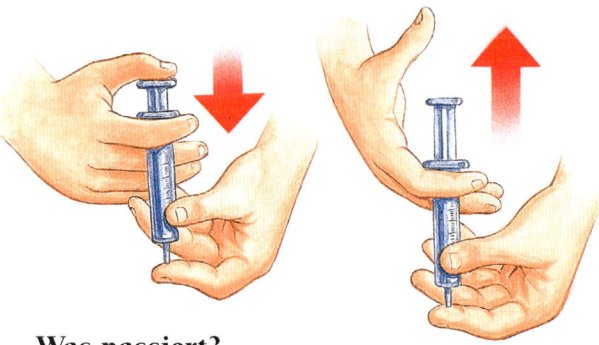

Was passiert?

Der Kolben lässt sich gegen einen gewissen Widerstand herunterdrücken, aber nur bis zu einem bestimmten Punkt; an der Öffnung spürst du einen starken Druck. Wenn du den Kolben loslässt, kehrt er in die Ausgangsposition zurück.

Weil...

... Luft sich komprimieren kann; der Kolben zwingt sie, weniger Raum einzunehmen. *Die Komprimierung erhöht den Luftdruck*, das heißt die Kraft, die gegen die Wände der Spritze und den Finger drückt. Der Kolben kehrt in die Ausgangsposition zurück, weil komprimierte Luft dazu neigt, sich auszudehnen: der Druck verringert sich nun, und es entsteht ein Unterdruck.
Wenn du das Experiment mit einer Spritze mit Wasser machst, siehst du, dass sich der Kolben nicht herunterdrücken lässt.

Die Kraft von komprimierter Luft

Die komprimierte Luft in *Reifen* kann das Gewicht von Fahrrädern, Autos und Lastzügen tragen und dank ihrer Elastizität Schläge aufgrund von unebenem Gelände dämpfen.

Auch der *Hubschrauber* und der *Fallschirm* funktionieren mit Hilfe des Luftdrucks. Die Rotorblätter des Hubschraubers drücken die Luft nach unten und komprimieren sie. Die Blätter erhalten einen Druck nach oben, der ihnen beim Abheben hilft. Ein Fallschirm kann dank seiner Form eine große Menge Luft unter sich sammeln und komprimieren, die nach oben drückt; dadurch wird sein Fall verlangsamt.
Das *Luftkissenboot* ist ein besonderes Transportmittel, das sich auf einem Luftkissen im Wasser und zu Land fortbewegen kann.
Einfache Instrumente wie Tropfenzähler und kompliziertere wie ein Düsentriebwerk funktionieren mit der Kraft von komprimierter Luft. Auch du nutzt diese Kraft, wenn du einen aufgeblasenen Luftballon loslässt, um ihn herumfliegen zu lassen.

14

LUFTBALLON MIT DÜSENANTRIEB

Was du brauchst

- eine Schnur
- Klebeband
- einen mittelgroßen Luftballon
- einen Trinkhalm

Wie du vorgehst

1 Ziehe den Faden durch den Trinkhalm und spanne ihn zwischen zwei weit voneinander entfernten Punkten (Türklinken, Haken usw.).

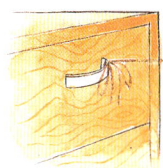

2 Blase den Luftballon auf und halte ihn mit den Fingern zu.

3 Befestige ihn mit Klebeband unter dem Trinkhalm, den du an ein Ende der Schnur ziehst.

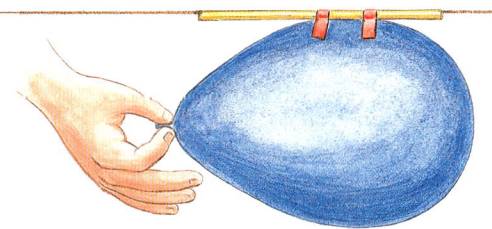

4 Nimm die Finger von der Öffnung des Luftballons und lasse ihn los.

Was passiert?

Der Ballon saust die Schnur entlang.

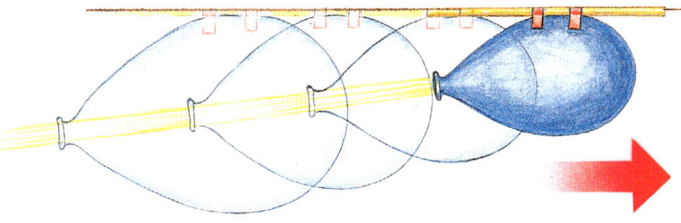

Weil...

... die Luft im Inneren des Ballons gleichmäßig gegen dessen Wände drückt, solange er zugehalten wird; lässt du den Ballon los, kann die Luft heraus, und als Reaktion wird der Ballon in die entgegengesetzte Richtung gedrückt, also nach vorne.

Die Reaktionskraft

Die Schwimmstöße eines Schwimmers oder die Ruderschläge eines Ruderers zeigen dir, dass es zu jeder Kraft eine Gegenkraft gibt: der Druck des Arms nach hinten oder der des Ruders auf das Wasser bewirkt einen ebenso starken Druck in die entgegengesetzte Richtung, der den Schwimmer oder das Boot vorwärts schiebt. So kannst du auch die Funktionsweise von Jets verstehen: ihre Düsentriebwerke stoßen komprimierte und sehr heiße Abgase aus, wodurch sie einen starken Gegendruck nach vorne erhalten.

Die Luft kann sich komprimieren; die Kraft der komprimierten Luft kann ein beachtliches Gewicht tragen oder bewegen.

Warme und kalte Luft

In der Atmosphäre bewegen sich große Massen warmer und kalter Luft. Sie werden von Satelliten fotografiert, und die Meteorologen studieren sie, um Regen und Orkane vorhersagen zu können. Solche Phänomene in der Atmosphäre, wie auch der Wind, der ständig um die ganze Erde weht, sind abhängig von der Reaktion der Luft auf die Wärme der Sonne.

Was passiert, wenn Luft sich erwärmt?

LUFT ERWÄRMEN UND ABKÜHLEN

Was du brauchst

• einen Luftballon
• eine kleine leere Flasche
• eine Schüssel mit warmem Wasser (gehe vorsichtig damit um!)

Wie du vorgehst

1 Stülpe den Luftballon über den Hals der Flasche.

2 Stelle die Flasche für eine Minute in das warme Wasser.

Was passiert?

Der Ballon bläst sich auf.

Weil...

... die Luft, wie alle Substanzen, aus winzigen Teilchen besteht, die sich bewegen: den Molekülen. Wärme bewirkt, dass diese sich voneinander entfernen. Die Luft in der Flasche dehnt sich aus und braucht daher mehr Platz; darum dringt sie in den Ballon ein und bläst ihn auf.

3 Lasse kaltes Wasser in die Schüssel laufen.

Was passiert?

Der Ballon sackt zusammen.

Weil...

... Luft sich bei Kälte zusammenzieht (das heißt, die Moleküle nähern sich einander) und wieder nur den Raum in der Flasche einnimmt.

DAS MAGISCHE GLAS

Was du brauchst

- ein Glas
- ein Buch
- ein Brett mit glatter Oberfläche
- warmes und kaltes Wasser

Wie du vorgehst

1 Lege ein Ende des Bretts auf das Buch, so dass eine Neigung entsteht; tauche das Glas in kaltes Wasser und stelle es umgekehrt auf das höhere Ende des Bretts.

2 Tauche das Glas dann in warmes Wasser und stelle es wieder auf das obere Ende des Bretts

Was passiert?

Wenn das Glas in kaltes Wasser getaucht wird, bewegt es sich langsam nach unten und bleibt dann stehen. Taucht man es in warmes Wasser, rutscht es schnell nach unten und fällt vom Brett.

Weil...

... die Luft im Glas sich ausdehnt, wenn sie durch das Wasser erwärmt wird, und das Glas auf unsichtbare Weise anhebt, so dass es ohne Reibung nach unten rutschen kann.

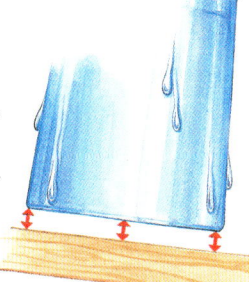

Vorsicht mit der Ausdehnung!

Auf Spraydosen findest du folgenden Hinweis: „Vor Sonneneinstrahlung und Temperaturen über 50° C schützen!". Nach den Experimenten dieser Seiten wirst du verstehen, warum: das komprimierte Gas in der Dose, das deren Inhalt herauspumpt, verhält sich wie die Luft; wenn es sich erwärmt, dehnt es sich aus. So kann es passieren, dass die Dose platzt!

Wenn Luft sich erwärmt, dehnt sie sich aus und benötigt mehr Platz als kalte Luft.

17

Wiegt warme Luft so viel wie kalte?

DIE SPIRALE

Was du brauchst

- ein quadratisches Stück Papier (mindestens 13 x 13 cm)
- einen Bleistift
- eine Schere
- eine etwa 20 cm lange Schnur
- eine Wärmequelle, wie etwa ein heißer Heizkörper oder ein elektrischer Ofen (aber nur unter Aufsicht eines Erwachsenen)

Wie du vorgehst

1 Zeichne eine Spirale wie in der Abbildung auf das Papier und schneide sie aus.

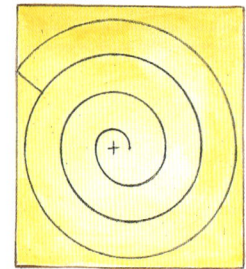

2 Mach ein kleines Loch in die Mitte der Spirale, ziehe die Schnur hindurch und knote sie fest.

3 Halte die Spirale über die Wärmequelle.

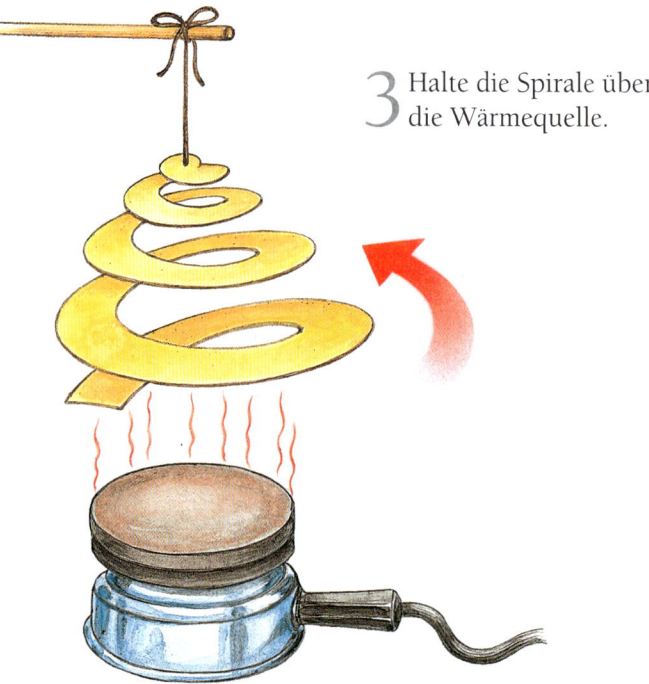

Was passiert?

Die Spirale beginnt, sich um sich selbst zu drehen.

Weil...

... die von der Wärmequelle erwärmte Luft nach oben steigt, auf die Spirale trifft, in ihre Windungen gerät und dadurch deren Kreisbewegung verursacht.

Warme Luft zum Fliegen

Die warme Luft im Inneren eines *Heißluftballons* ist weniger dicht als die kältere Luft in der Atmosphäre. Daher bleibt der Ballon in der Luft, solange die Luft in seinem Inneren erwärmt wird.
Die Ersten, die daran dachten, sich zum Fliegen die warme Luft zunutze zu machen, waren zwei Franzosen, die Brüder Mongolfier. Im 18. Jahrhundert etwickelten sie die ersten Modelle eines Ballons aus Ölpapier und erwärmten die Luft im Inneren, indem sie an der Öffnung des Ballons Stroh verbrannten. 1783 machten zwei weitere Franzosen die erste Reise in einem Heißluftballon.

18

Der Segelflug

Segelflugzeuge, also Flugzeuge ohne Motor, können dank der aufsteigenden warmen Luftströme in der Atmosphäre fliegen, deren Auftrieb stärker ist, als die Erdanziehungskraft, die auf das Segelflugzeug wirkt. Das Segelflugzeug wird von einem Motorflugzeug in die Höhe gezogen, steigt dann dank der Luftströme spiralenförmig nach oben und gleitet dann weiter (das heißt im freien Fall), bis es auf einen weiteren Luftstrom trifft. Der Pilot muss dazu die Bedingungen, unter denen warme Luftströme entstehen oder sich ändern, genau kennen, so dass er, wenn er einen Luftstrom verlässt, immer einen neuen findet, um den Flug fortsetzen zu können.

Diese Art des Fluges nennt man auch „thermischer" Flug, weil dabei die Temperatur der Luft ausgenutzt wird.

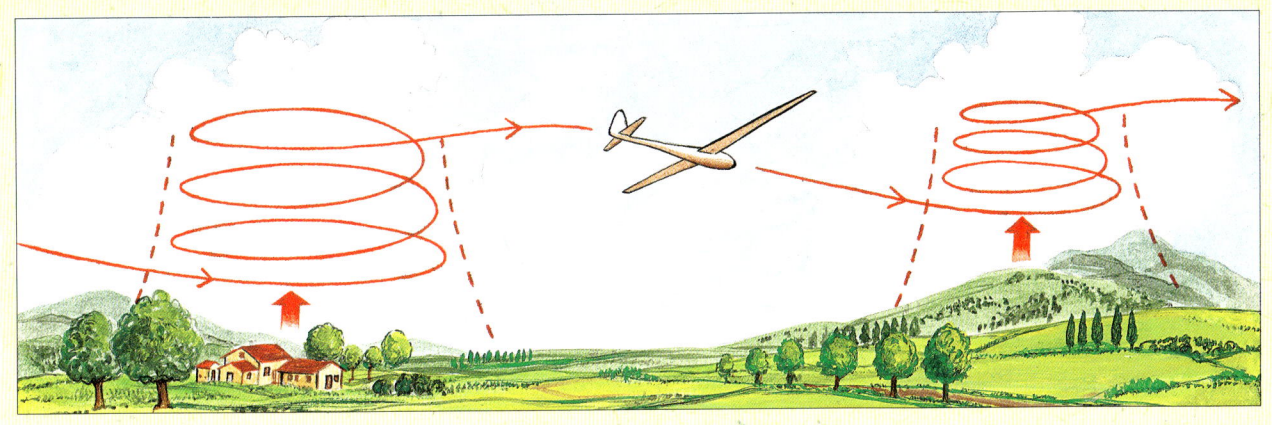

Warme Luft ist leichter als kalte Luft und steigt deshalb nach oben.

Wie breitet sich Wärme in der Luft aus?

DIE LUFTZIRKULATION

Was du brauchst

• Seidenpapier
• eine Schere
• eine Schnur
• Klebeband

Dieses Experiment muss im Winter in einem geheizten Raum durchgeführt werden.

Wie du vorgehst

1 Befestige dünne Seidenpapierstreifen mit Klebeband an einer etwa einen Meter langen Schnur.

2 Befestige die beiden Enden der Schnur mit Klebeband in den unteren Ecken zweier Fensterflügel, wie du es in der Abbildung siehst.

3 Öffne das Fenster, bis die Schnur gespannt ist, und beobachte die Papierstreifen.

Was passiert?

Die Streifen bewegen sich nach innen.

Weil...

... sie von der eindringenden kalten Luft dorthin gedrückt werden.

4 Befestige die Schnur nun in den oberen Ecken der Fensterflügel und wiederhole den Versuch.

Was passiert?

Die Streifen bewegen sich nach außen.

Weil...

... das Eindringen der kalten Luft unten bewirkt, dass die warme Luft im oberen Teil des Zimmers nach außen strömt.

Das Heizen eines Zimmers

Wärme überträgt sich von warmen auf kalte Gegenstände. In einem Raum erwärmt ein Heizkörper die Luft in seiner Nähe, die nach oben steigt. Schwerere kalte Luft nimmt ihren Platz ein, erwärmt sich ihrerseits und steigt nach oben. Wenn sie oben mit kälterer Luft in Kontakt kommt und ihre Wärme an diese abgibt, kühlt sie ab, sinkt nach unten, und der Kreislauf beginnt von vorne. Diese Bewegung der Luft von unten nach oben und von oben nach unten nennt man *Konvektionsstrom*.

Wegen des ständigen Wärmeverlusts muss die Heizung meistens den ganzen Tag laufen.

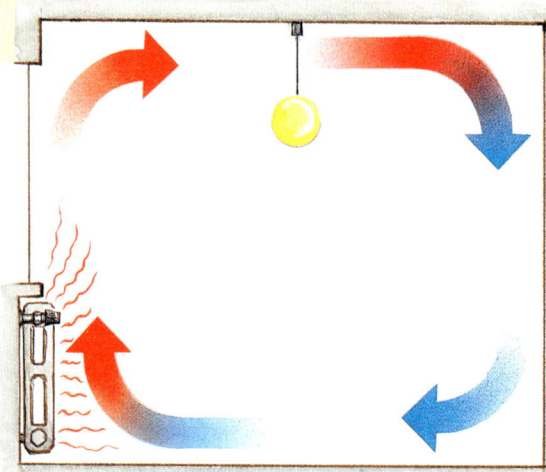

20

VERSUCHE ZUR WÄRMEERHALTUNG

Was du brauchst

- drei Einmachgläser mit Schraubverschluss
- ein Kleidungsstück aus Wolle
- Zeitungspapier
- eine Schachtel mit ebenso hohem Rand wie die Einmachgläser
- warmes Wasser
- ein Thermometer, das man in Wasser tauchen kann

Wie du vorgehst

1 Wickle eines der Gläser in das Kleidungsstück, stelle das Zweite in die Schachtel, die du mit Zeitungspapier ausstopfst, und lasse das Dritte stehen, wie es ist.

2 Fülle alle drei Gläser mit sehr warmem Wasser, miss die Temperatur und verschließe sie dann.

3 Stelle die Gläser für 30 Minuten an einen kalten Ort (zum Beispiel auf den Balkon).

4 Kontrolliere mit dem Thermometer, in welchem Glas das Wasser am stärksten abkühlte.

Was passiert?

In dem ungeschützten Glas ist das Wasser ganz abgekühlt, weniger kalt ist es in den in die Zeitung und das Kleidungsstück eingewickelten Gläsern.

Weil...

... um diese beiden Gläser Luft eingeschlossen war, die sie vor der kalten Luft außerhalb schützen konnte und so das Abkühlen des Wassers verlangsamt hat.

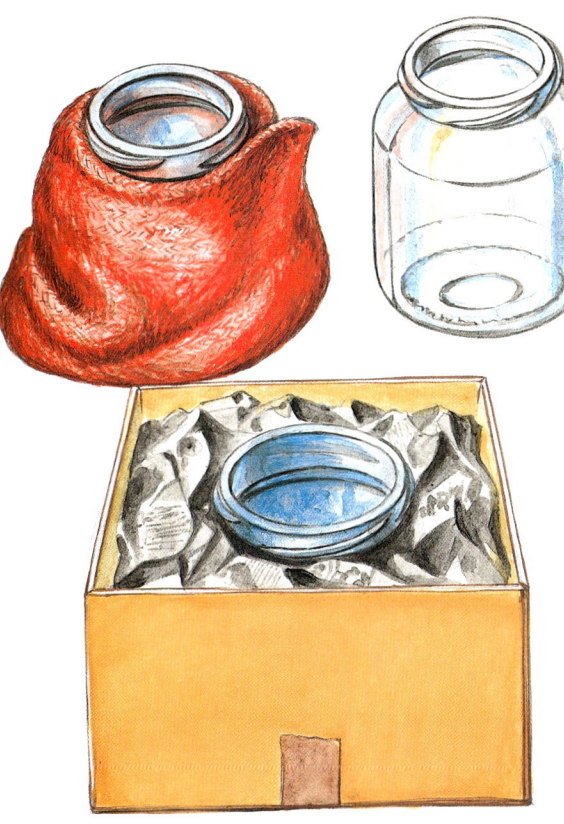

Die Wärme bewahren

Es gibt gute und schlechte Wärmeleiter. ein guter Leiter ist Metall, das Wärme leicht aufnimmt und abgibt (darum werden Metallgriffe eines Topfes auf dem Feuer heiß!). Luft, die sich frei bewegen kann, transportiert Wärme und verteilt sie. Wenn man sie einschließt, wird dieser Vorgang jedoch verhindert, sie ist also ein schlechter Wärmeleiter. Daher nutzt man auch Doppelfenster, um zu verhindern, dass die Wärme aus dem Haus entweicht: In dem Hohlraum zwischen den Scheiben ist Luft eingeschlossen und wirkt wie eine Barriere zwischen Wärme und Kälte. Die Fasern von Wollkleidung, Wattierungen, Vogelfedern und die Pelze einiger Tiere wirken genauso, da sie viel Luft speichern. Sogar Schnee wirkt isolierend und schützt Tiere und Samen vor Kälte.

Die Wärme in der Luft wird durch aufsteigende und absteigende Bewegungen übertragen, die man Konvektionsströme nennt.

21

Üben warme und kalte Luft den gleichen Druck aus?

WER ZERDRÜCKT DIE FLASCHE ?

Was du brauchst

• eine leere 1,5-Liter-Flasche mit Deckel
• warmes Wasser

Wie du vorgehst

1 Fülle die Flasche mit warmem Wasser.

2 Entleere sie nach einigen Sekunden und verschließe sie sofort mit dem Deckel.

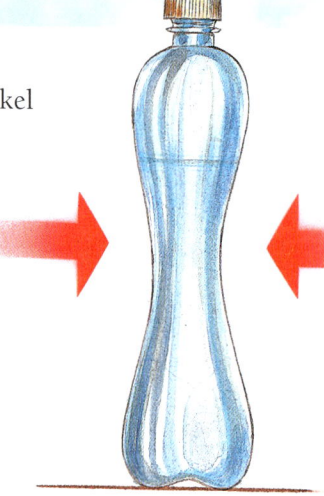

Was passiert?

Sofort flachen sich die Seiten der Flasche ab, als würde sie von zwei Händen zusammengedrückt.

Weil...

... die Luft in der Flasche durch die Wärme leicht ist und sich ausgedehnt hat und einen geringeren Druck hat als die Luft außen. Es ist der Druck der umgebenden Luft, der die Flasche zusammendrückt.

Ein Blick von oben

Um die Erde herum gibt es enorme Konvektionsströme, die von der Wärme der Sonne bestimmt werden. Die Luft bewegt sich ständig von Hochdruckgebieten, in denen die Luft kälter und schwerer ist, wie an den Polen, in Tiefdruckgebiete, wo die Luft warm ist und nach oben steigt, wie am Äquator.

Der Wind und Wetterveränderungen werden von diesen Bewegungen großer Luftmassen bestimmt, weshalb diese von den Meteorologen aufmerksam beobachtet werden.

In einem Tiefdruckgebiet kann man Regen vorhersehen, da die Luft nach oben steigt, kondensiert und dadurch Wolken bildet. Hochdruckgebiete dagegen kündigen trockenes Wetter mit klarem Himmel und strahlendem Sonnenschein an, da die Winde die Wolken verdrängen.

Eine Satellitenaufnahme von Europa mit einem Tiefdruckgebiet über den britischen Inseln.

Warme Luft dehnt sich aus, wiegt weniger und übt daher einen geringeren Druck aus als kalte Luft.

Wie viel Kraft hat der Wind?

DER DRUCK DES WINDES

Was du brauchst

- dünne Pappe
- einen Bleistift
- eine Schere
- einen Reißnagel
- ein Stöckchen

Wie du vorgehst

1 Schneide die Pappe so, wie du es in der Abbildung siehst.

2 Biege die schraffierten Teile nach vorne.

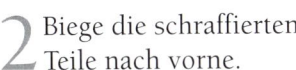

3 Befestige die Mitte des Windrades mit dem Reißnagel an dem Stöckchen.

4 Halte das Rädchen so, dass es vom Wind erfasst wird.

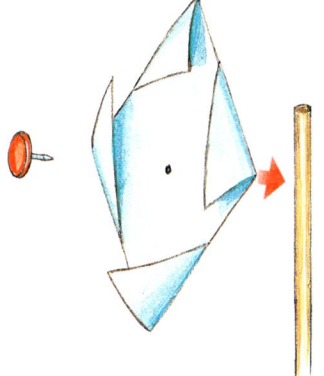

Was passiert?

Das Rädchen dreht sich schnell.

Weil...

... die Luft auf die Pappe trifft und durch die vier Flügelchen geleitet, dabei aber nicht aufgehalten wird. Der Druck, den der Wind auf die Flügel ausübt, erzeugt die Rotation des Windrads. Windmühlen und Windkraftwerke arbeiten nach dem gleichen Prinzip: Ihre Flügel stellen für den Wind Hindernisse dar, die dieser bewegen kann und damit eine Rotationsbewegung erzeugt. In den Windkraftwerken wird die Energie des Windes in elektrische Energie umgewandelt.

Bei einer Fahrt mit dem Segelschiff nutzt der Mensch die Windenergie.

Die Zyklone

Tiefdruckgebiete sind instabiler als Hochdruckgebiete und können Zyklone hervorrufen, die auch Taifune oder Hurrikane genannt werden, je nach der geografischen Zone, in der sie entstehen. Tropische Zyklone sind die gewaltigsten bekannten meteorologischen Phänomene: Sie zerstören alles, was sich ihnen in den Weg stellt. Die Winde rotieren mit einer Geschwindigkeit von bis zu 500 Kilometern pro Stunde um ein Zentrum, das „Auge des Zyklons" genannt wird. Dort ist der Druck sehr niedrig, der Himmel ist blau, und die Luft ist vollkommen ruhig.

Der Wind hat eine große Kraft, die als Energiequelle genutzt werden kann, aber auch zerstörerische Auswirkungen haben kann

Der Flug

Immer, wenn wir ein Flugzeug abheben sehen, faszi- niert es uns, dass es die Schwerkraft besiegen kann, mit seiner kostbaren Fracht in den Himmel aufsteigt und dank seiner Tragflächen fliegt. Wie muss eine Tragfläche konstruiert sein, um das große Gewicht des Flugzeugs halten zu können? Welche Form ist die beste, um die Luft zu durchdringen? Welche Eigen- schaften der Luft nutzen die Flugzeuge? Welche Ge- schwindigkeit kann ein Flugzeug erreichen?

Wie funktioniert ein Flügel?

EIN ÜBERRASCHENDER LUFTZUG

Was du brauchst

- einen Papierstreifen (10 x 20 cm)
- ein Blatt Papier
- zwei Bücher

Wie du vorgehst

1 Halte den Papierstreifen unter deine Lippen und blase von oben darauf.

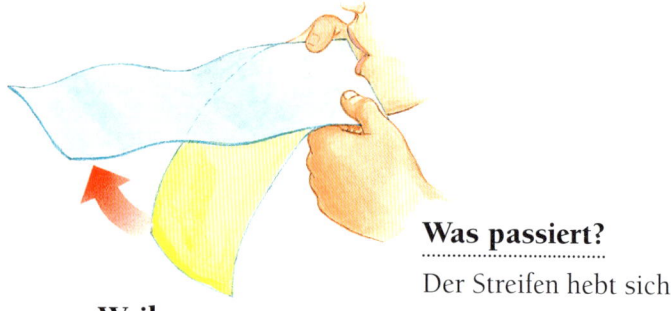

Was passiert?

Der Streifen hebt sich.

Weil...

... die Luft, die an der Oberfläche des Papierstrei- fens entlangströmt, weniger Druck ausübt als die Luft unter dem Streifen, die sich nicht bewegt. Letztere bewirkt, dass sich der Streifen anhebt.

2 Lege das Papier auf die 10 cm voneinander ent- fernten Bücher und blase unter das Papier.

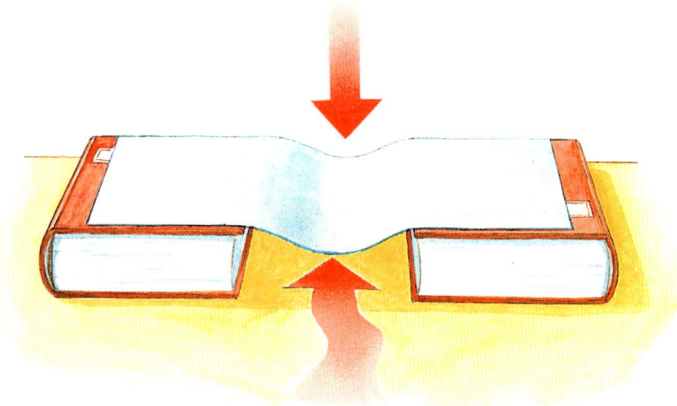

Was passiert?

Das Papier senkt sich zwischen den Büchern.

Weil...

... die Luft, die sich unter dem Papier bewegt, we- niger Druck ausübt als die Luft, die von oben auf das Papier drückt.

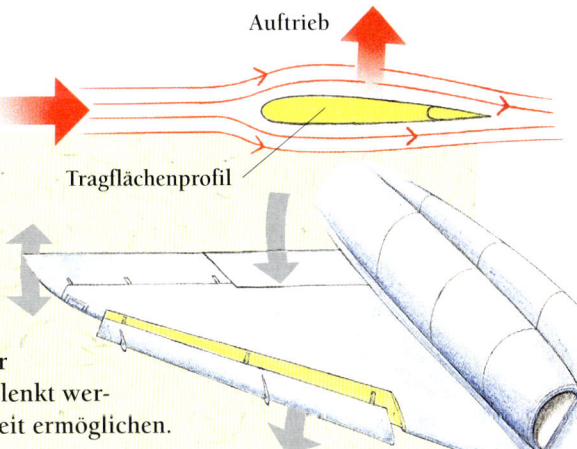

MAGISCHER LUFTZUG

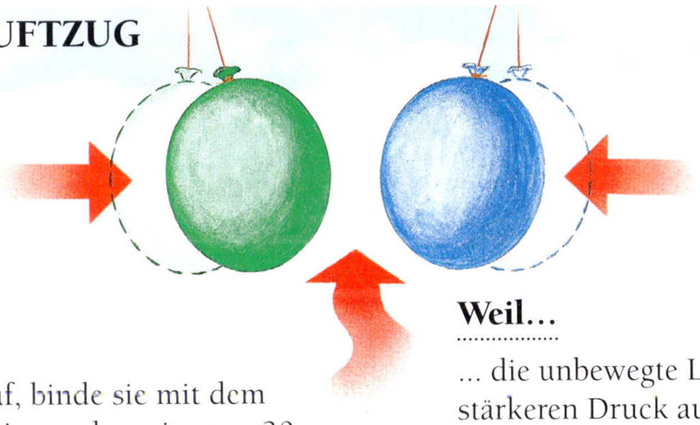

Was du brauchst

- zwei Luftballons
- Faden
- einen Trinkhalm

Wie du vorgehst

1 Blase die Ballons auf, binde sie mit dem Faden zu und bitte jemanden, sie etwa 30 cm voneinander entfernt vor dir baumeln zu lassen.

2 Blase durch den Trinkhalm zwischen die Ballons.

Was passiert?

Die Ballons bewegen sich aufeinander zu

Weil…

… die unbewegte Luft um die Ballons herum einen stärkeren Druck ausübt als die, die zwischen ihnen hindurchströmt und sie so gegeneinander drückt.

Auftrieb

Tragflächenprofil

Die Luft auf der Tragfläche

Die Luft strömt schneller über den oberen, gebogenen Teil der Tragfläche, dessen vordere Kante höher ist als die hintere (damit die Luft besser darübergleitet). Der Luftdruck unter der Tragfläche ist daher größer und drückt diese nach oben. Die Kraft, die die Tragfläche wegen des Druckunterschieds trägt, nennt man *Auftrieb*. Der Luftstrom auf der Tragfläche kann durch Querruder oder Klappen abgelenkt werden, die das Abheben, Wenden und Fliegen bei geringer Geschwindigkeit ermöglichen.

Die Tragfläche eines fliegenden Flugzeugs wird von einer Kraft, dem Auftrieb, getragen, der durch den Druck der Luft unter der Tragfläche entsteht.

25

Welche Form ist zum Fliegen am besten geeignet?

EIN PAPIERFLIEGER

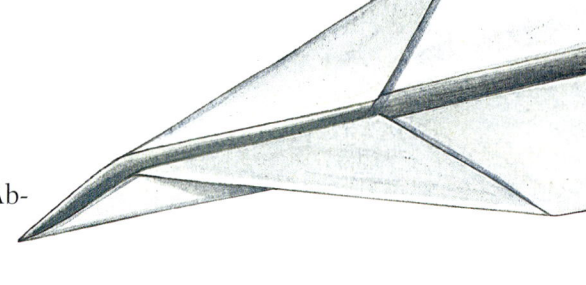

Was du brauchst

• zwei DIN-A-4-Blätter Papier

Wie du vorgehst

1 Befolge sorgfältig die Anweisungen zu den Abbildungen und falte aus einem der beiden Blätter einen Papierflieger.

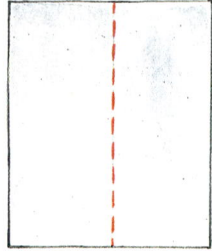 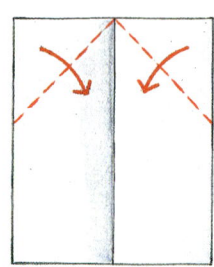 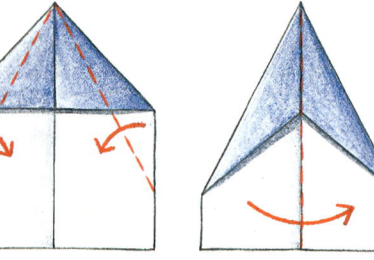 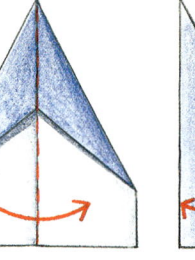

Falte das Papier an der schraffierten Linie und öffne es.

Falte das Papier an den gestrichelten Linien in Richtung der Pfeile.

Mache zwei kleine Schnitte und biege die Klappen nach oben.

2 Wirf das ungefaltete Papier in die Luft und beobachte seinen Flug.

3 Beobachte nun den Flug des Fliegers.

Was passiert?

Das Blatt Papier flattert unregelmäßig herum und fällt bald zu Boden. Der Papierflieger dagegen fliegt länger und hat eine regelmäßige Flugbahn.

Weil...

... der Flieger die Luft dank seiner Form gut durchdringen kann und den Auftrieb nutzt, um in der Luft zu bleiben, bis der Schwung, den deine Hand ihm gegeben hat, nachlässt. Das Blatt Papier dagegen bietet der Luft eine große Oberfläche, so dass sie nicht leicht darüber gleiten kann.

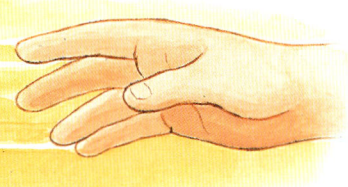

Der Windkanal

Kannst du dir ein würfelförmiges Flugzeug vorstellen? Oder einen Rennwagen, der vorne flach ist? Verkehrsmittel, die hohe Geschwindigkeiten erreichen müssen, so wie Flugzeuge oder Rennwagen, haben eine Form, die den Luftwiderstand verringert. Der Windkanal ist eine künstliche Umgebung, in der man die aerodynamischen Eigenschaften eines Objekts beobachtet und misst. Ein unbewegtes Modell (zum Beispiel der Prototyp eines Flugzeugs oder eines Autos) wird von einem Luftstrom erfasst, der dem ähnelt, auf den das Objekt träfe, wenn es sich bewegen würde. Mit Hilfe besonderer Apparaturen und direkter Beobachtung durch Techniker (das Modell wird mit Drähten versehen, die die Bewegung der Luft sichtbar machen, sowie mit chemischen Substanzen, die je nach Temperatur ihre Farbe verändern) studiert man die Fähigkeit des Objekts, die Luft zu durchdringen, das heißt das Verhältnis zwischen seiner Geschwindigkeit und der Kraft, die es braucht, um diese zu erreichen: Je aerodynamischer die Form, desto geringer die Kraft,

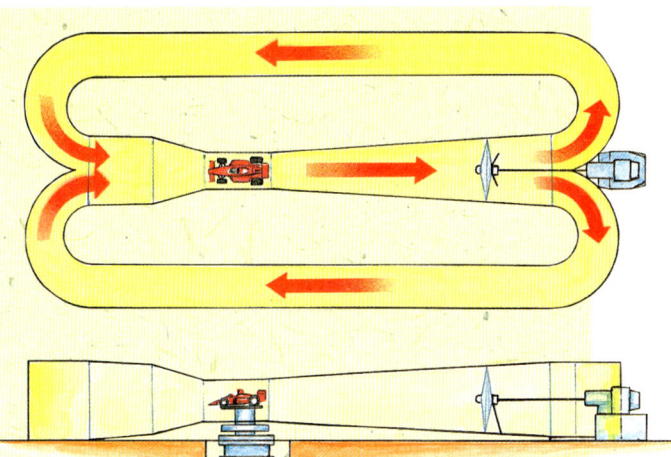

die benötigt wird, um eine bestimmte Geschwindigkeit zu erreichen. Solche Studien haben zu grundlegenden Veränderungen beim Bau von Zivil- und Militärflugzeugen geführt: Die gerade Tragfläche wurde durch pfeilförmige, Deltaflügel oder variable Flügel (zur Anpassung an verschiedene Geschwindigkeiten) ersetzt, und auch die aerodynamische Form des Rumpfes wird immer wichtiger.

Überschallgeschwindigkeit

Normale Linienflugzeuge für den Personentransport fliegen mit einer Durchschnittsgeschwindigkeit von 800 850 km/h.

Überschallflugzeuge können schneller fliegen als der Schall. Ihre Geschwindigkeit wird in Mach gemessen: Mach 1 entspricht der Schallgeschwindigkeit, was bei einer Höhe von 1.150 Metern 1.050 km/h ausmacht.

Das schnellste Zivilflugzeug der Welt ist die Concorde, die eine Geschwindigkeit von 2.330 km/h erreicht (Mach 2,2). Der schnellste Militärjet der Welt ist die Lockheed SR 71, die Mach 3,5 erreicht.

Aerodynamische Formen können die Luft leicht durchdringen, da diese leicht über ihre Oberfläche gleiten kann.

27

Luft und Verbrennung

Erst Ende des 18. Jahrhunderts fanden Wissenschaftler heraus, dass die Luft aus verschiedenen Gasen zusammengesetzt ist. Als sie das Verhalten einer Flamme in einer Umgebung mit begrenztem Luftgehalt beobachteten, erkannten sie, dass sich die Gase, aus denen die Luft besteht, unterschiedlich auf den Verbrennungs-prozess auswirken. Wenn man ein Feuer macht, facht man es an, indem man Luft daraufbläst. Bläst man jedoch auf die Flamme einer Kerze, geht sie aus!
Auf den folgenden Seiten wirst du herausfinden, unter welchen Bedingungen Dinge brennen, und die Eigenschaften und die Herkunft der Gase, aus denen die Luft besteht, kennenlernen.

Was ist in der Luft?

WIE LUFT VERBRAUCHT WIRD

Was du brauchst

- einen Suppenteller
- eine Kerze
- ein Einmachglas, das höher ist als die Kerze
- Wasser
- Tinte
- ein Streichholz
- Knetmasse

Wie du vorgehst

1 Befestige die Kerze mit etwas Knetmasse auf dem Teller.

2 Gieße etwas Wasser auf den Teller und gib einige Tropfen Tinte dazu, damit es besser sichtbar wird.

3 Lasse dir von einem Erwachsenen die Kerze anzünden und stülpe das Glas darüber.

Was passiert?

Nach kurzer Zeit geht die Flamme aus, das Wasser aus dem Teller dringt in das Glas ein, und nimmt etwa ein Fünftel davon ein.

Weil…

… die brennende Kerze einen Teil der Luft verbraucht, den *Sauerstoff*. Das Wasser wird vom Außendruck in das Glas gedrückt und nimmt den Teil ein, der frei von Sauerstoff ist. Weiter kann es nicht eindringen, da ein Teil der Luft, vorwiegend bestehend aus *Stickstoff*, noch im Glas ist.

Die Zusammensetzung der Luft

Luft setzt sich zusammen aus Sauerstoff (21%), Stickstoff (78%), Wasserdampf, Kohlendioxid und anderen Gasen (1%). Stickstoff ist ein Inertgas und hat keinen Einfluss auf den Verbrennungsprozess.

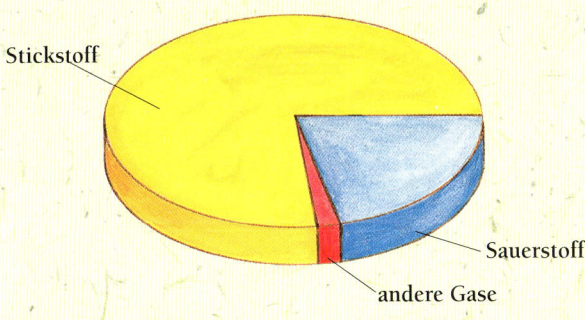

Stickstoff

Sauerstoff

andere Gase

Die Verbrennung

Die Verbrennung ist eine chemische Reaktion, für die drei Elemente notwendig sind: *Wärme*, ein *Sauerstoffträger* und ein *brennbarer Stoff*. Fehlt einer dieser Faktoren, erlischt das Feuer. Wenn wir eine Kerze mit einem Streichholz anzünden, erzeugen wir die erforderliche Wärme, damit der Sauerstoff das Wachs entzünden kann, in das der Docht (der brennbare Stoff) eingebettet ist.
Wenn wir auf die Flamme blasen, entfernt sich die Wärme vom brennbaren Stoff und die Verbrennung wird unterbrochen. Mit einem Kaminfeuer verhält es sich anders, da die Luft, die darauf geblasen wird, nicht die Kraft hat, es zu löschen. Stattdessen facht sie es sogar an, weil sie ihm noch mehr Sauerstoff zuführt.

Die Luft ist eine Mischung aus verschiedenen Gasen, von denen Sauerstoff und Stickstoff den größten Anteil haben.

Wie entstehen Sauerstoff und Kohlendioxid?

EINE PFLANZE BEI DER ARBEIT

Was du brauchst

• einige Zweige einer Wasserpflanze
• eine Schüssel
• ein transparentes Glasgefäß
• eine Ansichtskarte
• Wasser

Wie du vorgehst

1 Fülle die Schüssel mit Wasser.

2 Stelle die Zweige in das Glas und fülle es mit Wasser.

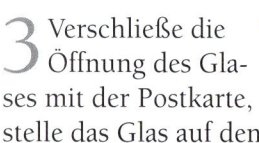

3 Verschließe die Öffnung des Glases mit der Postkarte, stelle das Glas auf den Kopf, wobei du es weiter zuhältst, und tauche es in die Schüssel.

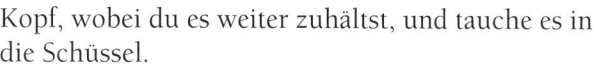

4 Ziehe die Postkarte darunter hervor und stelle die Schüssel dann ins Sonnenlicht.

Was passiert?

Auf den Blättern entstehen Luftbläschen (die voller Sauerstoff sind), die zur Wasseroberfläche steigen.

Weil…

…die Blätter von Wasserpflanzen, wie die anderer Pflanzen auch, im Sonnenlicht Sauerstoff freisetzen. Da Sauerstoff durchsichtig ist, ist diese Reaktion nur im Wasser sichtbar.

Die Fotosynthese

Pflanzen können die Nahrung, die sie zum Wachsen brauchen, selbst herstellen: Sie absorbieren Sonnenlicht und Kohlendioxid, verbinden sie mit Wasser und Chlorophyll (das ist die Substanz, die die Blätter grün färbt) und produzieren Sauerstoff und Glucose, d. h. den Zucker, der ihre Nahrung darstellt. Dieser Prozess heißt *Fotosynthese* und geschieht tagsüber. Nachts nehmen die Pflanzen Sauerstoff auf. Ohne Pflanzen wäre das Leben von Menschen und Tieren auf der Erde nicht möglich.

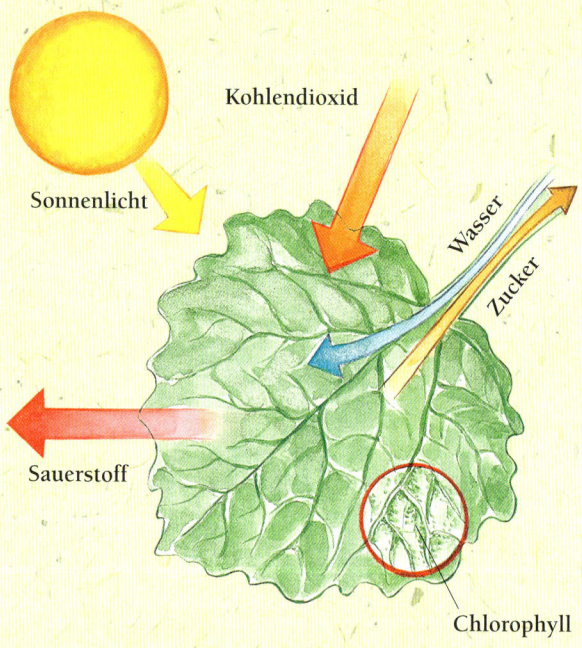

Kohlendioxid

Sonnenlicht

Wasser

Zucker

Sauerstoff

Chlorophyll

Warum atmen wir?

Beim Atmen, führen wie unserem Körper Luft zu, die Sauerstoff enthält: dieser gelangt von den Lungen ins Blut, wo er für chemische Reaktionen genutzt wird, bei denen Nahrung verbrannt wird. Als Abfallprodukt entsteht dabei Kohlendioxid, das wir beim Ausatmen ausscheiden, so dass es von den Pflanzen wieder zur Fotosynthese genutzt werden kann. Sauerstoff und Kohlendioxid werden von den Lebewesen ständig ausgeschieden und wieder absorbiert.

EIN KOHLENDIOXID-FEUERLÖSCHER

Was du brauchst

- einen Teller
- ein Glas
- eine Kerze
- ein Streichholz
- einen Teelöffel
- Essig
- Natron
- eine Papprolle
- Knetmasse

Wie du vorgehst

1 Befestige die Kerze mit Knetmasse auf dem Teller und lasse sie dir anzünden.

2 Gib einen Teelöffel Natron und drei Fingerbreit Essig in das Glas.

3 Wenn sich in dem Glas Gasbläschen bilden, hältst du die Papprolle in die Nähe der Kerze (Pass auf, dass du ihr nicht zu nahe kommst!) und neigst das Glas leicht darüber, als würdest du die Luft, die sich in dem Glas befindet, durch die Papprolle gießen.

Was passiert?

Die Flamme geht aus.

Weil...

... die Gasbläschen, die sich gebildet haben, als das Natron und der Essig in Kontakt kamen, aus Kohlendioxid bestehen, der schwerer ist als Luft und daher durch die Pappröhre auf die Flamme trifft, wodurch der Sauerstoff verdrängt und die Verbrennung unterbrochen wird. Auch Feuerlöscher, die zum Löschen bestimmter Brände eingesetzt werden, wie zum Beispiel bei Bränden, die durch elektrische Geräte ausgelöst wurden, enthalten Kohlendioxid.

Kohlendioxid in Speisen und Getränken

Die charakteristischen Löcher im Schweizer Käse entstehen durch Kohlendioxid, das sich bei der Gärung der Milch bildet. Auch das schwammartige Aussehen von Brot ist auf Kohlendioxidbläschen zurückzuführen, die bei der Gärung enstehen.
Man benutzt dieses Gas auch, um Getränke prickeln zu lassen oder, in festem Zustand wie Trockeneis, um Speisen und Getränke kalt zu halten.
Hast du schon einmal Trockeneis in Wasser gegeben? Du wirst einen magischen Nebel und viele Bläschen sehen.

Sauerstoff wird von den Pflanzen produziert, Kohlendioxid entsteht vor allem durch die Atmung von Menschen und Tieren.

31

Der Schall

Wir sind ständig von Geräuschen umgeben, die uns zu verstehen geben, was um uns herum geschieht. Sie werden vom Gehirn entschlüsselt, auch wenn wir nicht sehen, wodurch sie hervorgerufen wurden.
Die Töne, die wir hören, werden durch Schwingungen von Gegenständen verursacht. Wenn du eine Hand an den Hals legst, während du sprichst, spürst du die Vibration deiner Stimmbänder. Doch wie erreichen diese Töne unser Ohr? Wie können sie sich ausbreiten?

Wie breiten sich Töne aus?

TÖNE SEHEN

Was du brauchst

- Plastikfolie
- ein Gummiband
- eine Plastikschüssel
- einen Topf
- einen Kochlöffel aus Holz
- grobkörniges Salz

Wie du vorgehst

1 Spanne die Folie über die Schüssel und befestige sie mit dem Gummi.

2 Lege die Salzkörner auf die Plastikfolie.

3 Halte den Topf an die Schüssel (ohne dass sie sich berühren) und schlage einige Male mit dem Holzlöffel dagegen.

Was passiert?

Die Salzkörner springen in die Luft.

Weil …

… der Topf ein Geräusch macht, da er und auch die Luft darin vibrieren, wodurch sich Schallwellen bilden; treffen diese auf die Schüssel treffen, schwingt sie ebenfalls und lässt das Salz springen.

Wie können wir die Töne hören?

Unser Ohr kann dank seiner Form Schallwellen einfangen, und leitet sie über das Trommelfell weiter, eine sehr sensible Membran, die beim Eintreffen des Schalls in Schwingung gerät. Die Schallschwingungen werden verstärkt und ins Innenohr geleitet. Von dort werden die Schallbotschaften durch Nervenimpulse an das Gehirn weitergeleitet, das sie dann entschlüsselt.

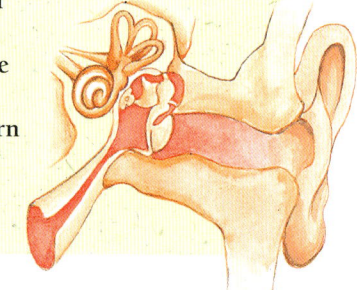

SCHWINGUNGEN SEHEN

Was du brauchst

- einen Besenstiel
- sechs Tischtennisbälle
- sechs Fäden von 50 cm Länge
- zwei Stühle
- Klebeband

Wie du vorgehst

1 Stelle die Stühle einander gegenüber und lege den Besenstiel über die Lehnen.

2 Klebe die Fäden mit einem Ende am Besenstiel fest und befestige am anderen Ende jeweils einen Tischtennisball. Die Bälle müssen dabei ganau auf gleicher Höhe sein und sich gegenseitig berühren.

3 Ziehe den ersten Ball bei gespanntem Faden von den anderen weg und lasse ihn dann los, so dass er auf den nächsten Ball trifft.

Was passiert?

Alle Bälle werden in Bewegung versetzt, der letzte wird von den anderen weggestoßen.

Weil…

… der erste Ball die Bewegung an den zweiten überträgt, der sie an den dritten überträgt usw. Ähnlich verhalten sich Luftmoleküle, die von einer Schallwelle getroffen werden: ein schwingender Körper trifft auf die umgebende Luft und so überträgt sich die Schwingung dank der Elastizität der Luft von einer Luftschicht zur nächsten.

Der Schall breitet sich mit Hilfe schwingender Luft aus und erreicht so auch unser Ohr.

Wird Schall nur in der Luft übertragen?

WIE DIE INDIANER

Was du brauchst

- eine mechanische Uhr
- einen Tisch

Wie du vorgehst

1 Halte die Uhr an dein Ohr und höre auf ihr Ticken; entferne sie immer mehr, bis du sie nicht mehr hörst, und miss diese Entfernung.

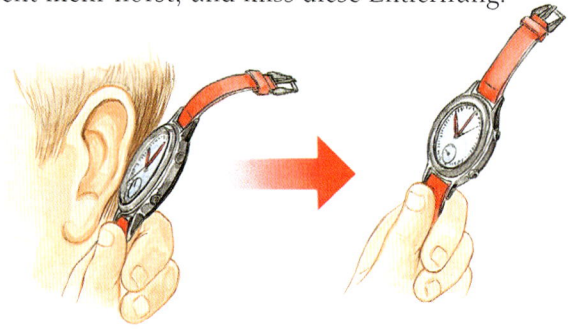

2 Lege die Uhr auf den Tisch und lege dein Ohr in der zuvor gemessenen Enfernung daneben.

Was passiert

Du kannst das Ticken der Uhr deutlich wahrnehmen.

Weil…

… feste Stoffe Schall besser transportieren als Luft. Der Schall kann auch leicht Ziegel und Glas durchdringen: Deswegen wird er auch jenseits von mauern und Fenstern wahrgenommen.

Der Schall im Wasser

Unter Wasser erscheinen Geräusche lauter. Wenn du im Meer auf dem Rücken treibst und deine Ohren unter Wasser sind, hörst du das Geräusch deines Atems lauter. Wenn du zwei Steine ins Wasser wirfst, wirst du ein sehr lautes Geräusch hören. Im Wasser ist die Schallgeschwindigkeit fünfmal so groß wie in der Luft!

Verschiedene Geschwindigkeiten

In der Luft legt der Schall 340 m/Sek. zurück, während er im Wasser in einer Sekunde 1.500 m zurücklegt, in Stahl 5.000 m und in Eisen 4.800 m. Licht legt in einer Sekunde 300.000 km zurück, deswegen sieht man bei einem Gewitter zuerst den Blitz und hört dann den Donner.

Der Schall wird von festen und flüssigen Stoffen besser geleitet als von der Luft.

Wie funktionieren Saiteninstrumente?

KLINGENDE GUMMIS

Was du brauchst

- eine Aluminiumschale
- verschieden dicke Gummibänder
- zwei Filzstifte

Wie du vorgehst

1 Spanne die Gummis im Abstand von einem Zentimeter über die Längsseite der Schale, zupfe sie an und höre, welchen Ton sie erzeugen.

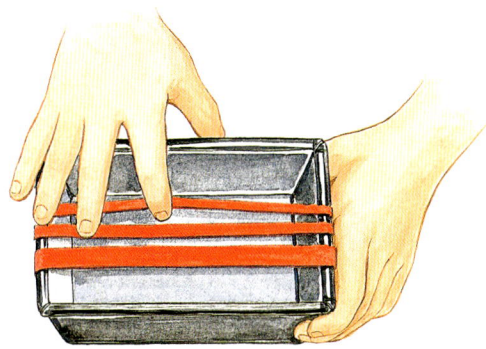

2 Schiebe die beiden Filzstifte an den Seiten der Schale unter die Gummibänder und zupfe noch einmal an den Gummis.

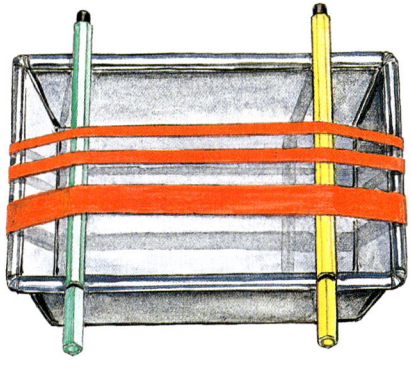

Was passiert?

Wenn du das erste Mal an den Gummis zupfst, hörst du unklare, etwas dumpfe Töne. Beim zweiten Mal sind die Töne klarer.

Weil...

... im ersten Fall die Vibration der Gummis durch die Reibung an den Wänden der Schale behindert wird. Die Filzstifte wirken wie der Steg bei einer Gitarre, das heißt sie heben die Gummis so an, dass sie besser schwingen können und lassen als *Resonanz* auch die Luft in der Schale vibrieren, wodurch intensivere und klarere Töne entstehen. Der Effekt der Resonanz wird auch von Geigen, Mandolinen und Klavieren ausgenutzt, die zu diesem Zweck alle einen Resonanzkörper haben.

Gefährliche Resonanz

Zwei Stimmgabeln sind gleich, wenn sie den gleichen Ton produzieren, indem sie in der gleichen Zeit gleich viele Schwingungen erzeugen. Wenn man eine von ihnen vibrieren lässt, vibriert nach einer Weile auch die andere. Sie wird von den Schwingungen der Luft erfasst, die die Erste hervorgerufen hat, und schwingt mit.

Alles, was schwingen kann, hat eine natürliche Frequenz und beginnt zu schwingen, wenn es von Schallwellen getroffen wird, die dieselbe Frequenz haben.

So kannst du auch verstehen, warum eine Brücke einstürzen kann: Wenn die Schwingungen, die durch die Bewegung von Menschen oder Transportmitteln oder auch vom Wind hervorgerufen werden, der natürlichen Frequenz der Brücke entsprechen, gerät auch diese in Schwingung, und ihre innere Struktur wird stark gefährdet.

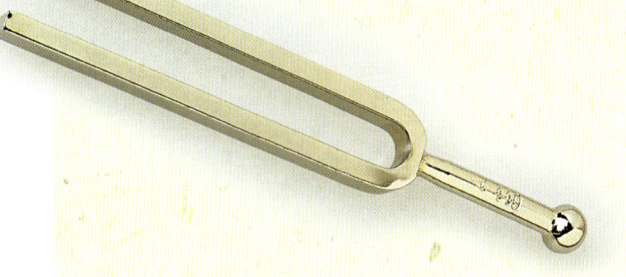

Saiteninstrumente haben einen Resonanzkörper, in dem die Luft vibriert und dadurch die Töne verstärkt.

WISSENSWERTES

Wetterstationen

Veränderungen der Wetterverhältnisse vorhersagen zu können, war für die Landwirtschaft, die Schifffahrt und die Luftfahrt immer wichtig. Heute werden Wettervorhersagen von Zeitungen, Radio und Fernsehen verbreitet, und viele Leute planen danach ihren Tagesablauf oder ihre Reisen. Dank moderner Technologien sind immer genauere Vorhersagen für fünf Tage im voraus möglich. Aber wie? In den Wetterstationen, von denen es auf der Erde etwa 9.000 und im Weltall 800 gibt, werden die Daten von speziellen Flugzegen und Schiffen, Wetterballons sowie Satelliten gesammelt, die von oben die Bewegungen der Luftmassen fotografieren und so die Temperatur bestimmen können. Diese Daten werden von Computern analysiert, die dann mögliche Entwickungen vorhersagen.

Die Magdeburger Halbkugeln

Im 17. Jahrhundert gelang es Otto von Guericke, einem Physiker aus Magdeburg, mit einer besonderen Pumpe die Luft aus einem aus zwei Halbkugeln bestehenden Behälter zu saugen. So entstand im Inneren ein Vakuum, und der Druck auf die Außenwände hielt die Halbkugeln so fest zusammen, dass nicht einmal sechzehn Pferde sie trennen konnten.

Der Mensch und das Fliegen

1783 – In Frankreich fliegt erstmals ein mit Wasserstoff aufgeblasener Ballon mit seinen beiden Erfindern an Bord, den Brüdern Mongolfier, nach denen der Ballon auch Mongolfiere genannt wurde.
1852 – Der Franzose Giffard erfindet ein Luftschiff, das von einem mittels einer Dampfmaschine betriebenen Propeller angetrieben wird; die weiche Hülle des Luftschiffs erhält ihre Form durch das Gas im Inneren (Wasserstoff oder Helium).
1900 – der Deutsche Graf von Zeppelin erfindet das erste feste Luftschiff.
1903 – Die Brüder Wright bauen das erste Flugzeug mit Benzinmotor, das 59 Sekunden lang fliegt.
1927 – Der Amerikaner Lindbergh absolviert den ersten Transatlantikflug ohne Zwischenstopp in einem einmotorigen Eindecker in 33 Stunden, 29 Min.
1931 – Die Amerikaner Post und Gatty fliegen mit einer einmotorigen Maschine um die Welt.
1939 – Der Ingenieur Sikorsky plant den ersten Hubschrauber, dessen Manövrierfähigkeit und Sicherheit den heutigen Helikoptern entspricht.
1952 – Amerikanische Militärhubschrauber überqueren den Atlantik in 42 Stunden.
1957 – Das Militärflugzeug B52 Boeing fliegt in 45 Stunden und 19 Min. um die Welt.
1976 – Die von Franzosen und Italienern entwickelte Concorde fliegt in 3 Stunden und 35 Min. von London und Paris nach Washington.

Das Barometer von Torricelli

Der Italiener Evangelista Torricelli entdeckte im 17. Jahrhundert die Bedeutung des *Luftdrucks*. Er füllte eine an einem Ende geschlossene Glasröhre mit Quecksilber. Er hielt sie mit einem Finger zu, drehte sie um und tauchte sie in eine Schale mit weiterem Quecksilber. Als er den Finger wegzog, fiel das Quecksilber bis auf eine Höhe von 76 cm: Dort war der äußere Luftdruck, der auf die Schale wirkte, im Gleichgewicht mit dem Druck, der in der Schale von dem Quecksilber ausgeübt wurde. Da 76 cm Quecksilber ein Gewicht von 1,033 kg haben und die Röhre eine Grundfläche von 1 cm^2 hatte, errechnete Torricelli, dass Luft einen Druck von etwas weniger als einem Kilogramm pro Quadratzentimeter Oberfläche ausübt (1 kg/1 cm^2). Das Instrument, das Torricelli zur Messung des Luftdrucks erfand, heißt *Barometer*.

Wasser

Wie bewegt sich das Wasser? Warum sind Wassertropfen rund? Warum können einige Körper schwimmen und andere nicht? Warum regnet es? Was geschieht, wenn eine Substanz in Wasser aufgelöst wird?

Die Antworten auf diese und viele andere Fragen findest du mit Hilfe der Experimente der folgenden Seiten zu diesen Themen:

Die Kraft des Wassers • Die Oberfläche des Wassers
Schwimmt es oder nicht? • Die Umwandlung von Wasser
Wässrige Lösungen

Die Kraft des Wassers

Wie alle Flüssigkeiten hat auch das Wasser keine feste Form; es füllt jeden freien Raum aus.

Aufgrund der Erdanziehung fließt es immer nach unten, und die Kraft, die es beim Fall ausübt, ist so groß, dass man sie in elektrische Energie umwandeln kann.

Wasser kann auch langsam in Pflanzenstängeln nach oben steigen und erhält diese so am Leben.

Auf den folgenden Seiten wirst du einige besondere Eigenschaften des Wassers kennenlernen, wie seine Fähigkeit, Objekte zu durchdringen, seinen Druck und die Tatsache, dass es sich bei Wärmezufuhr bewegt.

Wie bewegt sich das Wasser?

AUFSTEIGENDES WASSER

Was du brauchst

- eine etwa 20 cm lange Selleriestaude mit Blättern
- ein Einmachglas
- Wasser
- blaue oder rote Tinte

Wie du vorgehst

1 Fülle das Glas mit Wasser und färbe dieses mit einigen Tropfen Tinte.

2 Tauche die Sellerie-staude in das farbige Wasser und stelle das Glas an einen warmen Ort.

Was passiert?

Nach einigen Stunden nehmen der Stängel und die Blätter des Selleries die Farbe der Tinte an.

Weil...

... der Sellerie von vielen Kanälchen durchzogen ist, durch die das farbige Wasser bis in die Blätter aufsteigen konnte. Das Wasser steigt durch die sehr engen Kanäle nach oben, als würde es von etwas angezogen: Dieses Phänomen, das den Pflanzen unter anderem ermöglicht, mit den Wurzeln Wasser aus dem Boden aufzunehmen und es bis in die Blätter weiterzuleiten, nennt man *Kapillarität*. Auf die gleiche Weise kannst du auch weiße Blumen färben.

DIE BLUME, DIE IM WASSER BLÜHT

Was du brauchst

- ein Blatt Papier
- Buntstifte
- eine Schere
- einen Suppenteller voll Wasser

Wie du vorgehst

1 Zeichne den Stern, den du in der Abbildung siehst ab, male ihn an und schneide ihn aus.

2 Falte die Zacken an den schraffierten Linien nach innen.

3 Lege die Papierblume in das Wasser.

Was passiert?

Die Blume öffnet sich ganz langsam.

Weil...

... das Wasser wegen der Kapillarität in die kleinen freien Räume zwischen den Papierfasern eindringt und es aufquellen lässt, so dass die Knicke sich ausdehnen und die Blume sich öffnet.

Wasser bewegt sich normalerweise nach unten, kann aber aufgrund der Kapillarität auch nach oben steigen.

39

Kann man die Kraft des Wassers erhöhen?

DAS GEWICHT DES WASSERS

Was du brauchst

- zwei Plastikflaschen
- einen Nagel
- Klebeband
- Wasser

Wie du vorgehst

1 Bohre mit dem Nagel gleichgroße Löcher in beide Plastikflaschen, bei der einen Flasche senkrecht, bei der anderen waagerecht, so wie du es in der Abbildung siehst.

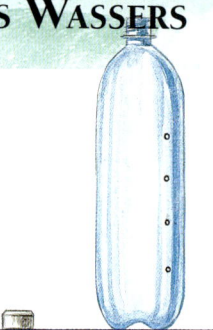
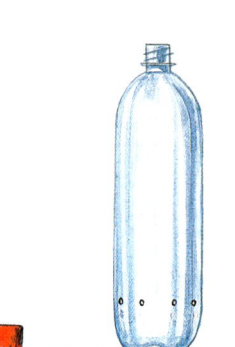

2 Klebe die Löcher mit Klebeband zu.

3 Fülle die Flaschen mit Wasser und ziehe das Klebeband ab.

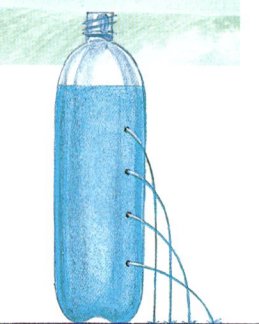

Was passiert?

Aus der Flasche mit den waagerechten Löchern dringen gleichlange Wasserstrahle; bei der mit den senkrecht angeordneten Löchern werden die Strahle länger, je weiter unten das Loch ist.

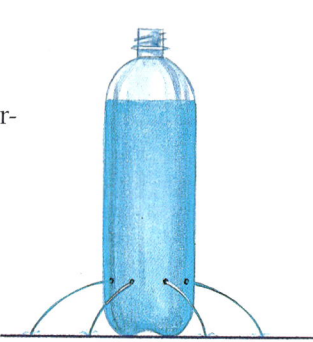

Weil...

... Wasser ein Gewicht hat und sowohl auf die Wände als auch auf den Boden der Flaschen drückt: Daher strömt es mit Druck aus den Löchern. Diese Kraft ist größer, wenn auf den Ausgang viel Wasser drückt, das heißt also im tieferen Wasser.

Tiefseeexpeditionen

Um die Tiefen der Meere erforschen zu können, benutzt man *Bathyskaphe*, das heißt Tiefseetauchboote, die aus einem Schiffsrumpf bestehen, in dem sich der Motor und die Tanks befinden, sowie einem kugelförmigen Innenraum für die Besatzung (ein oder zwei Personen) und die Beobachtungsinstrumente, die sich im unteren Teil befinden. Um dem starken Druck in großer Tiefe standhalten zu können, besteht der Innenraum aus dickem Stahl und um einen Ausgleich zwischen dem inneren und dem äußeren Druck zu schaffen, lässt man beim Abtauchen Wasser in den Schiffsrumpf eindringen. Der Tiefenrekord eines Bathyskaphen wird von der *Trieste II* gehalten, die im Pazifischen Ozean 11.022 m tief tauchte.

40

EIN EINFACHER BRUNNEN

Was du brauchst

- einen Plastikschlauch
- Klebeband
- den gläsernen Teil eines Tropfenzählers
- einen Trichter
- Wasser

Wie du vorgehst

1 Befestige den Trichter und den Tropfenzähler mit dem Klebeband an den Schlauchenden.

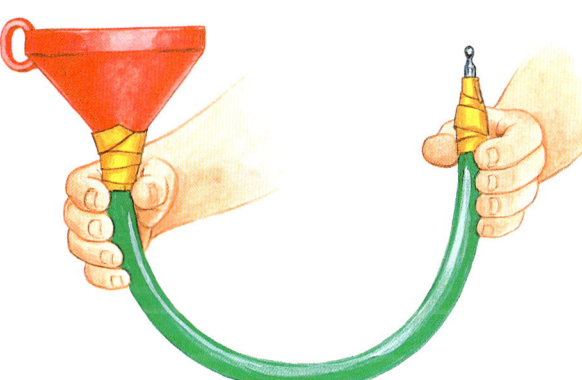

2 Halte die Öffnung des Tropfenzählers mit einem Finger zu und fülle den Schlauch (über dem Waschbecken) durch den Trichter mit Wasser.

3 Halte das Ende mit dem Zähler weiter nach unten und nimm den Finger weg.

Was passiert?

Ein Wasserstrahl dringt aus dem Tropfenzähler, der umso länger ist, je höher du den Trichter hältst.

Weil...

... der Druck der Luft auf die Öffnung des Trichters und der des Wassers im Schlauch einen Strahl nach oben bewirken. Je höher du den Trichter hältst, desto höher wird auch der Wasserstrahl, da die Wasserschicht,die nach unten drückt, größer wird.

Die natürliche Kraft des Wassers

Die Energie des Wassers wird schon seit langem zum Betreiben von Mühlen genutzt. Es fällt von oben auf die Mühle und gleitet darüber nach unten. Die Kraft der Wasserfälle in Bergregionen wird in Wasserkraftwerken genutzt, um elektrische Energie zu erzeugen.

Wenn Wasser durch Luft oder noch mehr Wasser unter Druck gerät, erhöht sich seine Kraft.

Warum versetzt Wärme Wasser in Bewegung?

WASSER UND WÄRME

Was du brauchst

- eine durchsichtige Schüssel
- ein kleines Einmachglas mit Schraubdeckel
- farbige Tinte
- Wasser

Wie du vorgehst

1 Fülle die Schüssel mit kaltem Wasser.

2 Gib einige Tropfen Tinte in das Einmachglas, fülle es mit heißem Wasser (Pass auf, dass du dich nicht verbrühst!) und schraube den Deckel darauf.

3 Stelle das Glas in die Schüssel mit kaltem Wasser und schraube den Deckel wieder ab.

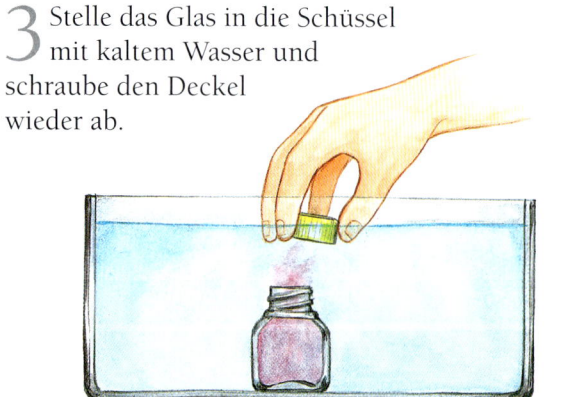

Was passiert?

Das farbige Wasser fließt aus dem Einmachglas und steigt zur Wasseroberfläche; nach kurzer Zeit sinkt es wieder und beginnt, sich mit dem restlichen Wasser zu vermischen.

Weil...

... Wasser aus winzigen Teilchen besteht, den *Molekülen*. Wärme beschleunigt ihre Bewegung, so dass sie sich voneinander weg bewegen: Das Wasser ist so weniger dicht und daher auch leichter. Aus diesem Grund „schwimmt" das farbige Wasser auf dem kalten Wasser, und erst, wenn es abgekühlt ist und die gleiche Temperatur hat wie das restliche Wasser, sinkt es und vermischt sich damit.

Wie erwärmt sich Wasser in einem Topf?

Töpfe bestehen meist aus Metall, das ein guter *Wärmeleiter* ist, das heißt es kann Wärme leicht aufnehmen und abgeben. Der Topf wird durch die Flamme erwärmt und erwärmt nun seinerseits das Wasser auf dem Boden des Topfes. Das warme Wasser steigt nach oben, kaltes nimmt seinen Platz ein, erwärmt sich und steigt ebenfalls nach oben. Durch diese Auf- und Abbewegungen des Wassers, die man *Konvektion* nennt, wird die Wärme im ganzen Wasser verteilt. In der Luft verteilt die Wärme sich auf die gleiche Weise.

Wozu braucht man Taucheranzüge?

Wasser ist ebenso wie die Luft ein schlechter Wärmeleiter: Wird es eingeschlossen, ist es auch für Wärme undurchdringlich. Ein Taucheranzug bildet eine Wasserschicht auf der Haut, die verhindert, dass die Wärme des Körpers verlorengeht. Der Taucheranzug besteht außerdem aus isolierendem Material, das ebenfalls ein schlechter Wärmeleiter ist.

Die Meeresströme

Die Meere werden unablässig von warmen und kalten Wasserströmen durchzogen, echten Flüssen, die das Leben im Meer und das Klima der Erde beeinflussen. Sie entstehen aufgrund von Winden und Unterschieden in Temperatur und Salzgehalt. Kaltes Wasser (dichter und schwerer), das von den Polarmeeren kommt, fließt am Grund der Ozeane, warmes Wasser (weniger dicht und leichter) aus den tropischen Meeren und vom Äquator fließt dagegen an der Oberfläche.

Indem die Ströme das Wasser umwälzen, befördern sie Sauerstoff in die tieferen Zonen und verteilen die Mineralsalze gleichmäßig, wodurch sie Leben ermöglichen.

Sie bestimmen das Klima, indem sie die Temperaturen an den Küsten ändern: Der warme Golfstrom entsteht im Karibischen Meer und fließt nach Europa, wo er an den Atlantikküsten das Klima mildert. Der kalte Labradorstrom dagegen kühlt die Atlantikküsten der USA ab, wo die Winter dann sehr rau sind.

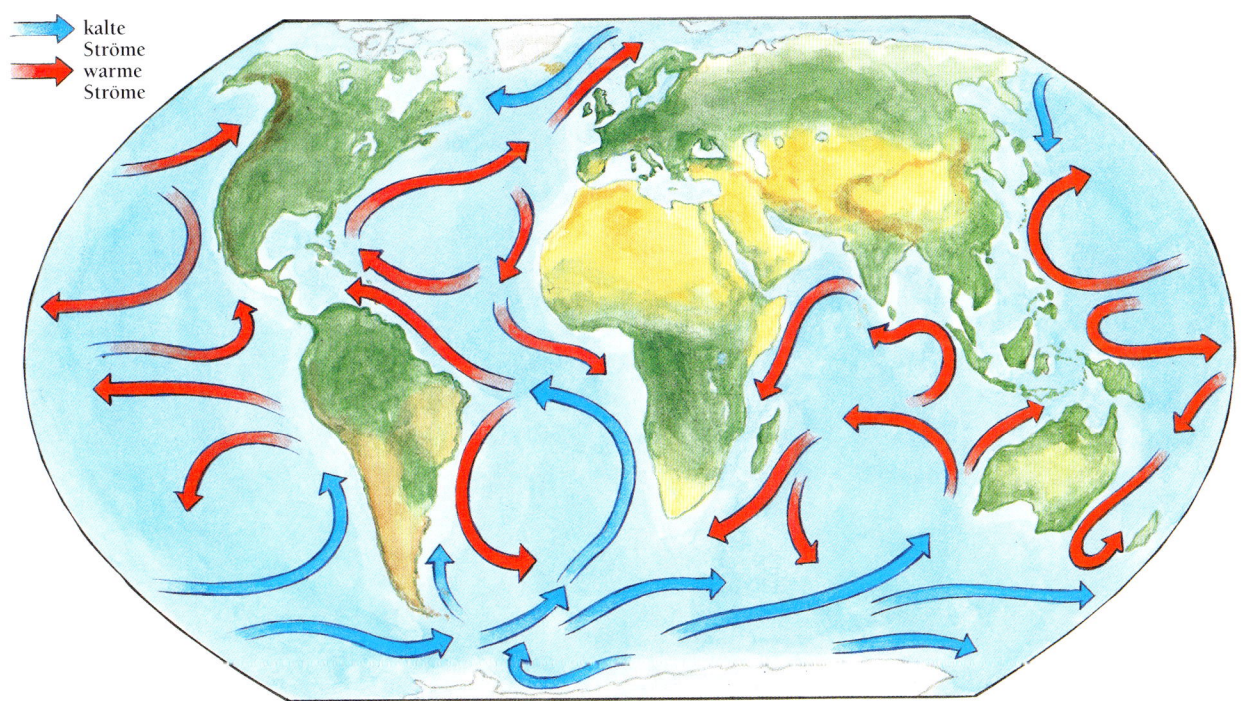

kalte Ströme
warme Ströme

Durch Wärmeeinwirkung dehnt Wasser sich aus, wird leichter und steigt in kälterem Wasser nach oben.

Die Wasseroberfläche

Wasser ist flüssig: Man kann es schütten, und man kann Dinge hineintauchen. Die Moleküle, aus denen es besteht, bewegen sich nämlich, ohne sich voneinander zu trennen, weil sie einander anziehen. Die Moleküle an der Oberfläche, die keine Moleküle über sich haben, die sie anziehen, sind dafür untereinander fester miteinander verbunden. Diese Oberflächenspannung ermöglicht es einigen Tieren, auf dem Wasser zu laufen, und dir, Seifenblasen zu machen.

Warum sind Wassertropfen rund?

AUF DEM WASSER LIEGEN

Was du brauchst

- eine Pinzette
- eine Nadel
- ein Glas
- Wasser

Wie du vorgehst

1 Fülle das Glas randvoll mit Wasser.

2 Nimm die Nadel mit der Pinzette und lege sie sehr vorsichtig auf die Wasseroberfläche.

Was passiert?

Die Nadel schwimmt (Es kann sein, dass sie untergeht, versuche es dann noch einmal, es ist wichtig, dass du die langsam und horizontal auf das Wasser legst).

Weil...

... die Wassermoleküle an der Oberfläche eine Haut bilden, die leichte Gegenstände tragen kann. Die Kraft, die diese Moleküle zusammenhält, nennt man *Oberflächenspannung*.
Beobachte die Wasseroberfläche, wenn du das Glas bis zum Rand füllst: Wenn es den Rand übersteigt, wölbt sich die Oberfläche. Die Oberflächenspannung schließt das Wasser ein wie in einem Beutel. Bei geringer Wassermenge schließt sie es in runder Form zusammen: dem Tropfen.

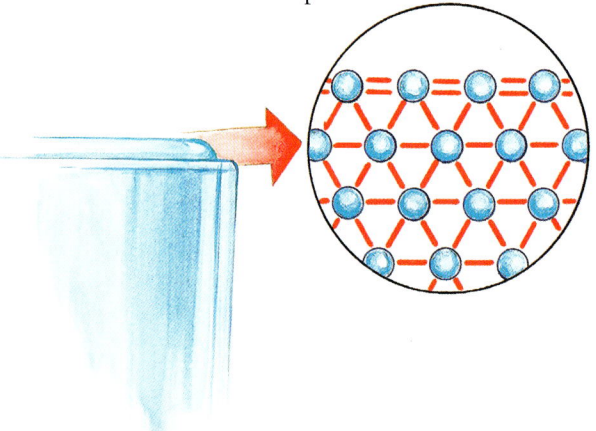

44

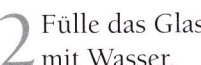

EIN HINDERNIS AUS STOFF

Was du brauchst

- ein Stofftaschentuch
- ein Gummiband
- ein Glas
- Wasser

Wie du vorgehst

1 Mache das Tuch nass, wringe es aus.

2 Fülle das Glas mit Wasser.

3 Spanne das Taschentuch über das Glas und befestige es mit dem Gummiband.

4 Drehe das Glas mit einer schnellen Bewegung um (arbeite über einem Waschbecken).

Was passiert?

Das Wasser bleibt im Glas, als wäre das Taschentuch wasserundurchlässig.

Weil...

... das Wasser, mit dem du das Tuch nass gemacht hast, die Zwischenräume zwischen den Fasern des Stoffes ausgefüllt und wegen der Oberflächenspannung eine Art Hindernis bildet, das das Wasser im Glas nicht überwinden kann.
Nasse Haare, die in Strähnen zusammenkleben, oder feuchter Sand, den man gut formen kann, ohne dass er zusammenfällt, sind weitere Beweise für die „Verbindungsfähigkeit" des Wassers.

Sie laufen auf dem Wasser

Der Wasserläufer ist ein kleines Insekt, das in Teichen lebt und mit seinen langen, dünnen, behaarten Beinen die Oberflächenspannung nutzt, um auf der Suche nach Beute über das Wasser zu springen oder zu gleiten: Die Wasseroberfläche wölbt sich unter den Beinen, aber die Membran ist stark genug, um das Gewicht zu halten, ohne kaputtzugehen.

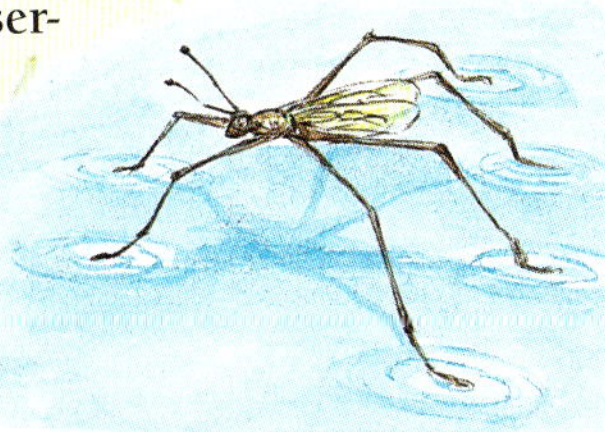

Die Oberflächenspannung des Wassers bildet eine Membran, die kleine Wassermengen in Tropfen zusammenhält.

45

Wie wirkt Seife im Wasser?

LÖCHER IM WASSER

Was du brauchst

- Puder
- Wasser
- flüssige Seife
- ein Waschbecken oder
  eine Waschschüssel

Wie du vorgehst

1 Lasse das Wasch
becken voll
Wasser laufen.

2 Bestäube die Wasser-
oberfläche mit Puder.

3 Stecke an manchen
Stellen die Fingerspitze
hinein, als wolltest du das
Wasser durchlöchern.

Was passiert?

Wenn du deinen Finger herausziehst, schließt sich
die durch den Puder sichtbare Membran wieder.

Weil…

… die Oberflächenspannung eine sehr starke Kraft
ist, die nur in dem Moment kurz aufhört zu wirken, in dem du deinen Finger eintauchst.

4 Gib einen Tropfen von der Seife auf deinen
Finger (aber nicht über dem Waschbecken,
damit keine Seife ins Becken tropft) und tauche
den Finger nahe am Rand des Waschbeckens in
das Wasser.

5 Durchlöchere den Puder
mit dem eingeseiften Finger.

Was passiert?

Beim ersten Eintauchen des Fingers bewegt sich
der Puder plötzlich von diesem Punkt weg. Bei
weiterem Eintauchen des Fingers in den Puder
hinterlässt du Löcher.

Weil…

… die Seife dort, wo der Finger eintaucht, die
Spannung verringert. Dadurch wird die Spannung
auf der restlichen Oberfläche größer und zieht den
Puder an. Die Löcher, die der Finger hinterlässt,
schließen sich nicht, weil die Seife an diesen Stellen verhindert, dass sich die Moleküle sich gegenseitig anziehen und die Oberflächenmembran
schließen. Wenn du das Experiment wiederholen
willst, brauchst du frisches Wasser.

EIN SEIFENSCHIFF

Was du brauchst

• eine Wanne oder ein Waschbecken
• feste Pappe
• eine Schere
• flüssige Seife
• Wasser

Wie du vorgehst

1 Fülle die Wanne mit Wasser.

2 Schneide aus der Pappe ein Dreieck aus und lege es, sobald das Wasser ruhig ist, in eine Ecke der Wanne, so dass die Spitze zur Mitte zeigt.

3 Gib etwas Seife auf deine Fingerspitze (aber nicht über der Wanne) und tauche den Finger hinter dem „Schiff" ins Wasser.

Was passiert?

Das Schiff bewegt sich plötzlich auf die gegenüberliegende Seite der Wanne zu.

Weil...

... das Schiff sich am Anfang des Experiments nicht bewegt, weil es von der Oberflächenspannung von allen Richtungen angezogen wird. Die Seife verringert die Spannung hinter dem Schiff, das daher nach vorne gezogen wird, wo die Spannung noch stark ist. Wenn du den Versuch wiederholen möchtest, brauchst du frisches Wasser.

Wie wirkt Seife?

Wasser kann den Schmutz in Kleidungsstücken, am Geschirr oder auf der Haut nicht allein entfernen, besonders wenn der Schmutz fettig ist. Die Moleküle von Reinigungsmitteln haben zwei Eigenschaften: sie können kleine Schmutzpartikel anziehen und binden, sowie sich im Wasser auflösen und die Kraft, die die Wassermoleküle miteinander verbindet, verringern. Auf diese Weise zerkleinert das Waschmittel den Schmutz und verteilt ihn im Wasser, wodurch er von dem zu waschenden Objekt entfernt wird.

Seife verringert die Kraft, die die Wassermoleküle zusammenhält.

Wie entstehen Seifenblasen?

KONZENTRISCHE KUPPELN

Was du brauchst

- Flüssigkeit für Seifenblasen (am besten für einige Stunden im Kühlschrank gekühlt)
- einen Trinkhalm
- eine völlig glatte Unterlage (aus Glas, Plastik oder Stahl)

Wie du vorgehst

1 Befeuchte die Unterlage.

2 Tauche den Trinkhalm in die Seife, mache eine Seifenblase und lege sie auf die Arbeitsfläche.

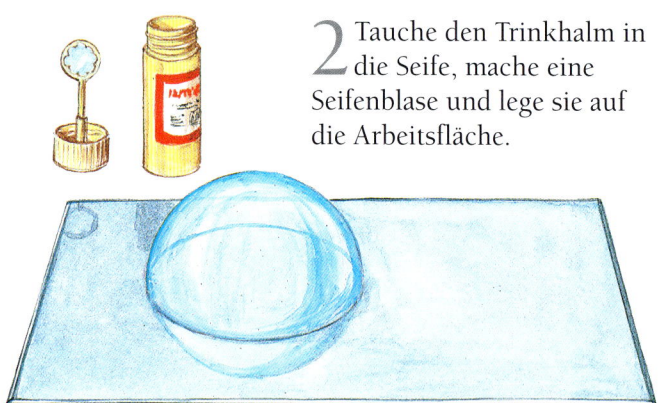

3 Tauche den Trinkhalm erneut in die Seife, so dass er auch außen gut nass ist, führe ihn ganz vorsichtig in die erste Kuppel ein und blase hinein, um eine zweite zu erhalten.

4 Gehe genauso vor, um eine dritte Kuppel zu erhalten (aber sei vorsichtig, dass die Kuppeln einander nicht berühren).

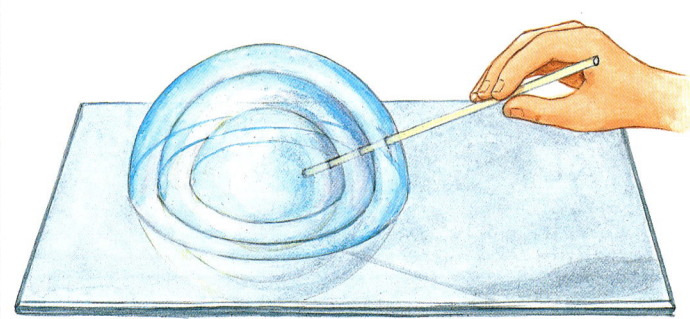

Was passiert?

Jede Seifenblase bleibt genau in der Mitte der sie umgebenden Kuppel, die sich dadurch vergrößert.

Weil…

… im Inneren der Seifenblasen Luft ist. Diese wird verdränkt, wenn in einer Kuppel eine neue Seifenblase entsteht, und die Kuppel vergrößert sich dank der Elastizität der Seife. Während des Experiments, und besonders dann wenn etwas misslingt, wirst du sehen, wie viele Formen man mit Seifenblasen auf einer Platte bilden kann, und du wirst sehen, wie dehnbar deine Seifenmischung ist.

Rezeptesammlung für Seifenblasen

Wenn du sehr stabile Seifenblasen machen möchtest, kannst du diese Rezepte probieren: Welches ist das Beste?

◇ 600 g Wasser + 200 g flüssiges Geschirrspülmittel + 100 g Glycerin.

◇ 600 g warmes destilliertes Wasser + 300 g Glycerin + 50 g Waschpulver + 20 Tropfen Ammoniak. Die Flüssigkeit muss einige Tage ruhen, dann gefiltert werden und vor Gebrauch 12 Stunden im Kühlschrank aufbewahrt werden.

◇ 300 g Wasser + 300 g flüssiges Geschirrspülmittel + zwei Teelöffel Zucker.

◇ vier Esslöffel Spanseife in 400 g warmem Wasser (Am besten ist es, wenn man die Seife auf dem Herd im Wasser auflöst). Lasse die Flüssigkeit eine Woche ruhen und gib dann zwei Teelöffel Zucker dazu.

ABPRALLENDE SEIFENBLASEN

Was du brauchst

- ein Kleidungsstück aus Wolle (Pulli oder Schal)
- Seifenblasenflüssigkeit (am besten aus dem Kühlschrank)
- einen Trinkhalm
- einen Tischtennisschläger (es geht auch ein kleines Brett oder ein hartes Buch)

Wie du vorgehst

1 Wickle das Kleidungsstück um den Tischtennisschläger.

2 Mache eine Seifenblase, so dass sie auf die Wolle absinkt.

3 Bewege den Schläger vorsichtig, um die Blase springen zu lassen.

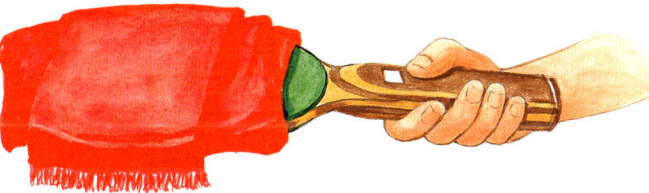

Was passiert?

Die Seifenblase landet auf dem Schläger, ohne die Form zu ändern und prallt ab.

Weil...

... die Oberfläche der Seifenblase, die aus Wasser und Seife besteht, elastisch genug ist, dass sie sich auf die Wollfasern legen und von diesen gehalten werden kann, ohne dabei kaputt zu gehen. Wenn du diese Spiel an einem kalten Wintertag machst, kannst du einmal dein „Wolltablett" mit der Seifenblase nach draußen tragen: Die Blase wird gefrieren und aussehen wie Kristall.

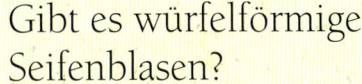

Gibt es würfelförmige Seifenblasen?

Die Seifenmembran der Blasen, verhält sich möglichst ökonomisch! Sie versucht, in Parität mit dem Volumen der Luft im Inneren, die Form mit der kleinsten Oberfläche zu bilden, also eine Kugel. Seifenblasen in anderen Formen gibt es nicht, aber mit Hilfe von Draht kann man Seifenfiguren mit bizarren Formen bilden: Wenn die Seifenmischung widerstandsfähig ist, erhält man so Würfel oder Pyramiden mit Wänden aus Seife.

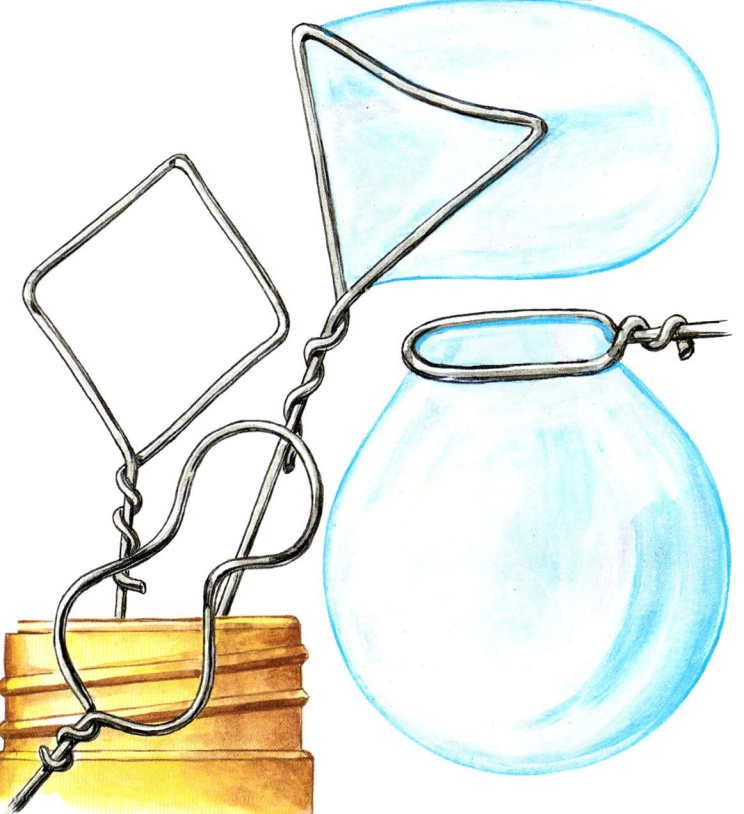

Seife verringert die Oberflächenspannung des Wassers, so dass dieses sich um die Luft herum ausdehnen kann.

Schwimmt es oder nicht?

Auch wer nicht schwimmen kann, kennt das Gefühl der Leichtigkeit, wenn man ins Wasser eintaucht und sich tragen lässt. Doch das ist nicht nur ein Gefühl, sondern Realität: das Wasser kann feste Körper tragen, indem es zum Teil ihr Gewicht aufhebt. Mit Hilfe der folgenden Experimente wirst du herausfinden, unter welchen Voraussetzungen Körper schwimmen können und verstehen, warum auch sehr schwere Objekte wie Schiffe schwimmen können.

Warum erscheinen Körper im Wasser leichter?

DIE ENTHÜLLENDE FEDER

Was du brauchst

- eine Federwaage
- einen Apfel
- eine dünne Schnur
- eine tiefe Schüssel
- Wasser
- Papier und Stift

Wie du vorgehst

1 Befestige den Faden an dem Apfel, hänge diesen an die Waage und notiere sein Gewicht.

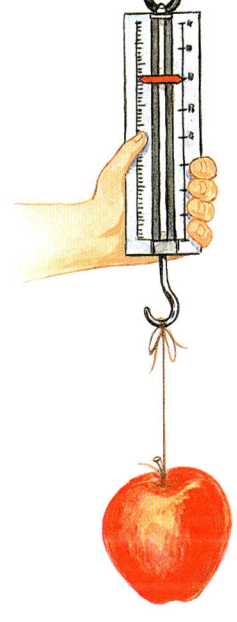

2 Fülle die Schüssel mit Wasser.

3 Tauche den Apfel, der immer noch an der Waage hängt, ins Wasser und notiere sein Gewicht.

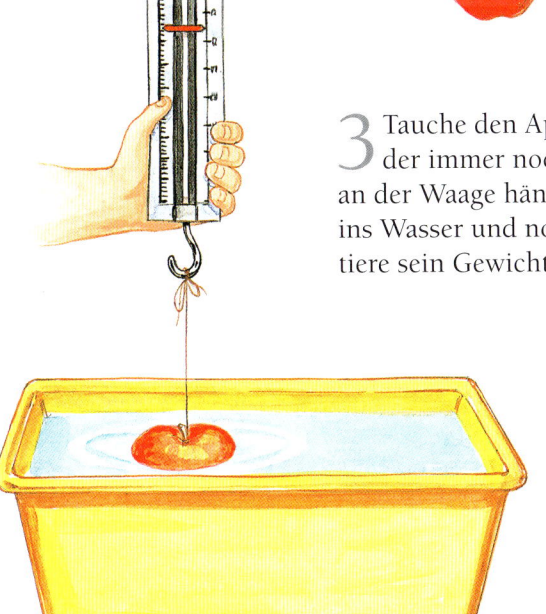

Was passiert?

Wenn der Apfel im Wasser ist, zeigt die Federwaage ein geringeres Gewicht an.

Weil…

… der Apfel beim Eintauchen eine gewisse Menge Wasser verdrängt. Dieses versucht, seinen Platz wieder einzunehmen und drückt den Apfel dabei nach oben. Dieser Druck heißt *Auftrieb* und entspricht dem Gewicht des verdrängten Wassers. Wenn ein Objekt von 500 g Gewicht ins Wasser getaucht wird und 200 g Wasser verdrängt, erhält es einen Druck nach oben, das sein Gewicht um 200 g verringert (so dass es noch 300 g wiegt).

Das Archimedische Prinzip

Hast du schon bemerkt, dass der Wasserpegel steigt, wenn du in die Badewanne steigst? Wahrscheinlich hat der griechische Wissenschaftler Archimedes im 3. Jahrhundert v. Chr. nach dieser Beobachtung den hydrostatischen Auftrieb entdeckt und Experimente mit Wasser und anderen Flüssigkeiten durchgeführt, um ihn zu beweisen. Seine Erkenntnis nennt man heute „Archimedisches Prinzip": Ein in eine Flüssigkeit getauchter Körper erhält einen Auftrieb, der dem Gewicht der von ihm verdrängten Flüssigkeit entspricht.

In Wasser getauchte Körper erhalten einen Auftrieb, der dem Gewicht des verdrängten Wassers entspricht.

51

Warum schwimmen einige Körper und andere nicht?

EINE FRAGE DER FORM

Was du brauchst

- Knetmasse
- einen Topfdeckel
- eine Schüssel
- Wasser

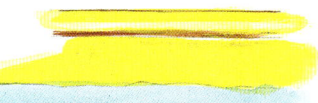

Wie du vorgehst

1 Fülle die Schüssel mit Wasser.

2 Forme aus der Knetmasse ein Boot und lege es auf das Wasser.

3 Knete das Boot zu einer Kugel und lege diese wieder auf das Wasser.

Was passiert?

Das Boot schwimmt, die Kugel sinkt zu Boden.

4 Lege den Topfdeckel erst horizontal, dann vertikal ins Wasser.

Was passiert?

In der Horizontalen schwimmt der Deckel, in der Vertikalen geht er unter.

Weil…

… der Auftrieb, den ein Körper erhält, umso größer ist, je mehr Wasser er beim Eintauchen verdrängt. Das Knetmasseboot und der waagerechte Topfdeckel nehmen eine große Fläche ein und verdrängen deshalb viel Wasser, so dass sie genügend Auftrieb erhalten, um schwimmen zu können. Die Knetmassekugel und der senkrechte Topfdeckel verdrängen wenig Wasser, da der Teil, der ins Wasser taucht nur klein ist: Darum reicht der Auftrieb nicht aus, um sie schwimmen zu lassen.

Jetzt kannst du verstehen, dass die Schwimmfähigkeit eines Körpers auch von seiner Form abhängt.

BEGRENZTE SCHWIMMFÄHIGKEIT

Was du brauchst

- Plastillin
- kleine Gegenstände (Würfel, Murmeln usw.)
- eine Schüssel
- Wasser

Wie du vorgehst

1 Forme aus der Knetmasse eine kleine Schale, wie du sie in der Abbildung siehst.

2 Fülle die Schüssel mit Wasser und lege die kleine Schale hinein; markiere den Wasserstand mit einer kleinen Kerbe außen an der Schale.

3 Fülle die Schale langsam mit den Gegenständen und beobachte, ob die Kerbe über Wasser bleibt.

Was passiert?

Je voller die Schale wird, umso tiefer taucht sie ins Wasser ein.

Weil…

… die Schale konkav ist und Luft enthält. Wenn sie mit Gegenständen gefüllt wird, wiegt sie mehr und hat daher eine höhere *Dichte* (die Dichte ist die Beziehung zwischen Gewicht und Volumen). So lange das verdrängte Wasser ein größeres Gewicht hat, als die Schale, kann diese schwimmen, auch wenn sie immer tiefer ins Wasser taucht. Wenn das Gewicht der Schale größer ist als das des verdrängten Wassers, sinkt sie.
Nun verstehst du, warum die Schwimmfähigkeit eines Körpers auch von seiner Dichte abhängt.

Schiffe und Unterseeboote

Schiffe sinken nicht, auch wenn sie aus sehr dichtem Material wie Eisen bestehen, da in ihrem Inneren mit Luft gefüllte Hohlräume sind. Ihre Dichte ist daher geringer als die des Wassers.
Unterseeboote können je nach Notwendigkeit schwimmen oder untertauchen, indem sie ihre Dichte verändern: Sie haben Tanks, die zum Abtauchen mit Luft gefüllt und zum Auftauchen wieder geleert werden.

Ist Holz oder Eisen dichter?

Eine Holzkugel schwimmt im Wasser, eine Eisenkugel der gleichen Größe, die genauso viel Wasser verdrängt, sinkt. Eisen hat nämlich eine größere Dichte als Holz und Wasser und sinkt deshalb, weil der hydrostatische Druck nicht ausreicht, um es schwimmen zu lassen.

Die Schwimmfähigkeit eines Körpers hängt von seiner Form und seiner Dichte ab.

Schwimmen Gase und Flüssigkeiten im Wasser?

HÜPFENDE MOTTENKUGELN

Was du brauchst

- Mottenkugeln
- Essig
- Natron
- Wasser
- ein Einmachglas
- einen Esslöffel

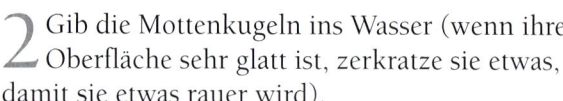

Wie du vorgehst

1 Fülle das Glas mit Wasser, gib je zwei Löffel Essig und Natron dazu und rühre langsam um.

2 Gib die Mottenkugeln ins Wasser (wenn ihre Oberfläche sehr glatt ist, zerkratze sie etwas, damit sie etwas rauer wird).

Was passiert?

Anfangs sinken die Kugeln. Kurz darauf entstehen Bläschen an ihrer Oberfläche, und die Kugeln beginnen, nach oben zu steigen, sinken wieder und steigen noch einige Male auf und ab.

Weil…

… der Essig und das Natron sich verbunden haben, wodurch Kohlendioxid entstanden ist, das sich im Wasser aufgelöst und kleine Bläschen gebildet hat. Kohlendioxid ist wie alle Gase leichter als Wasser und schwimmt. Es transportiert die Mottenkugeln nach oben, indem es sich an sie heftet, und verflüchtigt sich dann in die Luft. Die Kugeln werden dadurch wieder schwer, sinken und werden von neuen Bläschen wieder nach oben transportiert.

VERSUCHE ZUR DICHTE

Was du brauchst

- ein Einmachglas
- flüssigen Honig
- Keimöl
- Wasser

Wie du vorgehst

1 Gib erst den Honig und dann das Öl in das Glas.

2 Gib zuletzt Wasser darauf.

Was passiert?

Die Flüssigkeiten vermischen sich nicht, sondern ordnen sich in Schichten an: das Öl schwimmt auf dem Honig, das Wasser sinkt durch das Öl, schwimmt aber auf dem Honig.

Weil…

… die drei Flüssigkeiten verschiedenen Dichten haben: Das Öl hat die geringste Dichte und schwimmt auf Wasser und Honig; der Honig bleibt am Boden, weil er die größte Dichte hat.

54

DER SALZLAKENEFFEKT

Was du brauchst

- feines Salz
- ein großes Glas
- ein Ei
- einen Teelöffel
- einen Esslöffel
- Wasser

Wie du vorgehst

1 Gieße das Glas halbvoll mit Wasser und lege mit Hilfe des Esslöffels vorsichtig das Ei hinein.

Was passiert?

Das Ei bleibt auf dem Boden des Glases liegen.

2 Nimm das Ei aus dem Wasser, gib zehn Teelöffel feines Salz in das Glas und rühre um, bis es sich aufgelöst hat: Nun hast du Salzlake.

3 Lege nun das Ei wieder hinein.

Was passiert?

Das Ei schwimmt.

4 Nimm das Ei aus dem Wasser und gieße langsam Wasser nach, bis das Glas voll ist.

5 Lege das Ei wieder hinein.

Was passiert?

Das Ei schwimmt in der Mitte des Glases.

Weil...

... das Ei eine größere Dichte hat als Wasser und daher sinkt. Salzwasser ist dagegen dichter als Süßwasser, so dass das Ei darauf schwimmt.
In der letzten Phase schwimmt das Süßwasser auf der Salzlake, weil es eine geringere Dichte hat. Das Ei bleibt in der Mitte des Glases, weil es dichter ist als Süßwasser, aber weniger dicht als die Salzlake.

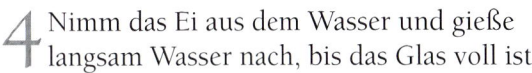

Ein Meer aus Erdöl

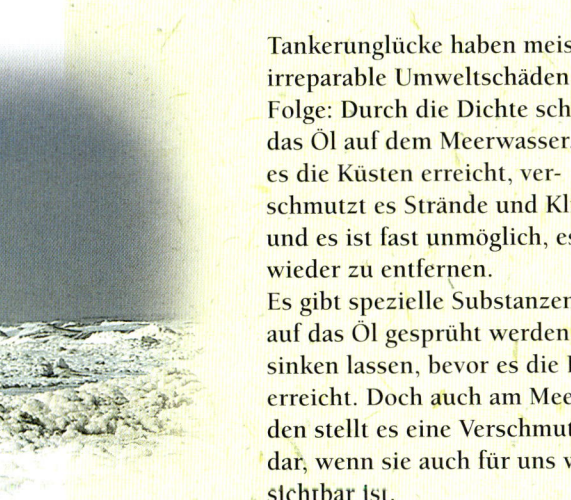

Tankerunglücke haben meist irreparable Umweltschäden zur Folge: Durch die Dichte schwimmt das Öl auf dem Meerwasser. Wenn es die Küsten erreicht, verschmutzt es Strände und Klippen, und es ist fast unmöglich, es wieder zu entfernen.
Es gibt spezielle Substanzen, die auf das Öl gesprüht werden und es sinken lassen, bevor es die Küsten erreicht. Doch auch am Meeresboden stellt es eine Verschmutzung dar, wenn sie auch für uns weniger sichtbar ist.

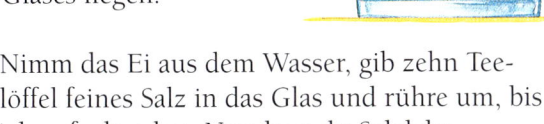

Es gibt Spiele, die auf dem Schwimmverhalten von Flüssigkeiten mit verschiedenen Dichten basieren.
Da die sich die beiden hier abgebildeten Flüssigkeiten nicht vermischen können, ergibt sich ein faszinierender Welleneffekt. Bei diesem Spiel haben die Boote eine geringere Dichte als die blaue Flüssigkeit und eine größere als die durchsichtige, so dass sie zwischen beiden schwimmen.

Alle Substanzen, die eine geringere Dichte haben als Wasser, können darin schwimmen.

Die Umwandlung von Wasser

Wasser ist eine Flüssigkeit, doch bei Kälte wird es fest (Eis, Schnee, Raureif ...) und bei Wärme ein Gas, das sich in der Luft verflüchtigt (Wasserdampf). Auf den folgenden Seiten rekonstruieren wir zusammen den faszinierenden Wasserkreislauf, und du wirst herausfinden, wie Wolken, Regen oder Nebel entstehen, entdecken, dass auch in der Luft Wasser ist und verstehen, warum man auf Eis Schlittschuhlaufen kann und warum im Winter die Fensterscheiben beschlagen.

Warum trocknet Wärme einen nassen Gegenstand?

DAS WASSER VERSCHWINDET

Was du brauchst

• zwei gleiche Gläser
• einen kleinen Teller
• einen Filzstift
• Wasser

Wie du vorgehst

1 Fülle die Gläser gleich voll mit Wasser und markiere den Wasserstand mit dem Stift.

2 Decke eines der Gläser mit dem Teller zu.

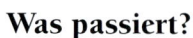

3 Stelle die Gläser auf die Heizung oder in die Sonne.

Was passiert?

Am nächsten Tag ist der Wasserstand des unbedeckten Glases niedriger; der des zugedeckten Glases ist fast gleich geblieben.

Weil...

... das Wasser in dem unbedeckten Glas aufgrund der Wärme verdunstet ist, das heißt es hat sich in winzige, unsichtbare Wasserdampftröpfchen verwandelt, die sich mit der Luft vermischt haben und „weggeflogen" sind. Deshalb trocknet auch nasse Wäsche, die man in die Sonne hängt. Außer der Wärme begünstigt auch die Bewegung der Luft (Wind und unser Atem) die *Verdunstung*, da sie den Wasserdampf, der sich von der Wäsche löst, wegtransportiert, so dass sich neuer bilden kann.

Siedepunkt

Wenn Wasser 100° C erreicht, beginnt es zu kochen: in der Flüssigkeit bilden sich Dampfbläschen, die über die Oberfläche in die Luft entweichen. Die Siedetemperatur ist je nach Druck unterschiedlich. Im Gebirge zum Beispiel ist die Luftmasse über der Erdoberfläche geringer, daher ist auch der Luftdruck niedriger: Darum fängt dort das Wasser schon bei weniger als 100° C an zu kochen.

56

Die starke Energie des Dampfes

Dampf nimmt viel mehr Platz ein als Wasser (1.700 mal so viel!). Wird er unter Druck gehalten, kann er enorme Kräfte freisetzen, die ausreichen, um viele Maschinen anzutreiben.

Die ersten Dampfmaschinen wurden in der zweiten Hälfte des 18. Jahrhunderts erfunden und dazu benutzt, Lokomotiven und die Maschinen in den Fabriken anzutreiben; sie wurden ein Jahrhundert spater von den Verbrennungsmotoren abgelöst (die mit Benzin arbeiteten).

Die Geysire

Geysire sind Dampfquellen, die im Inneren unseres Planeten entstehen: Sie treten aus Rissen in der Erdoberfläche aus und können eine Höhe von 10 m erreichen. Ihre Energie wird als Geothermik bezeichnet und für die Produktion von Wärme und Strom genutzt. Geysire kommen auf Island, in Neuseeland und in den USA vor.

Die ersten Dampflokomotiven wurden Anfang des 19. Jahrhunderts in England gebaut.

Wärme lässt Wasser verdunsten, so dass es sich in der Luft verteilt.

57

Warum regnet es?

ZURÜCK ZUM FLÜSSIGEN ZUSTAND

Was du brauchst

- einen kleinen Topf
- einen Stahldeckel
- einen Herd
- Wasser

Wie du vorgehst

1 Fülle den Topf mit Wasser und lasse ihn von einem Erwachsenen auf die Herdplatte stellen.

2 Wenn das Wasser kocht, halte den Deckel in die aufsteigende Dampfwolke.

Was passiert?

Am Deckel entstehen Wassertropfen.

Weil…

… der Wasserdampf, der aus dem siedenden Wasser entweicht, an Wärme verliert, wenn er mit dem kalten Deckel in Kontakt kommt und sofort wieder in den flüssigen Zustand übergeht: Dieses Phänomen heißt *Kondensation*.

Der Regen

Durch die Sonenwärme verdunstet Wasser aus Seen, Meeren, Pflanzen und unserer Haut. Die enorme Menge von Wasserdampfpartikeln, die in die Atmosphäre steigen und dabei abkühlen, kondensiert zu Wassertröpfchen, die sich zu Gruppen zusammenschließen und so Wolken bilden. Trifft eine Wolke auf warme Luft, verdunstet sie und verflüchtigt sich, trifft sie dagegen auf kalte Luft, verbinden sich die Tropfen, aus denen sie besteht, miteinander und werden zu schwer, um von der Luft gehalten zu werden: Sie fallen als Regen zu Boden.

WASSER AUS DEM NICHTS

Was du brauchst

• ein Glas
• eine Gefriertruhe

Wie du vorgehst

1 Stelle das völlig trockene Glas in die Gefriertruhe.

2 Nimm es nach 30 Minuten heraus.

Was passiert?

Das Glas beschlägt sofort; bald entstehen an den Wänden des Glases kleine Tröpfchen: Wenn du sie berührst, ist dein Finger nass.

Weil…

… die Wände des Glases sich in der Gefriertruhe abgekühlt haben. Wenn sie in Kontakt mit der Luft kommen, kühlen sie diese ab, und aus dem Wasserdampf, den sie enthält, werden kleine Wassertröpfchen, die das Glas nass machen. Autoscheiben beschlagen im Winter, weil unser Atem, der reich an Wasserdampf ist, zu Wassertropfen kondensiert, sobald er mit den kalten Scheiben in Kontakt kommt.

Die Luftfeuchtigkeit

An den wärmeren Sommertagen, wenn die Haut klebrig wird, spricht man von erhöhter Luftfeuchtigkeit: das heißt, dass die Menge an Wasserdampf in der Luft erhöht ist. Wenn nur wenig Dampf vorhanden ist, ist die Luft trocken und der Schweiß verdunstet schnell. Wenn die Luftfeuchtigkeit erhöht ist, ist dagegen noch so viel Dampf in der Luft, dass der Schweiß nicht verdunsten kann.

Nebel besteht aus winzigen Tröpfchen, die durch die Kondensation von Wasserdampf in den Luftschichten nahe am Boden entstanden sind.

Kalte Luft kann nur wenig Wasserdampf speicherm. Wenn es nachts kalt und die Luft sehr feucht ist, kondensiert der Wasserdampf zu winzigen Tautropfen, die sich auf Blättern und auf dem Boden ablagern.

Wenn Wasserdampf mit kalter Luft in Berührung kommt, kondensiert er wieder zu Wasser, was auch die Ursache von Regen ist.

59

Warum können Wasserrohre im Winter platzen?

FESTES WASSER

Was du brauchst

- ein Einmachglas mit Schraubdeckel
- Wasser
- eine Gefriertruhe

Wie du vorgehst

1 Fülle das Glas randvoll mit Wasser.

2 Lege den Deckel auf die Öffnung, ohne ihn zuzuschrauben.

3 Stelle alles in die Gefriertruhe und warte, bis das Wasser im Glas gefroren ist.

Was passiert?

Das gefrierende Wasser steigt über den Rand des Glases und hebt den Deckel an

Weil…

… das Wasser, wenn es zu Eis wird, mehr Raum einnimmt als im flüssigen Zustand, daher reicht das Glas nicht mehr aus. Wenn man eine verschlossene Wasserflasche im Gefrierschrank vergisst, riskiert man, dass sie aufgrund des Drucks des Eises platzt. Wasserrohre in den Wohnhäusern müssen vor der Kälte geschützt und isoliert werden, damit sie nicht platzen, falls das Wasser gefriert.

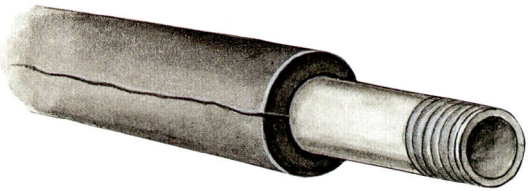

Die Molekularstruktur

Fast alle Flüssigkeiten dehnen sich aus, wenn sie erwärmt werden und ziehen sich zusammen, wenn sie abkühlen. Wasser dagegen zieht sich nur bis zu 4° C zusammen; wird es noch kälter, beginnt es sich auszudehnen. Das hängt damit zusammen, dass die Eismoleküle ihren Abstand zueinander vergrößern, indem sie sich in hexagonalen Strukturen anordnen.

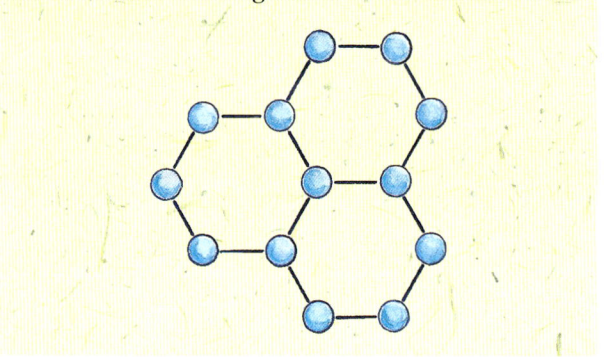

WANN EIS SCHMILZT

Was du brauchst

- ein Glas
- warmes Wasser
- Eiswürfel

Wie du vorgehst

1 Fülle das Glas bis zum Rand mit warmem Wasser.

2 Gib einige Eiswürfel in das Wasser und mache dir einen Spaß daraus, Freunde zu fragen, ob das Glas überläuft, wenn die Eiswürfel geschmolzen sind.

Was passiert?

Der Wasserstand bleibt gleich.

Weil...

... Wasser in flüssigem Zustand weniger Platz einnimmt als in festem Zustand. Wenn das Eis geschmolzen ist, schwappt das Wasser also nicht über.

Eis schwimmt

Die Ausdehnung von Wasser im festen Zustand bewirkt, dass Eis eine geringere Dichte hat als Wasser und deshalb schwimmt. In der Natur ist diese Eigenschaft des Wassers sehr wichtig: Wenn die Oberfläche der Polarmeere gefriert, bildet sie eine schwimmende Schutzschicht für Lebewesen in den unteren Schichten, die so den Winter überleben können.

Die riesigen Eisberge schwimmen, weil Eis eine geringere Dichte hat als Wasser. Nur ein Neuntel dieser großen Eisberge ragt aus dem Wasser, der Rest schwimmt unter Wasser.

Wenn die Temperatur unter Null fällt, wird aus Tau Raureif.

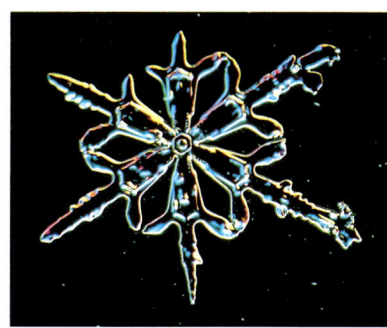

Wenn Wolken auf sehr kalte Luft treffen, verwandeln sich die Wassertropfen, aus denen sie bestehen, in Eiskristalle, die sich miteinander zu Schneeflocken verbinden.

Bei 0° C gefriert Wasser zu Eis und nimmt mehr Raum ein als im flüssigen Zustand.

Bringt nur Wärme Eis zum Schmelzen?

EIN GEFÄNGNIS AUS EIS

Was du brauchst

- ein Streichholz
- feines Salz
- eine Form für Eiswürfel
- eine Gefriertruhe
- Wasser

Wie du vorgehst

1 Fülle die Eiswürfelform mit Wasser.

2 Lege in eine der Kammern das Streichholz, das im Wasser schwimmen wird.

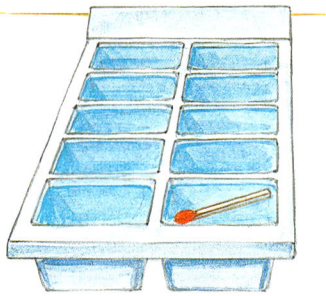

3 Stelle die Form in die Gefriertruhe, warte bis das Wasser gefriert und nimm sie dann heraus.

4 Das Streichholz ist am Eis festgefroren. Wie schaffst du es, es freizubekommen, ohne warten zu müssen, bis das Eis geschmolzen ist?

5 Streue das Salz über die Kammer mit dem Streichholz.

Was passiert?

Nach 30 Sekunden kannst du das Streichholz mühelos wegnehmen.

Weil…

… das Salz die oberste Eisschicht zum Schmelzen gebracht hat. Während Wasser bei 0° C gefriert, wird Salzwasser erst bei -20° C zu Eis: Daher nutzt man Salz auch, um das Eis auf den Straßen zu schmelzen oder sein Entstehen zu verhindern.

Wie sich ein Getränk abkühlt

Wenn Eis mit einer wärmeren Flüssigkeit in Kontakt kommt, entzieht es dieser Wärme und schmilzt: Die Wärmeenergie geht von einem warmen Objekt auf ein kaltes über, bis beide dieselbe Temperatur haben; auf diese Weise erhalten wir ein kaltes Getränk.

Sehen wir uns die Moleküle einmal aus der Nähe an: die Moleküle des Getränks, die sich schnell bewegen, stoßen gegen die unbewegten Eismoleküle und geben dabei einen Teil ihrer Energie an sie ab. Die Eismoleküle nehmen die Energie auf, lösen sich aus der festen Struktur und werden zu flüssigem Wasser, also zu sich bewegenden Molekülen: diese

Wirkung der Moleküle der Flüssigkeit auf die des Eises hält so lange an, bis das ganze Eis geschmolzen und das Getränk kalt ist, weil es seine Wärmeenergie abgegeben hat.

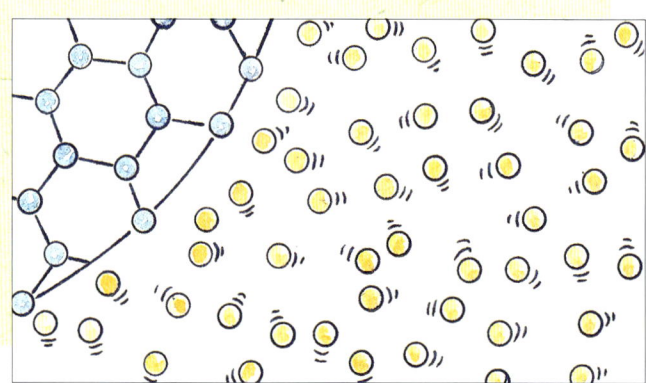

DIE KRAFT EINES FADENS

Was du brauchst

- einen 20 cm langen stabilen Faden
- einen Eiswürfel
- ein hohes Einmachglas mit Deckel
- zwei Edelstahlmesser
- einen Kühlschrank

Wie du vorgehst

1 Befestige die beiden Messer an den Enden des Fadens.

2 Lege den Eiswürfel auf den Deckel des Einmachglases und lege den Faden darüber, so dass die beiden herunterhängenden Messer ihn gespannt halten wie du es in der Abbildung sehen kannst.

3 Stelle alles in den Kühlschrank.

Gleiten auf dem Eis

Die Kufen von Schlittschuhen schmelzen wegen des Gewichts des Eisläufers das Eis vorübergehend, so dass eine dünne Wasserschicht entsteht, auf der man gleiten kann. Die Temperatur des Eises lässt dieses Wasser sofort danach wieder gefrieren.

Was passiert?

Der Faden durchdringt den Eiswürfel langsam, ohne dass dieser auseinanderbricht.

Weil...

... der Faden das Eis unter sich durch den starken Druck zum Schmelzen bringt, das über dem Faden jedoch sofort wieder gefriert: Der hohe Druck verringert die Temperatur, bei der Wasser gefriert, doch oberhalb des Fadens bleibt der Gefrierpunkt bei 0° C.

Eis schmilzt auch durch Kontakt mit Salz oder aufgrund von Druck.

Wässrige Lösungen

Unser Körper besteht zu etwa 60% aus Wasser. Der Großteil des Wassers auf unserem Planeten ist eine Lösung aus Wasser und Salz; auch das Wasser von Flüssen und Seen, Süßwasser genannt, enthält eine beachtliche Menge gelöster Salze.

Die spektakulären Tropfsteinhöhlen mit ihren Stalaktiten und Stalakmiten sind das Werk von sehr kalziumkarbonathaltigen Wassertropfen.

Was passiert mit einem in Wasser gelösten Stoff?

LÖST ER SICH AUF ODER NICHT?

Was du brauchst

- sechs durchsichtige kleine Gläser
- Wasser
- einen Teelöffel
- kleine Mengen Salz, Sand, Zucker, Reis, Honig, Kaffeepulver, löslichen Kaffee

Wie du vorgehst

1 Fülle alle Gläser mit Wasser.

2 Gib in jedes Glas einen Teelöffel der Substanzen und rühre vorsichtig um.

Was passiert?

Einige Substanzen (Zucker, Salz, Honig, löslicher Kaffee) verschwinden im Wasser, einige färben es dabei. Andere (Sand, Reis, Kaffeepulver) bleiben sichtbar, und wenn du umrührst, lagern sie sich entweder am Boden ab oder schwimmen.

Weil...

... sich eine Substanz in Wasser auflöst (sie scheint zu verschwinden, vermischt sich damit), wenn die Wassermoleküle zwischen die der Substanz gelangen und sie voneinander trennen können: In diesem Fall erhält man eine *Lösung*, in der die aufgelöste Substanz im Wasser, das sie aufgelöst hat (*Lösungsmittel*) nicht mehr zu erkennen ist.

Wenn dagegen die Moleküle der Substanz gegen das Wasser resistent sind, bleiben sie gut sichtbar: Man sagt, die Sustanz ist nicht wasserlöslich.

DER SÄTTIGUNGSWERT

Was du brauchst

- zwei Gläser
- einen Esslöffel
- Rohrzucker
- warmes und kaltes Wasser

Wie du vorgehst

1 Fülle eines der Gläser zur Hälfte mit kaltem Wasser.

2 Zähle, wie viele Löffel Zucker du durch Umrühren im Wasser auflösen kannst: Du musst aufhören, wenn der Zucker sichtbar bleibt und sich am Boden absetzt.

3 Fülle das zweite Glas zur Hälfte mit warmem Wasser.

4 Zähle mit, wie viele Löffel Zucker du in diesem Glas auflösen kannst.

Was passiert?

Im warmen Wasser lässt sich mehr Zucker auflösen als im kalten Wasser.

Weil...

... es bedeutet, dass die Lösung *gesättigt* ist, wenn sich der Zucker nicht mehr auflöst. Dank der Wärme können die Wassermoleküle eine größere Anzahl von Zuckermoleküelen binden. Die Lösung, die man auf diese Weise erhält, ist *übersättigt*, denn wenn die Lösung abkühlt, setzt sich der überschüssige Zucker am Boden des Glases ab.

Wasserlösliche Substanzen verschwinden im Wasser.

Verdunsten gelöste Substanzen mit dem Wasser?

SALZKRISTALLE

Was du brauchst

- feines Salz
- zwei Gläser
- einen Baumwollfaden
- einen kleinen Teller
- einen Esslöffel
- Wasser

Wie du vorgehst

1 Gieße warmes Wasser in beide Gläser.

2 Gib unter Rühren in beide Gläser so viel Salz, bis es sich nicht mehr auflöst.

3 Verbinde die beiden Gläser mit dem Faden, so dass die beiden Enden tief ins Wasser reichen, und stelle den Teller zwischen die Gläser unter den hängenden Teil des Fadens.

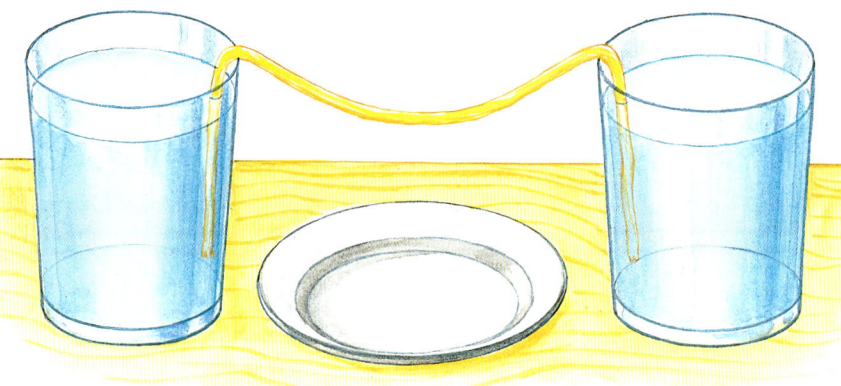

Die Salinen

Kochsalz wird größtenteils in Salinen aus Meerwasser gewonnen. In diesen großen flachen Becken in flachen Küstenregionen lässt man mit Hilfe der Sonnenwärme das Wasser verdunsten, um es vom Salz zu trennen, das am Boden der Becken kristallisiert. Wollte man aus dem Meerwasser stattdessen reines Wasser gewinnen, müsste man das verdunstete Wasser durch Abkühlung kondensieren lassen. Den Prozess, bei dem sich die aufgelöste Substanz und das Lösungsmittel trennen, heißt *Destillation*.

Was passiert?

Nach einem Tag bilden sich an dem Faden Salzkristalle.

Weil…

… die Salzwasserlösung wegen der Kapillarität am Faden emporsteigt; das Wasser verdunstet aus dem Faden (und vom Teller, der auch ein paar Tropfen abbekommen hat) und lässt das Salz übrig, aus dem sich Kristalle bilden: ihre Moleküle ordnen sich in bestimmten geometrischen Formen an.

Salzige und weniger salzige Meere

Nicht alle Meere sind gleich salzig. Die salzhaltigeren Meere sind die, wo eine starke Verdunstung stattfindet und wenig Wasser aus Flüssen oder durch Regen zugeführt wird, zum Beispiel das Rote Meer. Weniger salzig sind die kälteren Meere, wo die Verdunstung gering ist und ständig Wasser aus Flüssen einmündet, wie in der Ostsee.

Ein sehr salziger See

Das Tote Meer enthält etwa 280 g Salz pro Kilogramm Wasser, und doch ist es kein Meer, sondern ein See! Sein Wasser ist so salzhaltig, weil es sich in einer sehr heißen und trockenen Klimazone befindet und weil er keine Abflüsse hat; daher vermindert sich das Wasser nur durch Verdunstung, wodurch die Salzkonzentration im übrigen Wasser sehr hoch ist. Da Salzwasser eine höhere Dichte hat als Süßwasser, können auch Nichtschwimmer im Toten Meer schwimmen!

An den Stränden des toten Meeres führen der hohe Salzgehalt und die starke Verdunstung zu spektakularen Salzkristallisierungen.

EINE LÖSUNG TRENNEN

Was du brauchst

- löslichen Kaffee
- einen kleinen Topf
- einen Esslöffel
- eine Tasse
- einen Herd
- Wasser

Wie du vorgehst

1 Bitte einen Erwachsenen, das Wasser im Topf zu kochen, in eine Tasse zu gießen und darin einen Löffel Kaffee aufzulösen.

2 Nimm den Löffel, der kalt und trocken sein muss, und halte ihn in den Dampf des Kaffees.

Was passiert?

Nach einigen Sekunden bilden sich an dem Löffel Tropfen. Warte, bis sie abgekühlt sind, und lecke sie ab: Es ist reines Wasser, kein Kaffee.

Weil…

… die Wärme das Wasser verdunsten lässt, aber nicht den Kaffee. Der Dampf kondensiert zu reinem Wasser, wenn er mit dem kalten Löffel in Kontakt kommt. Auch bei Zuckerwasser und Salzwasser wird immer nur reines Wasser verdunsten.

Durch Verdunstung trennen sich wässrige Lösungen: Nur das Wasser verdunstet.

WISSENSWERTES

Testbecken für Schiffe

Es gibt Becken oder Kanäle, in denen man Miniaturmodelle von geplanten, aber noch nicht gebauten Schiffen testen kann: In diesen Becken misst man zum Beispiel, wie geeignet die Form eines Kiels (das ist der Teil des Schiffes, der im Wasser liegt) zur Durchdringung des Wassers ist. Die Becken haben beträchtliche Ausmaße: Sie können bis zu 900 m lang, 24 m breit und 6 m tief sein. Die Schiffsmodelle können bis zu 9 m lang sein und werden mit Hilfe verschiedener Systeme in eine Richtung gezogen. Den Widerstand, auf den sie dabei treffen, misst man mit einem Dynamometer (das mit Hilfe einer Feder die Kraft misst), das durch ein Seil mit dem Modell verbunden ist, oder aber mit elektrischen Instrumenten.
Die Ergebnisse der Messungen nutzt man dann, um den Plan für das Schiff, das gebaut werden soll, zu verändern oder zu verbessern.

Wie Fische schwimmen

Wie können Fische in verschiedenen Tiefen schwimmen? Die meisten Fische haben eine *Schwimmblase*, eine Tasche direkt hinter dem Magen, die mit Sauerstoff, Stickstoff und Kohlendioxid gefüllt ist. Indem sie das Volumen der Blase und damit die Gaskonzentration verringern oder vergrößern, verändern Fische ihr spezifisches Gewicht, das heißt das Verhältnis zwischen ihrem Gewicht und ihrem Volumen, und sind so in der Lage, in verschiedenen Wasserschichten zu schwimmen.

Wasser im menschlichen Körper

Der menschliche Körper besteht zu 60-70% aus Wasser. Doch in welchem Teil des Organismus ist der Wasseranteil am größten? Der „wässrigste" Teil ist der Glaskörper des Auges mit 99,68% Wasser. Der Teil, der am wenigsten Wasser enthält, ist der Zahnschmelz mit nur 2%.

Die Flößerei

In einigen Ländern wie Schweden und Finnland werden Wasserläufe als Transportmittel genutzt: riesige Mengen von gefällten Baumstämmen aus den Wäldern werden im Wasser mit Hilfe der Flussströmung ins Tal transportiert, wo sie durch Sperren aufgehalten und dann weiterverarbeitet werden.

Flüsse, Meere, Seen: die Rekorde unseres Planeten

Der längste Fluss der Welt: der Nil, 6 670 km.
Das tiefste Meer: der Pazifische Ozean, der im Mariannengraben eine Tiefe von 11 022 m erreicht.
Der größte See: das Kaspische Meer, 371 000 km^2
Und der höchste Wasserfall der Welt?
Er heißt Salto Angel und ist in Venezuela. Er hat 972 m Höhe!

Die Salter Ducks

Wellenenergie kann zur Stromgewinnung genutzt werden, wenn auch nicht für große Mengen.
Die Vorrichtungen, die man zu diesem Zweck benutzt, heißen „Salter Ducks" (Salter-Enten), weil sie einem Entenschnabel ähneln und von dem englischen Ingenieur Salter entwickelt wurden.
Die „Schnäbel" werden auf der Meeresoberfläche ausgerichtet und wenn sie von einer Welle erfasst werden, bewegen sie sich nach unten: auf diese Weise treiben sie Pumpen an, die mit einem Stromgenerator verbunden sind.

Licht

Warum gibt es Schatten? Warum können wir bei Licht sehen? Wie funktionieren Linsen? Wie entstehen Farben? Wie sehen unsere Augen?
Die Antworten auf diese und weitere Fragen findest du mit Hilfe der Experimente der folgenden Seiten zu diesen Themen:

Lichtstrahlen • Die Reflexion • Die Brechung • Die Farben
Bilder einfangen

Lichtstrahlen

Licht ist das schnellste Element des Universums: Im Vakuum legt es 300.000 Kilometer pro Sekunde zurück! Doch wie überbrückt Licht die Entfernung von der Lichtquelle (die Sonne oder eine Lampe) zu dem Gegenstand, den es beleuchtet, so schnell?
Kannst du alle Seiten eines Gegenstandes beleuchten? Was sind Schatten? Woraus bestehen sie, und warum verändern sie ihre Form? Beginnen wir unsere Reise durch die Geheimnisse des Lichts, indem wir versuchen herauszufinden, wie es sich verbreitet, wodurch es aufgehalten wird und welche Gegenstände es durchdringen kann.

Wie verbreitet sich das Licht?

EINE STRECKE OHNE KURVEN

Was du brauchst

- zwei quadratische Kartons
- eine Taschenlampe
- zwei Pappstreifen
- einige Bücher

Wie du vorgehst

1 Bohre in die Mitte der Kartons ein Loch; falte und schneide die Pappstreifen wie in der Abbildung als Stützen für die Kartons.

2 Stecke die Kartons in die Stützen und stelle sie hintereinander, so dass die Löcher auf gleicher Höhe sind. Lege die Taschenlampe so auf die Bücher, dass ihr Strahl das Loch des ersten Kartons trifft. Setze dich gegenüber, so dass dein Auge auf der Höhe des Loches im zweiten Karton ist.

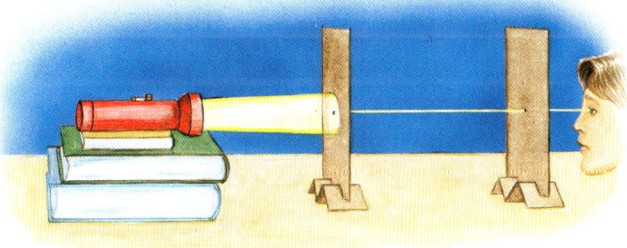

Was passiert?

Das Auge sieht das Licht durch die Löcher.

3 Stelle einen der beiden Kartons so, dass die Löcher nicht mehr auf einer Höhe sind.

Was passiert?

Das Auge kann das Licht nicht sehen.

Weil...

... Licht sich geradlinig bewegt. Es dringt nicht durch das Loch, das nicht auf seinem Weg liegt.

EIN LICHT AUF DIE WELT

Was du brauchst

- einen Globus
- ein Spotlight oder einen Diaprojektor
- ein dunkles Zimmer

Wie du vorgehst

1 Richte den Lichtstrahl auf den Globus.

2 Halte den Globus mit verschiedenen Stellen ins Licht, mal unten, mal oben, mal die Seite.

Was passiert?

Der Globus wird nur auf der Seite beleuchtet, die dem Licht zugewandt ist. Die andere Seite bleibt im Dunkeln, egal wie du den Globus hältst.

Weil...

... Lichtstrahlen sich geradlinig bewegen: Sie können sich nicht um einen Gegenstand krümmen, um ihn auch hinten zu beleuchten. Deshalb beleuchtet die Sonne auch immer nur die Hälfte der Erde, die ihren Strahlen zugewandt ist, während es auf der anderen Hälfte Nacht ist.

Licht bewegt sich immer geradlinig fort. Wenn es auf einen Gegenstand trifft, beleuchtet es nur dessen Vorderseite.

Warum entstehen Schatten?

DAS LICHT AUFHALTEN

Was du brauchst

- eine Taschenlampe
- ein Spotlight
- schwarzen Karton
- eine Schere
- Klebeband
- ein Stöckchen
- ein dunkles Zimmer

Wie du vorgehst

1 Schneide aus dem Karton eine Figur aus, die dir gefällt und klebe sie an das Stöckchen.

2 Halte die Figur zwischen die angeschaltete Taschenlampe und eine Wand.

3 Halte die Figur mal näher zur Wand, mal näher zum Licht.

Was passiert?

Je näher die Figur an der Taschenlampe ist, desto größer ist der Schatten an der Wand, je weiter sie entfernt ist, desto kleiner ist er.

Weil...

... hinter einem Objekt, das den Weg des Lichts unterbricht, ein Schatten entsteht. Wenn das Objekt sehr nahe an der Lichtquelle ist, blockiert es das Licht stark und bildet einen großen Schatten. Ist es weit entfernt, blockiert es das Licht weniger stark und der Schatten ist kleiner.

4 Beleuchte die Figur mit dem Spotlight.

Was passiert?

Der Schatten hat jetzt weniger klare Formen.

Weil...

... der Schatten, wenn die Lichtquelle größer ist als das Objekt in der Mitte, dunkel ist und an den Rändern, wohin nur ein Teil der Strahlen gelangt, hell. Den klareren Teil des Schattens nennt man Halbschatten.

Wenn Sonne, Mond und Erde in einer Linie stehen, gibt es eine teilweise oder totale Sonnen- oder Mondfinsternis. Wenn der Mond die Sicht der Sonne auf die Erde verdeckt, handelt es sich um eine Sonnenfinsternis; wenn der Schatten der Erde teilweise oder ganz den Mond verdeckt, ist es eine Mondfinsternis.

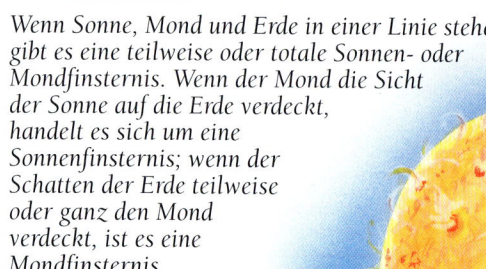

72

EINE SONNENUHR IM GARTEN

Was du brauchst

- eine Pappscheibe von etwa 20 cm Durchmesser
- ein etwa 20–25 cm langes Stöckchen
- eine Schere
- einen Bleistift
- eine Uhr
- ein Stückchen Erdboden, das den Tag über in der Sonne liegt

Wie du vorgehst

1 Mache ein Loch in die Mitte der Scheibe, stecke den Stock zu einem Drittel hindurch und stecke ihn dann in die Erde, so dass die Scheibe auf dem Boden aufliegt.

2 Wenn deine Uhr eine volle Stunde zeigt, markierst du den Schatten des Stocks mit dem Bleistift und schreibst die Uhrzeit dazu.

3 Wiederhole dies jede Stunde und vergiss nicht, immer die Uhrzeit dazuzuschreiben.

Was passiert?

Der Schatten des Stöckchens ist jede Stunde an einer anderen Stelle.
Die Linien sind strahlenförmig um den Bleistift angeordnet.

Weil...

... sich die Position des Schattens mit dem Stand der Sonne verändert. Die Bewegung der Sonne hängt damit zusammen, dass die Erde sich dreht; der Schatten, der ganz regelmäßig um den Stift wandert, zeigt, dass sich die Erde mit konstanter Geschwindigkeit dreht. Das, was du gebastelt hast, ist eine Sonnenuhr, ein Instrument, mit dem in der Vergangenheit die Zeit gemessen wurde, und das du auch heute noch an den Mauern alter Häuser oder auf historischen Plätzen sehen kannst.

Im Schatten eines Baums

Im Verlauf eines Tages verändert sich der Stand der Sonne (wegen der Drehbewegung der Erde), daher ändert sich auch die Richtung der Sonnenstrahlen: Deswegen verändert sich auch der Schatten. Wenn die Sonne hoch steht, wirft sie kurze Schatten; wenn sie tief über dem Horizont steht, sind die Schatten länger.

Hinter einem Objekt, das dem Licht den Weg versperrt, bildet sich ein Schatten.

73

Werfen alle Gegenstände einen Schatten?

KOMMT DAS LICHT HINDURCH?

Was du brauchst

- eine Taschenlampe
- ein Buch
- eine Tasse
- ein Glas Wasser
- eine dünne Glasplatte
- einen Bogen Glanzpapier
- ein Taschentuch
- einen Bogen Seidenpapier
- ein dunkles Zimmer

Wie du vorgehst

1 Stelle alle Gegenstände vor eine Wand und beleuchte sie alle gleichzeitig.

Was passiert?

Hinter der Tasse und dem Buch entsteht ein Schatten an der Wand; hinter dem Glas und der Glasplatte wird die Wand erhellt; hinter dem Glanzpapier, dem Seidenpapier und dem Taschentuch entsteht ein undefinierbarer Lichtschein.

Weil...

... die Tasse und das Buch undurchsichtig sind und das Durchdringen des Lichts verhindern. Die Glasplatte und das Wasser sind durchsichtig, also können sie auch von Lichtstrahlen durchdrungen werden. Materialien wie Seidenpapier, Glanzpapier oder das Taschentuch blockieren das Licht nur teilweise und zerstreuen die übrigen Strahlen, die die Wand schwach erleuchten.

Ein Hof rund um den Mond

Auch die Atmosphäre, die die Erde umhüllt, kann ein durchscheinender Körper sein: Wenn sich in den höheren Schichten kleine Eiskristalle bilden, die das Licht zerstreuen, das vom Mond reflektiert wird, wodurch es scheint, als wäre dieser von einem Hof umgeben.

EIN TRANSPARENZEFFEKT

Was du brauchst

- ein Blatt Papier
- einige Tropfen Öl
- einen Trinkhalm
- eine Taschenlampe
- ein dunkles Zimmer

Wie du vorgehst

1 Gib mit dem Trinkhalm ein oder zwei Tropfen Öl auf das Papier.

2 Halte das Papier zwischen die Taschenlampe und die Wand.

3 Beleuchte das Blatt und richte dann den Lichtstrahl auf den Ölfleck.

Was passiert?

Wenn du den Ölfleck anleuchtest, ist das Licht an der Wand viel intensiver.

Weil...

... das Papier einen Großteil der Lichtstrahlen aufhält. Das Öl dringt durch die Papierfasern und erzeugt dadurch kleine durchsichtige Spiralen, die das Licht hindurchlassen. Bei Wasser gibt es diesen Effekt nicht, da es nicht so leicht durch die Papierfasern dringt.

Wie können wir durch bestimmte Materialien hindurchsehen?

Unser Auge kann erleuchtete Dinge sehen. Ist zwischen unserem Auge und dem beleuchteten Gegenstand ein durchsichtiges Material, zum Beispiel ein Fenster oder eine kleine Menge Wasser, können wir den Gegenstand problemlos sehen. Doch es ist nicht allein das Material, das einen Gegenstand durchsichtig macht oder nicht, auch die Stärke des Materials spielt eine Rolle. Zwar ist das Wasser in einem Glas durchsichtig, doch das Wasser in den Tiefen des Meeres ist es nicht, auch wenn seine Oberfläche von der Sonne beleuchtet wird. Ebenso ist einige Millimeter dickes Glas durchsichtig, Glas von einigen Metern Stärke ist es jedoch nicht mehr.

Durchscheinende Materialien dagegen lassen nur eine bestimmte Menge Licht durchdringen, so dass man nur undeutlich durch sie hindurchsehen kann: durch einen Vorhang oder durch Milchglas zum Beispiel sehen wir nur undeutliche Formen.

Nur undurchsichtige Gegenstände werfen Schatten, weil sie die Lichtstrahlen blockieren.

Die Reflexion

Warum sehen wir im Dunklen nichts? Wie kann die Sonne alles um uns herum erhellen? Unser Auge nutzt zum Sehen die Fähigkeit der Lichtstrahlen, umzudrehen, wenn sie auf etwas Undurchsichtiges treffen. Wir sehen alles, was von Lichtstrahlen getroffen wird, weil unser Auge das Licht nutzt, das von den Dingen reflektiert wird. Und wenn die reflektierten Strahlen gut weitergeleitet werden, kann man damit Bilder erzeugen, die aussehen, als wären sie real. Lass uns zusammen herausfinden, wie das geht.

Warum ermöglicht uns das Licht, zu sehen?

LEUCHTENDES WEISS

Was du brauchst

- ein weißes Blatt Papier
- ein schwarzes Blatt
- eine Taschenlampe
- einen Spiegel
- ein dunkles Zimmer

Wie du vorgehst

1 Mache die Taschenlampe in einem dunklen Zimmer an und stelle dich vor den Spiegel.

2 Halte die Lampe von der Seite an dein Gesicht, so dass das Licht deine Nase trifft.

3 Halte auf die andere Seite erst das schwarze, dann das weiße Papier und sieh in den Spiegel.

Was passiert?

Die Taschenlampe selbst beleuchtet nur die Nase; mit dem schwarzen Papier bleibt das Gesicht fast dunkel, mit dem weißen dagegen scheint es vollständig angestrahlt.

Weil...

... im ersten Fall die Strahlen am einzigen Hindernis, auf das sie treffen, abprallen: an der Nase. Im zweiten und dritten Fall dagegen hängt der Effekt von der Farbe des Papiers ab: das schwarze reflektiert das Licht fast nicht, während das weiße es stark reflektiert, die Strahlen zum Gesicht zurückwirft und dieses so erhellt.

VOM DUNKLEN INS LICHT

Was du brauchst

• ein Zimmer voller Gegenstände
  (zum Beispiel eine Abstellkammer)

Wie du vorgehst

1 Gehe in das dunkle Zimmer, schließe die Tür und sieh dich um.

2 Öffne die Tür ein wenig, so dass ein ganz dünner Lichtstrahl hereinfällt, und sieh dich wieder um; öffne die Tür Schritt für Schritt, bis sie ganz offen ist, und beobachte, was passiert.

Was passiert?

Wenn die Tür zu ist, sehen deine Augen nicht, was im Zimmer ist; wenn die ersten Lichtstrahlen eindringen, kannst du die Gegenstände besser erkennen; je mehr Licht hereinkommt, desto besser kannst du die Gegenstände erkennen.

Weil...

... das, was uns umgibt nur sichtbar ist, wenn es Licht reflektiert, es also zu unseren Augen zurückschickt. Helle Objekte reflektieren das Licht stark, während dunkle den Großteil davon absorbieren, weshalb wir viel Licht brauchen, um sie zu sehen.

Wir sehen Gegenstände nur dann, wenn das Licht, das auf sie trifft und von ihnen abprallt, unsere Augen erreicht.

77

Wie funktionieren Spiegel?

GEORDNETE REFLEXION

Was du brauchst

- festen schwarzen Karton
- einen quadratischen oder rechteckigen Spiegel
- eine Schere
- eine Taschenlampe
- ein dunkles Zimmer

Wie du vorgehst

1 Falte den Karton so wie in der Abbildung und schneide mit der Schere drei Schlitze hinein.

2 Lege die Taschen-lampe in einem dunklen Zimmer hinter diese Schlitze.

3 stelle den Spiegel am gegenüberliegenden Ende so auf wie in der Abbildung

Was passiert?

Wenn die Strahlen auf den Spiegel treffen, drehen sie sich um und bilden dabei einen Winkel.

Weil…

… der Spiegel das Licht in dem Winkel (Reflexionswinkel) reflektiert, in dem der Lichtstrahl auf den Spiegel fällt (Einfallswinkel). Fällt ein Lichtstrahl senkrecht auf eine reflek-tierende Fläche, fällt er auf demselben Weg zurück. Wenn eine Fläche glatt ist, wird das Licht geordnet zurückgeworfen, das heißt, alle Strahlen haben dieselbe Richtung. Ist die Fläche rau, prallen die Strahlen auf ungeordnete Weise ab.

SPIEGEL GEGEN SPIEGEL

Was du brauchst

- zwei Spiegel

Wie du vorgehst

1 Betrachte dich in einem der Spiegel und bewege eine Hand.

Was passiert?

Dein Spiegelbild erscheint verkehrt: Wenn du deine rechte Hand bewegst, bewegt sich die linke Hand deines Spiegelbilds.

2 Stelle beide Spiegel zu einem Winkel zusammen und setze dich davor.

3 Bewege eine Hand.

Was passiert?

Dein Spiegelbild erscheint richtig herum: Wenn du deine rechte Hand bewegst, bewegt sich auch im Spiegelbild die rechte Hand.

Weil…

… das von deinem Körper reflektierte Licht direkt zurückgeworfen wird, wenn es auf den Spiegel fällt, wodurch sich das verkehrte Spiegelbild ergibt. Wenn du zwei Spiegel vor dir hast, kehrt jeder Spiegel das verkehrte Bild des anderen wieder um, so dass das Spiegelbild richtig herum erscheint!

BAUE EIN PERISKOP

Was du brauchst

- einen festen Karton von 32 x 50 cm
- eine Schere
- Klebeband
- zwei Taschenspiegel von 6 x 10 cm
- ein Lineal
- einen Bleistift
- ein kariertes Blatt Papier

Wie du vorgehst

1 Teile den Karton mit Lineal und Bleistift in vier 8 cm breite Streifen und schneide zwei gleichgroße Quadrate heraus wie in der Abbildung.

2 Zeichne auf dem Karopapier ein rechtwinkliges Dreieck mit zwei Seiten von 6 cm Länge und schneide es aus.

3 Lege das Dreieck auf den Karton, strichle an vier Stellen diagonale Linien, so wie du es in der Abbildung siehst, und schneide sie ein; falte den Karton an den Linien, die du anfangs eingezeichnet hast, und klebe ihn mit dem Klebeband zusammen.

4 Stecke die Spiegel durch die Einschnitte.

5 Setze dich hinter eine Mauer oder ein Fensterbrett, so dass das Periskop über deinen Kopf hinausragt, und schaue durch die untere Öffnung.

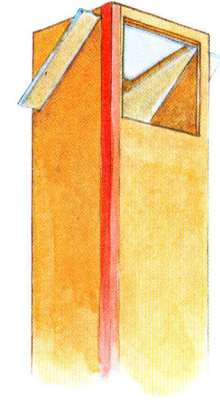

Was passiert?

Im Spiegel im Inneren des Periskops siehst du das, was sich oberhalb der Mauer oder des Fensterbretts befindet.

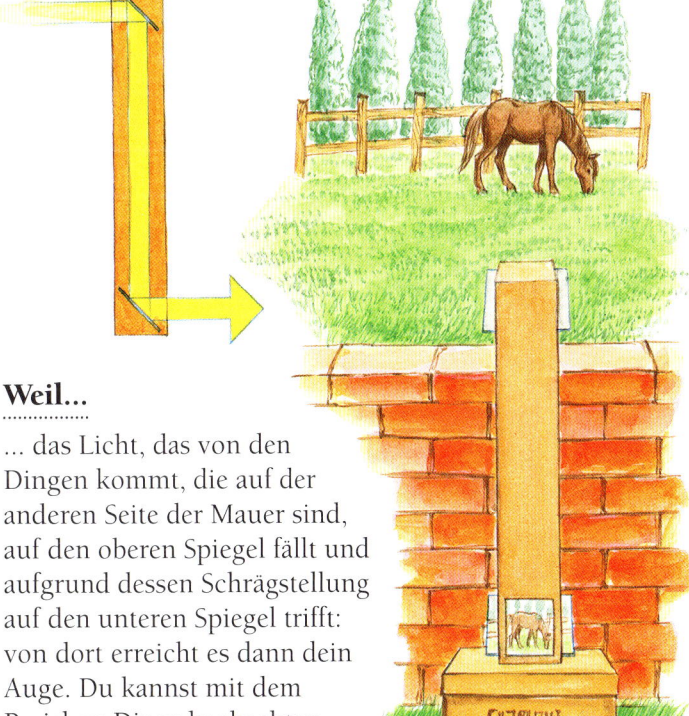

Weil...

... das Licht, das von den Dingen kommt, die auf der anderen Seite der Mauer sind, auf den oberen Spiegel fällt und aufgrund dessen Schrägstellung auf den unteren Spiegel trifft: von dort erreicht es dann dein Auge. Du kannst mit dem Periskop Dinge beobachten, ohne selbst gesehen zu werden. Zu diesem Zweck wird es auch von Unterseebooten genutzt.

Spiegel reflektieren Licht auf geordnete Weise und reproduzieren das Bild dessen, was vor ihnen liegt.

Kann Licht sich krümmen?

DAS LICHT PRALLT AB

Was du brauchst

- ein durchsichtiges Gefäß mit geraden Wänden
- Wasser
- etwas Milch
- eine Taschenlampe
- festes schwarzes Papier
- eine Schere
- Klebeband
- ein Buch
- ein dunkles Zimmer

Wie du vorgehst

1 Fülle das Gefäß mit Wasser und gib etwas Milch dazu (man sieht dann die Lichtstrahlen besser).

2 Klebe das schwarze Papier mit Klebeband auf die Taschenlampe und mache ein kleines Loch in die Mitte.

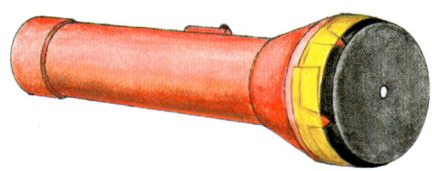

3 Halte die Taschenlampe in einem dunklen Zimmer so, dass ihr Strahl die Wasseroberfläche von unten trifft wie in der Abbildung (stelle hoierzu am besten das Gefäß auf ein Buch).

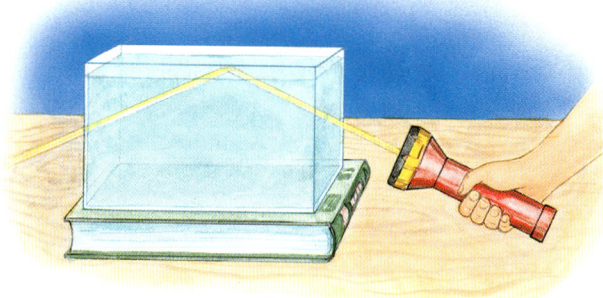

Was passiert?

Wenn es auf die Wasseroberfläche trifft, prallt das Licht ab und tritt auf der gegenüberliegenden Seite aus dem Gefäß aus und bildet einen Winkel.

Weil...

... das Licht geradlinig in das Gefäß fällt. Die Wasseroberfläche wirkt wie ein Spiegel und ändert bei der Reflexion die Richtung des Lichts, das nun geradlinig in eine andere Richtung fällt.

Laserstrahlen

Ein Laserstrahl ist ein sehr intensiver und dünner Lichtstrahl, der eine große Menge Energie transportiert. In den Apparaturen zur Erzeugung von Laserstrahlen wird durch ein spezielles Vorgehen Licht erzeugt, das auf eine Reihe von Spiegeln fällt, wodurch seine Intensität erhöht wird. Hat ein Strahl die gewünschte Intensität, wird er durch ein Loch geschickt. Ein Laserstrahl kann dank seiner Stärke, seiner Präzision und der Möglichkeit, seine Auswirkungen genau zu bestimmen, für viele Zwecke eingesetzt werden: zum Schneiden von Materialien (von Blech über Gewebe bis zu Glas), zum Schweißen von Metall, für chirurgische Operationen, für besondere Lichteffekte bei Veranstaltungen im Freien, zum Herstellen und Abspielen von CDs, zum Lesen von Strichcodes auf Produkten und für Vieles mehr.

EIN LEUCHTENDER STRAHL

Was du brauchst

- eine durchsichtige Flasche aus weichem Plastik
- einen weichen durchsichtigen Plastikschlauch
- eine Schüssel
- Knetmasse
- Klebeband
- festen schwarzen Stoff
- ein dunkles Zimmer
- Wasser
- eine Schere

Wie du vorgehst

1 Fülle die Flasche mit Wasser.

2 Durchbohre mit der Schere den Deckel, führe den Schlauch ein und dichte ihn mit der Knete.

3 Befestige die Taschenlampe mit Klebeband am Flaschenboden und mache sie an; wickle alles in den Stoff, so dass nur der Schlauch herausguckt.

4 Drücke die Flasche in einem dunklen Raum zusammen, so dass ein Wasserstrahl aus der Flasche in die Schüssel trifft.

Was passiert?

Der Wasserstrahl leuchtet.

Weil...

... das Licht in dem Schlauch dem Lauf des Wassers folgt. Im Inneren des Schlauches biegen sich die Lichtstrahlen jedoch nicht, sondern werden von den Wänden immer wieder zurückgeworfen und bewegen sich so im Zickzack. Dieses nennt man *totale innere Reflexion*.

Optische Fasern

Optische Fasern sind sehr dünne durchsichtige Fasern, in die das Licht am einen Ende ein- und am anderen Ende austritt: aufgrund der totalen inneren Reflexion bleibt das Licht in ihrem Inneren gefangen, ganz gleich wie sehr die Faser sich biegt.
Optische Fasern nutzt man, um den menschlichen Körper zu erforschen. dank ihrer Biegsamkeit und ihrer geringen Größe erreichen sie fast jeden Teil des Körpers (Magen, Arterien ...), beleuchten ihn und geben sein Bild an das Auge des Arztes weiter, der außen in ein Okular sieht.
Optische Fasern werden auch für die Telekommunikation und zur Datenübertragung zwischen Computern genutzt.

Licht bewegt sich in einem gebogenen Schlauch fort, indem es seinen Weg in viele kleine geradlinige Strecken unterteilt.

81

Die Brechung

Dir ist sicher schon aufgefallen, wie komisch Leute aussehen, die bis zu den Knien im Wasser stehen: ihre Beine unter Wasser erscheinen kurz und dick. Vielleicht hast du auch schon einmal aus einem bestimmten Winkel in das Maul eines Goldfisches gesehen und statt einem zwei Fische gesehen. Oder vielleicht warst du schon einmal an einem heißen Tag auf einer geteerten Straße unterwegs und es sah aus, als wäre sie nass, obwohl sie völlig trocken war. All das ist das Werk des Lichts und dessen Fähigkeit, sich zu brechen. Die folgenden Experimente zeigen dir, wie Licht, das von der Luft ins Wasser eintritt oder umgekehrt, Geschwindigkeit und Richtung ändert und dabei komische Effekte hervorruft. Du wirst auch herausfinden, wie man durch Brechung des Lichts weit entfernte Objekt wie den Mond näher heranholen und vergrößern kann.

Warum verändert Wasser das Aussehen der Dinge?

GEBROCHENES LICHT

Was du brauchst

- ein Glas
- Wasser
- etwas Milch
- einen Trinkhalm
- eine Taschenlampe
- ein dunkles Zimmer

Wie du vorgehst

1 Fülle das Glas mit Wasser und trübe es mit etwas Milch.

2 Richte den Strahl der Taschenlampe in einem dunklen Zimmer von oben nach unten, so dass er schräg auf die Wasseroberfläche trifft.

Was passiert?

Die Neigung des Lichtstrahls ändert sich, wenn er aufs Wasser trifft.

3 Fülle das Glas mit reinem Wasser und tauche den Trinkhalm hinein.

Was passiert?

Er scheint dort, wo er aus dem Wasser ragt, gebrochen zu sein

Weil...

... Licht, wenn es vom Wasser in die Luft übergeht, und allgemein, wenn es von einer durchsichtigen Substanz in eine andere eintritt, seine Geschwindigkeit verändert, was einen Richtungswechsel zur Folge hat. Dieses Phänomen heißt *Brechung* und kann einen Körper anders aussehen lassen als in der Realität. So scheint der Trinkhalm an der Wasseroberfläche gebrochen, er ist es aber nicht.

Luftspiegelungen

Lichtstrahlen können auch dann abgelenkt werden, wenn sie von kalter in warme Luft gelangen oder umgekehrt, weil diese unterschiedliche Dichten haben (warme Luft ist weniger dicht als kalte), und werden daher vom Licht mit unterschiedlicher Geschwindigkeit durchquert.
An sehr heißen Tagen erwärmt sich die Luft über dem Boden sehr schnell, und Lichtstrahlen, die sie durchqueren, werden abgelenkt: Deshalb kann eine Straße in der Ferne nass aussehen; das, was wir in Wirklichkeit sehen, ist ein vom Himmel reflektiertes Bild. So entstehen in der Wüste Fata Morganas.

Trügerische Tiefe

Meere, Flüsse und Seen erscheinen weniger tief, als sie in Wirklichkeit sind, da der Grund durch die Brechung näher erscheint. Wenn man einen Gegenstand ins Wasser legt, stellt man fest, dass er nicht dort ist, wo man glaubt, sondern etwas tiefer. Fischer, die mit einer Harpune jagen, zielen nie dorthin, wo sie den Fisch sehen, sondern immer ein Stück tiefer.

Aus dem Wasser kommendes Licht erzeugt durch Brechung Bilder, die von der Realität abweichen.

Wie funktionieren Linsen?

VERGRÖSSERN MIT WASSER

Was du brauchst

- eine rundes Einmachglas
- ein Blatt mit einem gemalten Bild
- einen Trinkhalm
- Wasser

Wie du vorgehst

1 Fülle das Glas mit Wasser und stelle den Trinkhalm senkrecht hinein; beobachte mit Blick auf Höhe des Glases was passiert.

Was passiert?

Der eingetauchte Teil des Trinkhalms scheint größer.

2 Nimm den Trinkhalm heraus und stelle das Blatt mit dem Bild hinter das Glas; beobachte aus der geichen Höhe wie vorher, was passiert.

Was passiert?

Das Bild erscheint vergrößert.

Weil...

... die Lichtstrahlen auf dem Weg vom Wasser in die Luft gebrochen werden: Wenn die Trennungsoberfläche (die Glaswand) gewölbt ist, lässt die Brechung Dinge größer erscheinen.

STRAHLEN, DIE SICH TREFFEN

Was du brauchst

- einen Schuhkarton
- ein Glas
- Wasser
- eine Taschenlampe
- einen Bleistift
- ein Lineal
- eine Schere
- ein dunkles Zimmer

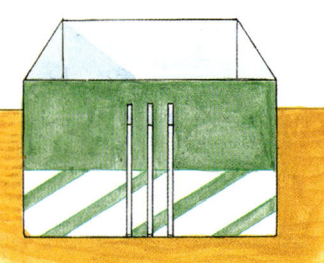

Wie du vorgehst

1 Zeichne an einer Querseite des Kartons im Abstand von einem Zentimeter drei Schlitze ein und schneide sie ein.

2 Fülle das Glas mit Wasser und stelle es auf der Höhe der Einschnitte in die Mitte des Kartons.

3 Platziere die Taschenlampe im Dunklen außerhalb des Kartons vor die Einschnitte.

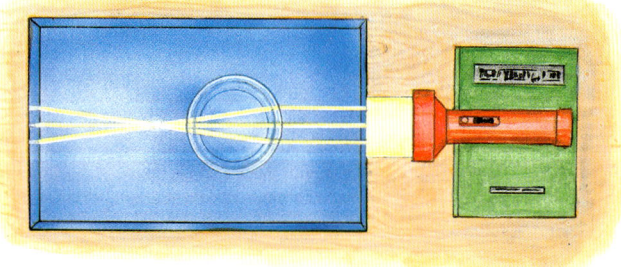

Was passiert?

Bevor die Strahlen auf das Glas treffen, sind die parallel, wenn sie es durchquert haben, treffen sie sich in einem Punkt (es kann sein, dass du das Glas dafür noch etwas umstellen musst). Dort, wo die Strahlen sich treffen, ist das Licht am stärksten.

Weil...

... die gewölbte Überfläche des Glases und das Wasser zu einer Brechung der Strahlen führen, die sich daraufhin einander nähern, bis sie sich treffen.

LICHT SAMMELN UND ZERSTREUEN

Was du brauchst

- den Karton vom vorhergegangenen Experiment
- eine Schere
- eine konvexe Linse (mit einer nach außen gebogenen Oberfläche)
- eine konkave Linse (mit einer nach innen gebogenen Oberfläche)
- ein weißes Blatt Papier
- eine Taschenlampe
- ein dunkles Zimmer

Wie du vorgehst

1 Lege das weiße Papier auf den Boden des Kartons.

2 Mache mit der Schere einen Einschnitt am Boden des Kartons, in den du eine Linse stecken kannst.

3 Stecke die konvexe Linse in den Einschnitt und platziere die Taschenlampe im Dunklen außen vor die seitlichen Einschnitte.

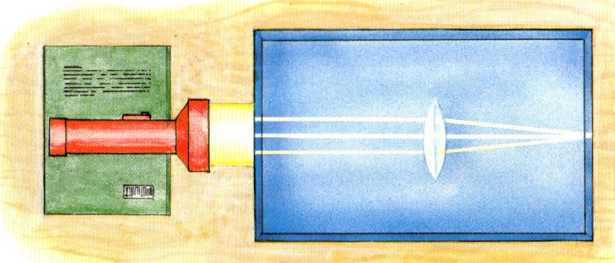

4 Wiederhole Punkt drei mit der konkaven Linse.

Was passiert?

Wenn die Strahlen die konvexe Linse durchdringen, ändern sie die Richtung und treffen sich in einem Punkt, bei der konkaven Linse entfernen sich die Strahlen voneinander.

Weil....

... die unterschiedlichen Formen der Linsen verschiedenen Brechungswinkel zur Folge haben. Konvexe Linsen bewirken eine Annäherung der Strahlen: Objekte werden damit je nach deren Abstand von der Linse vergrößert oder verkleinert. Konkave Linsen bewirken eine Zerstreuung der Lichtstrahlen: sind sie zwischen dem Auge und dem Objekt, lassen sie dieses kleiner erscheinen.

Der Brennpunkt

Konvexe durchsichtige Flächen lassen am so genannten Brennpunkt nicht nur die Lichtstrahlen zusammenfließen, sondern auch deren Wärme. So kann die Konzentration der Sonnenstrahlen in einer inmitten von Papier und trockenen Blättern weggeworfenen Flasche einen Brand hervorrufen.

Brillen

Auch in unserem Auge ist eine Linse, die uns ermöglicht, nahe und weit entfernte Bilder zu sehen. Wenn sie nicht richtig funktioniert, muss man auf äußere Linsen in Form von Kontaktlinsen oder einer Brille zurückgreifen. Diese ermöglichen Kurzsichtigen, in die Ferne zu sehen, Weitsichtigen, auch nahe Objekte zu sehen, und lassen auch Menschen mit so genannter Hornhautverkrümmung wieder scharf sehen.

Linsen haben gekrümmte Oberflächen, die Lichtstrahlen ablenken und Dinge größer oder kleiner erscheinen lassen.

85

Wie können Teleskope Dinge näher heranholen?

DER MOND IM HAUS

Was du brauchst

- einen konkaven Spiegel
- einen geraden Spiegel
- eine Lupe
- ein Fenster

Dieser Versuch muss abends durchgeführt werden, wenn man vom Fenster aus den Mond sehen kann.

Wie du vorgehst

1 Stelle den konkaven Spiegel vor das Fenster, so dass er dem Mond zugewandt ist.

2 Stelle dich vor das Fenster und halte den geraden Spiegel so, dass er dir zugewandt ist, damit du darin das Spiegelbild des Mondes siehst, das von dem konkaven Spiegel reflektiert wird.

3 Betrachte mit der Lupe das Bild des Mondes, das auf dem geraden Spiegel erscheint.

Was passiert?

Auf dem geraden Spiegel erscheint der Mond näher, und mit der Lupe kannst du das Bild vergrößern.

Weil...

... der konkave Spiegel das Bild vom Mond reflektiert und es dabei näher erscheinen lässt. Der gerade Spiegel setzt das Bild neu zusammen und lässt es durch die Lupe größer erscheinen. Auf diese Weise funktionieren Reflexionsteleskope.

Wer hat das Teleskop erfunden?

Die ersten Instrumente, um Dinge näher heranzuholen und zu vergrößern, wurden 1608 in Holland entwickelt, vermutlich von einem Optiker. Als Galileo Galilei ein Jahr später davon erfuhr, beschloss er, ein Instrument zur Himmelsforschung zu bauen. Das erste Fernrohr von Galilei bestand aus zwei ineinandergeschobenen Rohren mit einer Linse an jedem Ende. Die größere, konvexe, Linse diente als Objektiv, durch die kleinere, konkave, Linse blickte man hindurch. Mit diesem Reflexionsfernrohr, das Gegenstände bis zu dreißigfach vergrößern konnte, beobachtete Galilei den Mond, die Planeten und die Sterne und gewann damit wichtige Erkenntnisse über das gesamte Sonnensystem.
1668 erfand Isaac Newton das Reflexionsteleskop, das außer den Linsen noch Spiegel enthielt, womit schärfere Bilder entstanden.
Etwas später, 1758, wurden farblose Linsen erfunden, die die Farben nicht zerstreuen.
Alle großen Teleskope für astronomische Beobachtungen sind Reflexionsteleskope.

Das Teleskop des Observatoriums in Merate (Italien).

EIN EINFACHES TELESKOP

Was du brauchst

- zwei Lupen
- zwei Papprohre mit etwas unterschiedlichem Durchmesser
- Klebeband

Dieses Experiment muss man abends durchführen, wenn der Mond zu sehen ist.

Wie du vorgehst

1 Verbinde die Rohre, indem du das schmalere in das weitere steckst, und befestige eine der Lupen an einem Ende der Rohre mit Klebeband.

2 Schaue an dem Ende mit der Lupe durch die Rohre und halte die zweite Lupe vor das andere Ende der Rohre: Verlängere und verkürze das Rohr und bewege die zweite Lupe, bis das Bild einigermaßen scharf ist.

Was passiert?

Durch die Linsen erhältst du ein vergrößertes, wenn auch seitenverkehrtes Bild des Mondes.

Weil...

... die weiter entfernte Lupe die Mondstrahlen zusammenlaufen lässt und dabei in dem Rohr ein neues Bild entstehen lässt. Die dem Auge nähere Lupe vergrößert dieses Bild und lässt den Mond näher erscheinen. So funktionieren Reflexionsteleskope, die allerdings Bilder produzieren können, die nicht seitenverkehrt sind.

Teleskope und Mikroskope funktionieren mittels einer Kombination aus Spiegeln und Linsen, die nähere und größere Bilder erzeugen. Links ein modernes Mikroskop zur Untersuchung von Blut.
Rechts ein Mikroskop aus dem vorigen Jahrhundert zur Untersuchung von Mineralien.

Dank des Zusammenspiels von Linsen und Spiegeln lassen Teleskope weit entfernte Objekte näher erscheinen.

Die Farben

Der Übergang vom Dunklen ins Licht bedeutet für unsere Augen einen Übergang von Schwarz und Grau zu den Farben. Ohne Licht gibt es keine Farben, aber warum können wir sie bei Licht sehen? Welche magische Kraft verwandelt zwei miteinander vermischte Farben in eine andere? Und warum funkeln die Kristalltröpfchen eines Kronleuchters im Licht wie tausend Regenbogen? Warum hat der Himmel nicht immer dieselbe Farbe? Auf den folgenden Seiten wirst du kleine und große Erkenntnisse über die Welt der Farben gewinnen.

Welche Farbe hat das Licht?

EIN FARBKREISEL

Was du brauchst

- weißen Karton
- einen kurzen, sehr spitzen Bleistift
- einen Winkelmesser
- Farbstifte
- einen Zirkel
- eine Schere

Wie du vorgehst

1 Zeichne mit dem Zirkel einen Kreis von 10 cm Durchmesser auf den Karton.

2 Unterteile ihn (mit Hilfe des Winkelmessers) in sieben gleich große Segmente: Jeder Winkel muss etwa 51° groß sein.

3 Male die Segmente rot, orange, gelb, grün, hellblau, dunkelblau und violett an.

4 Bohre mit der Schere ein Loch in die Mitte der Scheibe und stecke den Bleistift mit der Spitze nach unten durch.

5 Drehe die Scheibe schnell, als wäre sie ein Kreisel.

Newtons Farbprisma

In der zweiten Hälfte des 17. Jahrhunderts fand Isaac Newton heraus, dass Licht, das auf ein dreieckiges Glasprisma trifft, in verschiedenfarbigen Lichtbündeln wieder austritt, die immer gleich angeordnet sind und einen speziellen Winkel haben. Die Gesamtheit der Farben nannte er Spektrum.

Was passiert?

Während der Drehung unterscheiden sich die Farben nicht voneinander, sondern scheinen weiß.

Weil...

... die Mischung der sieben Farben, die du benutzt hast, in Verbindung mit einer schnellen Drehung einen weißlichen Farbton erzeugt.

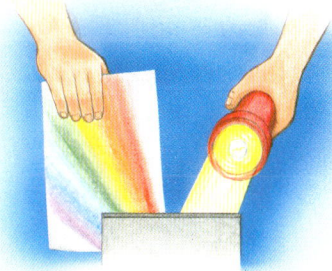

DIE REGENBOGENFARBEN

Was du brauchst

- eine Taschenlampe
- eine niedrige rechteckige Schale
- einen Spiegel
- weißen Karton
- Wasser

Wie du vorgehst

1 Fülle die Schale mit Wasser.

2 Tauche den Spiegel hinein und lehne ihn leicht schräg gegen eine Wand der Schale.

3 Richte den Strahl der Taschenlampe auf das Wasser, so dass er den Teil des Spiegels trifft, der unter Wasser ist.

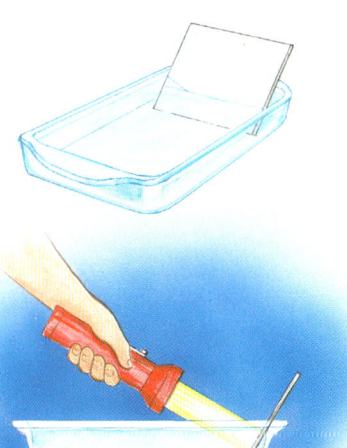

4 Halte den Karton vor den Spiegel, um das reflektierte Licht aufzufangen.

Was passiert?

Auf dem Karton erscheint ein Bild in den Farben des Regenbogens.

Weil...

... das vom Spiegel reflektierte Licht beim Austritt aus dem Wasser gebrochen wird. Die Farben, aus denen sich weißes Licht zusammensetzt, werden nicht im gleichen Winkel gebrochen, treten daher an verschiedenen Stellen aus und werden sichtbar.

Warum entstehen Regenbogen?

Die winzigen Wassertropfen in der Luft nach einem Regen wirken wie unzählige Prismen: Werden sie vom Sonnenlicht getroffen, reflektieren sie es und zersetzen es in die sieben Farben des Spektrums.

Licht sieht weiß aus, besteht aber aus den sieben Farben des Regenbogens, die man Spektrum nennt.

89

Wie entstehen Farben?

FARBEN MISCHEN

Was du brauchst

- zwei Taschenlampen
- zwei Stücke durchsichtige Plastikfolie (eines rot, eines grün)
- zwei Gummibänder
- weißen Karton
- grüne, rote, gelbe und blaue Temperafarbe
- einen Pinsel
- einen Teller

Wie du vorgehst

1 Befestige die farbige Plastikfolie mit den Gummis an den Taschenlampen.

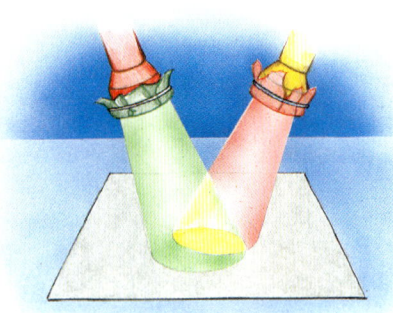

2 Mache die Lampen an und richte sie so auf den Karton, dass die Strahlen sich überlappen.

Was passiert?

Dort wo sich die Lichtstrahlen treffen, ist das Licht gelb.

3 Mische mit dem Pinsel auf dem Teller jeweils gleichviel rote und grüne Temperafarbe.

4 Wasche den Pinsel aus und mache das gleiche mit der blauen und der gelben Farbe.

Was passiert?

Rot und Grün geben zusammen eine bräunliche Farbe, aus Gelb und Blau wird Grün.

Weil...

... Grün, Rot und Blau die Primärfarben des Lichts sind, aus denen sich alle anderen Farben (Sekundärfarben) ergeben, wenn man sie mischt. Die Primärfarben der Pigmente (also der Temperafarben, Lacke, Tinte, usw.) sind Magenta, Zyan und Gelb.
Aus der Gesamtheit der Primärfarben des Lichts ergibt sich weißes Licht, aus der Gesamtheit der Primärfarben der Pigmente erhält man eine sehr dunkle, fast schwarze Farbe.

Ende des 19. Jahrhunderts gab es unter den Malern die Pointillisten (darunter Signac und Seurac), die eine besondere Maltechnik anwandten: Statt die Farben zu mischen, bedeckten sie die Leinwand mit winzigen verschiedenfarbigen Punkten, die von weitem gesehen zu einer einzigen Farbe zu verschmelzen schienen. Versuche einmal, eine Wiese aus ganz vielen eng beieinander liegenden gelben und blauen Punkten zu malen: Von weitem erscheint sie grün.

Warum sehen wir Farben?

Wir sehen das, was uns umgibt nur, wenn es beleuchtet wird. Doch das Licht, das auf ein Objekt trifft, wird zum Teil davon absorbiert und nur teilweise reflektiert. Die Farbe eines Objekts hängt von der Farbe des Lichts ab, die es reflektiert: Eine Tomate erscheint rot, weil sie nur die rote Farbe reflektiert und alle anderen absorbiert. Weiße Gegenstände reflektieren das Licht vollständig, schwarze dagegen absorbieren es fast ganz.

TINTE ZERLEGEN

Was du brauchst

- verschiedene Fläschchen farbige Tinte oder verschiedenfarbige Filzstifte (auch schwarz)
- eine lange, flache Schale
- Wasser
- Löschpapierstreifen von 20 cm Länge und 2–3 cm Breite

Wie du vorgehst

1 Gib auf jeden Streifen 2 cm vom Rand entfernt einen Tropfen Tinte oder male einen Punkt mit den Filzstiften.

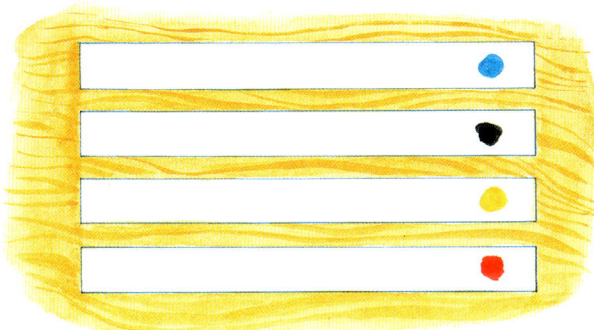

2 Gib etwas Wasser in die Schale, tauche jeweils das Ende eines Streifens hinein und warte, bis das Wasser den Farbklecks erreicht.

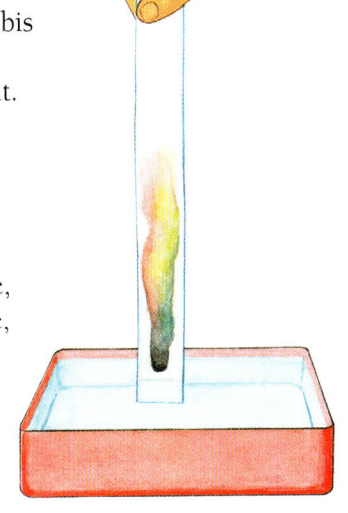

Was passiert?

Das Wasser steigt nach oben, und einige Farbkleckse, auch der schwarze, lösen sich in verschiedene Farben auf.

Weil...

... das Wasser die Pigmente, die sich je nach Farbe in verschiedenen Geschwindigkeiten bewegen, zersetzt. So trennen sie sich und beginnen, ihre eigene Farbe zu reflektieren. Mit diesem Experiment kann man herausfinden, ob eine Tinte oder ein Farbstift aus verschiedenen Farben zusammengesetzt ist oder nur aus einer Farbe besteht.

Farben im Fernsehen, Farben auf dem Papier

Die Bilder, die du auf dem Fernsehschirm siehst, sind aus winzigen Strichen in den drei Primärfarben des Lichts (Rot, Grün, Blau) zusammengesetzt. Das Auge mischt sie und nimmt scharfe Bilder in allen Farben wahr. Zum Drucken von Büchern und Zeitschriften dagegen nutzt man die Primärfarben der Pigmente (Gelb, Magenta, Zyan) sowie Schwarz, um schärfere Bilder zu erhalten; jedes Papier muß viermal durch die Druckmaschine, für jede Farbe einmal.

Mischt man zwei Primärfarben, erhält man weitere Farben, die Sekundärfarben genannt werden.

Kann man weißes Licht bunt machen?

EIN ROTFILTER

Was du brauchst

- weißes Papier
- Farbstifte
- durchsichtige rote Plastikfolie

Wie du vorgehst

1 Male mit den Stiften verschiedene Farbflecken auf das Papier.

2 Schaue dir die Farbflecken durch die rote Plastikfolie an.

Was passiert?

Das Blatt Papier erscheint völlig rot; man kann nur diejenigen Farbflecken erkennen, die dunkler sind.

Weil...

... die rote Folie wie ein Filter wirkt: Sie lässt nur das rote Licht zu unseren Augen durchdringen und absorbiert alle anderen Farben. Aus dem gleichen Grund blockiert ein Farbfilter vor einem Reflektor oder einer Taschenlampe alle Farben des weißen Lichts, darunter die eigene, weswegen das austretende Licht in dieser Farbe erscheint.

Die Fenster in der Kirche

Wie Filter lassen auch die farbigen Fenster nur die eigene Farbe hindurch, so dass wir die anderen nicht sehen. Wenn das Sonnenlicht von den Kirchenfenstern gefiltert wird, kann man auf Wänden und Böden die Farbreflexe betrachten.

Weißes Licht wird farbig, wenn durch einen Filter alle Farben des Spektrums bis auf eine blockiert werden.

Warum ändert der Himmel seine Farbe?

KÜNSTLICHER SONNENUNTERGANG

Was du brauchst

- ein sehr großes durchsichtiges Gefäß
- Wasser
- Milch
- eine Taschenlampe

Wie du vorgehst

1 Fülle das Gefäß mit Wasser und gib einige Tropfen Milch dazu.

2 Beleuchte das Wasser von oben mit der Taschenlampe.

Was passiert?

Das Wasser scheint bläulich.

3 Richte die Taschenlampe auf die Wand des Gefäßes, setze dich gegenüber und beobachte das Licht durch das Wasser.

Was passiert?

Das Wasser sieht rosa aus, während der erleuchtete Teil orange-gelb erscheint.

Weil...

... das durch die Milch getrübte Wasser, wenn die Position des Lichtstrahls verändert wird, eine andere Brechung der Farben des Lichts bewirkt. Ebenso reflektiert die Atmosphäre die Sonnenstrahlen je nach Stand der Sonne auf unterschiedliche Weise.

Die Farben der Sonne und des Himmels

Steht die Sonne hoch, erscheint sie gelb und der Himmel bei schönem Wetter blau, weil die Atmosphäre die anderen Farben aufhält. Wenn die Sonne untergeht, erscheint sie rot und der Himmel wird rosa, rot und orange, da die Atmosphäre bei diesem Winkel der Lichtstrahlen nur diese Farben des Spektrums verbreitet.

Der Himmel ändert seine Farbe, weil die Atmosphäre das Licht je nach Stand der Sonne unterschiedlich streut.

Warum zieht Schwarz die Wärme an?

LICHT IST WÄRME

Was du brauchst

- dünne Alufolie
- einen schwarzen Stift für alle Oberflächen
- eine Schere
- ein Lineal
- einen Bleistift
- Klebeband
- Faden
- ein großes Einmachglas
- ein Stück dicke Pappe, das größer ist als die Öffnung des Einmachglases

Wie du vorgehst

1 Schneide aus der Alufolie zwei Streifen von 10 x 2,5 cm Größe aus.

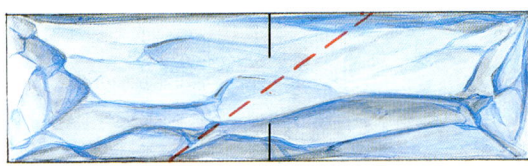

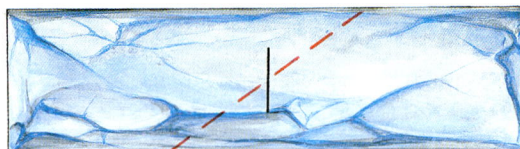

2 Schneide sie mit der Schere an den Markierungen, die du in der Abbildung siehst, ein.

3 Male eine Seite der Streifen schwarz an und falte die Streifen mit der schwarzen Seite nach innen wie in der Abbildung.

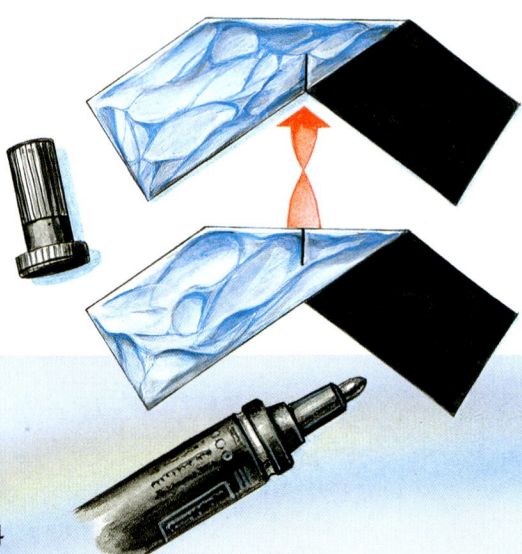

4 Stecke die beiden Streifen ineinander (klebe sie notfalls mit Klebeband zusammen) und hänge sie mit dem Faden an die Pappe, wie das Bild zeigt.

5 Lasse die Streifen in das Glas hineinhängen und lege die Pappe wie einen Deckel darauf; stelle dann alles in die Sonne.

Was passiert?

Wenn das Glas sich erwärmt hat, beginnen sich die „Flügel" langsam zu drehen.

Weil...

... die schwarze Seite der Alufolie mehr Licht absorbiert als die silberne, die es reflektiert; daher erwärmt sie sich auch stärker. Die Luft in der Nähe der Flügel erwärmt sich ebenfalls, dehnt sich aus und verdrängt die Flügel, wodurch sich diese drehen.

94

WÄRME EINFANGEN

Was du brauchst

- zwei Gefäße
- Wasser
- ein Stück schwarzen Stoff
- ein Thermometer

Wie du vorgehst

1 Fülle die beiden Behälter mit Wasser.

2 Bedecke einen mit dem Stoff.

3 Stelle sie in die Sonne und kontrolliere jede halbe Stunde die Temperatur.

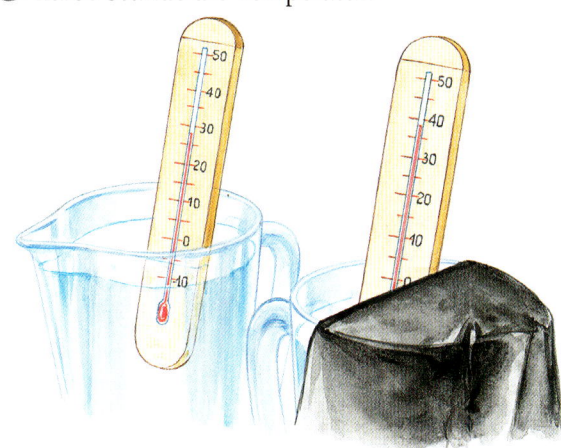

Was passiert?

Die Temperatur des Wassers in dem bedeckten Gefäß erhöht sich schneller.

Weil...

... der schwarze Stoff das Licht fast vollständig absorbiert, während die Wasseroberfläche es zum Teil reflektiert. Das vom Stoff absorbierte Licht verwandelt sich in Wärme und erwärmt die Luft und das Wasser darunter stärker als dies in dem anderen Gefäß geschieht. Deshalb empfindet man die Sonne auch wärmer, wenn man schwarz gekleidet ist, als wenn man weiße Kleidung trägt.

Weiße Häuser

In heißen Ländern werden Häuser weiß gestrichen, damit sie das Licht reflektieren und die Wärme der Sonne nicht ins Innere der Häuser dringt.

Schwarze Gegenstände absorbieren das Sonnenlicht vollständig: Ein Teil davon wird in Wärme umgewandelt.

Bilder einfangen

Seit Anbeginn der Geschichte versucht der Mensch, das, was ihn umgibt, zu bewahren, erst durch Einritzen in Stein, dann durch Statuen, Gemälde und Fresken. Für uns ist es heutzutage völlig normal, Bilder einzufangen und aufzubewahren, um sie immer wieder ansehen zu können (man denke an Fotografien, ans Kino, ans Fernsehen, an Videokassetten ...), doch all das wäre nicht möglich, wenn der Mensch nicht die Wirkungsweise des Auges erkannt und versucht hätte, diesen Mechanismus nachzuahmen. Von einfachen Schachteln, in denen Bilder entstanden, die sofort wieder verschwanden, sind wir nun bei modernsten technischen Mitteln angelangt, mit denen wir Bilder einfangen können, wie, wann und wo wir wollen.

Machen wir zusammen eine kleine Reise in die Vergangenheit, um einige einfache Geheimnisse dieser faszinierenden Geschichte zu enthüllen.

96

Wie sehen unsere Augen?

EIN SIMULATION DES AUGES

Was du brauchst

- ein kugelförmiges Glasgefäß
- eine Tischlampe
- schwarzen Pappkarton
- weißen Pappkarton
- eine Schere
- Wasser
- ein dunkles Zimmer

Wie du vorgehst

1 Fülle das Gefäß mit Wasser.

2 Bohre mit der Schere ein kleines Loch in die Mitte des schwarzen Kartons und lehne diesen an das Glasgefäß.

3 Lehne den weißen Karton auf der gegenüberliegenden Seite an das Glas.

4 Dunkle das Zimmer ab, mache die Lampe an und platziere sie vor den schwarzen Karton, so dass ihre Birne mit dem Loch auf einer Höhe ist.

Was passiert?

Auf dem weißen Karton bildet sich das auf dem Kopf stehende Bild der Lampe.

Weil...

... das Licht der Lampe durch das Loch im schwarzen Karton trifft und von der mit Wasser gefüllten Glaskugel gebrochen wird, die wie eine Linse wirkt. So trifft das Licht dann auf den weißen Karton, auf dem das auf dem Kopf stehende Bild entsteht.

So funktioniert unser Auge

Unsere Pupille funktioniert wie das Loch in dem Karton: Sie lässt die Lichtstrahlen hindurch, die von Gegenständen reflektiert werden. Im Inneren des Auges treffen die Strahlen auf den Glaskörper (in unserem Experiment ersetzt durch die Glaskugel mit Wasser), der wie eine konvexe Linse wirkt und die Strahlen, die hindurchfallen, konzentriert. Diese Strahlen treffen auf die Netzhaut im hinteren Teil des Auges. Auf dieser Art Bildschirm (im Experiment dargestellt von dem weißen Karton) erscheinen die verkleinerten und auf dem Kopf stehenden Bilder. Doch warum stehen die Bilder auf dem Kopf? Die Strahlen, die in die Pupille eindringen, bewegen

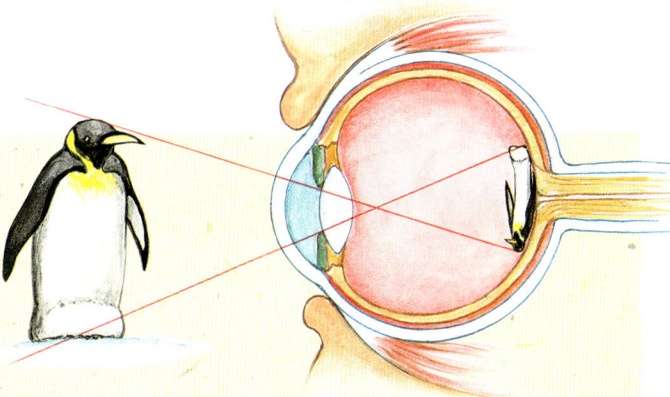

sich geradlinig fort und werden durch den Glaskörper zusammengeführt, wodurch sie ihre eigentliche Position ändern. Unser Gehirn interpretiert die Bilder jedoch richtig, indem er die Impulse, die der Sehnerv am hinteren Rand des Auges ubermittelt, richtig „zusammensetzt".

Die Bilder von beleuchteten Gegenständen werden durch die Pupille ins Innere des Auges projeziert.

Wie funktioniert ein Fotoapparat?

BILDER IN DER SCHACHTEL

Was du brauchst

- eine quadratische Pappschachtel ohne Deckel
- eine Papprolle
- eine Lupe
- Butterbrotpapier
- eine Schere
- Klebeband
- schwarze Temperafarbe
- einen Pinsel

Wie du vorgehst

1 Male die Schachtel mit Pinsel und Farbe schwarz an.

2 Schneide mit der Schere ein Loch in den Boden der Schachtel, das den Durchmesser der Papprolle hat, so dass du diese hineinstecken und hin- und herbewegen kannst.

3 Klebe das Butterbrotpapier anstelle eines Deckels mit dem Klebeband über die Öffnung der Schachtel.

4 Befestige die Linse an der äußeren Öffnung der Papprolle.

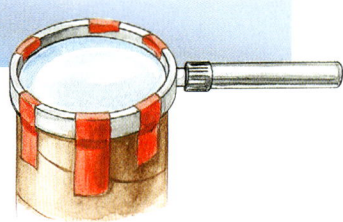

5 Richte den „Apparat" mit der Lupe auf einen sehr stark beleuchteten Gegenstand , so dass die Seite mit dem Butterbrotpapier dir zugewandt ist.

Was passiert?

Auf dem Papier erscheint das Bild des Gegenstands, klein und auf dem Kopf stehend (wenn du die Röhre verschiebst, wird es schärfer).

Weil...

... die konvexe Lupe bewirkt, dass sich die Lichtstrahlen im Inneren der Schachtel treffen. Die Strahlen kreuzen sich und werfen ein umgekehrtes Bild auf das Butterbrotpapier.

Vor tausend Jahren, als man gerade festgestellt hatte, dass die Augen kein Licht abgeben, sondern es aufnehmen, wurden ähnliche Schachteln wie diese entwickelt, in die das von Objekten reflektierte Licht leicht durch ein Loch eindringen konnte, ohne Lupe, und unter staunenden Blicken auf einem Blatt Papier ein Bild entstehen ließ.

Fotoapparate

Bei einem Fotoapparat dringt das Licht durch das Objektiv ein, das aus einer mehr oder weniger konvexen Linse besteht, die einen großen Ausschnitt der Bilder vor sich einfangen kann. Das Licht dringt für sehr kurze Zeit (die Dauer des Klicks) durch den Verschluss und belichtet den Film im hinteren Teil des Apparates. Der Film ist mit einer Substanz überzogen, die Bilder einfangen kann. Diese werden erst entwickelt, wenn der Film in Entwicklerflüssigkeit gelegt wird, um ein Negativ zu erhalten, mit dem man dann Papierabzüge des Bildes herstellen kann. Bitte doch einmal einen Erwachsenen, dir das Innere eines Fotoapparates zu zeigen. Vergewissere dich aber, dass kein Film eingelegt ist, denn er würde unbrauchbar, wenn er dem Licht ausgesetzt würde.

Durch das Objektiv werden die Bilder beleuchteter Objekte auf den Film projeziert.

Der Tag und die Nacht

Die Erde dreht sich um ihre eigene Achse. Diese Rotation dauert 24 Stunden (einen Tag) und bewirkt den Übergang vom Tag (die Stunden des Lichts) zur Nacht (die Stunden der Dunkelheit) an verschiedenen Punkten der Erde. Tag und Nacht sind im Verlauf eines Jahres, das die Erde braucht um die Sonne einmal zu umkreisen, unterschiedlich lang, da sich dabei die Stellung der Erdachse zur Sonne ändert. Im Frühling und im Herbst, wenn die Achse senkrecht zu den Sonnenstrahlen steht, sind Tag und Nacht überall mehr oder weniger gleich lang. Zu Beginn des Sommers ist der Nordpol der Sonne zugeneigt: Auf der Nordhalbkugel (dem Teil der Erdkugel, der sich nördlich des Äquators befindet) dauert der Tag viel länger als die Nacht, während auf der Südhalbkugel (südlich des Äquators) die Nacht länger ist als der Tag. Wenn der Südpol der Sonne näher steht, was zu Beginn des Winters der Fall ist, sind auf der Südhalbkugel die Tage länger, auf der Nordhalbkugel die Nächte. An den Enden der Achse, an den Polen also, wird dieses Phänomen noch verstärkt.

Der Weltraum ist dunkel

Wenn das Sonnenlicht durch einen Spalt in ein schattiges Zimmer eindringt, kannst du in seinen Strahlen winzige Partikel beobachten, die sich bewegen: Luftstaub. Er ist verantwortlich dafür, dass das Licht sich während des Tages in der Luft verbreitet, so dass alles von der Sonne erleuchtet zu sein scheint. Bilder des Sonnensystems zeigen die Planeten umgeben von Dunkelheit, da es im Weltraum keine Atmosphäre gibt, die die Sonnenstrahlen reflektiert und verbreitet, und daher alles dunkel bleibt. Die Planeten durchbrechen die Dunkelheit nur, wenn ihre Oberfläche das Sonnenlicht reflektiert. Auch der Mond, ein natürlicher Satellit der Erde, reflektiert die Sonnenstrahlen.

Die Fähigkeit des Schützenfisches

Bei den Malaiien heißt dieser nur 20 cm große Fisch „Blasrohrfisch": Er hat die Gabe, ohne aufzutauchen, Insekten in der Nähe des Flussufers durch Ausspeien eines Wasserstrahls „abzuschießen"; diese fallen ins Wasser und sind so eine leichte Beute. Doch was ist das Besondere daran? Der Fisch muss beim Zielen die Brechung des Lichts berücksichtigen, die das Insekt dort erscheinen lässt, wo es in Wirklichkeit gar nicht ist!

Gewölbte Spiegel

Die Wölbung eines Spiegels bewirkt eine Deformation der Bilder, da sie den Reflexionswinkel der Lichtstrahlen verändert. Versuche einmal, dich in einem Löffel zu spiegeln, auf seiner konvexen Außenseite oder der konkaven Innenseite; halte den Löffel mal nahe, mal weiter weg: Du wirst sehen, dass dein Spiegelbild sich verändert und einmal sogar auf dem Kopf steht. Gewölbte Spiegel werden wegen genau dieser Eigenschaften eingesetzt. Die konvex gewölbten verkleinern das Bild, fangen aber eine größere Anzahl an Strahlen ein: Autospiegel zum Beispiel verschaffen dem Fahrer einen guten Überblick über das, was hinter ihm vor sich geht. Konkave Spiegel vergrößern das Bild und sind zum Beispiel zum Schminken oder Rasieren nützlich.

Bewegung

Warum fällt alles nach unten? Was ist Reibung? Kann man viel Gewicht mit wenig Kraft heben? Wann ist ein Körper im Gleichgewicht? Was passiert, wenn ein bewegter Körper auf einen unbewegten trifft? Die Antworten auf diese und weitere Fragen findest du mit Hilfe der Experimente der folgenden Seiten zu diesen Themen:

Von oben nach unten • Bewegung und Stillstand • Die Schwerkraft besiegen
Im Gleichgewicht • Bewegungsübertragung

Von oben nach unten

Gegenstände fallen zu Boden, der Regen fällt vom Himmel, Flüsse fließen nach unten. Welche geheimnisvolle Kraft zieht alles zur Erde? Es ist die Schwerkraft, die Anziehungskraft, die die Erde auf alles ausübt, was sich an ihrer Oberfläche befindet, die Kraft, die die Atmosphäre anzieht und den Mond um unseren Planeten kreisen lässt. Die Gravitationskraft wirkt auf alle Körper, und der englische Wissenschaftler Isaac Newton stellte fest, dass sie auch alle Bewegungen im Universum bestimmt.

Auf den folgenden Seiten findest du heraus, warum ein Mensch auf dem Mond weniger wiegt als auf der Erde und warum Astronauten im Raum schweben. Du wirst verstehen, warum Meteoriteneinschläge riesige Krater hinterlassen, und wie es möglich ist, den freien Fall von Körpern zu verlangsamen.

Warum fallen Gegenstände immer nach unten?

FALLVERSUCHE

Was du brauchst

- zwei gleiche Blätter Papier
- einige Spielkarten
- einen Stuhl

Wie du vorgehst

1 Knülle eines der Blätter zusammen.

2 Stelle dich auf einen Stuhl und lasse das zusammengeknüllte und das glatte Papier aus derselben Höhe gleichzeitig fallen.

Was passiert?

Das zusammengeknüllte Papier erreicht den Boden schneller und bewegt sich geradlinig, das glatte Papier schwebt langsam zu Boden.

3 Lasse immer zwei Spielkarten gleichzeitig aus gleicher Höhe fallen und probiere dabei verschiedene „Fallpositionen" aus.

Was passiert?

Die Karten, die du mit dem Bild zum Boden fallen lässt, fallen langsamer zu Boden, als die, die du senkrecht fallen lässt.

Weil…

… die Gegenstände aufgrund der *Schwerkraft* alle geradlinig und gleichschnell zu Boden fallen würden, wenn es keine Luft gäbe. Diese behindert jedoch ihren Fall: Je größer die Fläche, die ein Körper dem Luftwiderstand bietet, desto langsamer und weniger geradlinig fällt der Körper.

Der Fallschirm

Die Schwerkraft zieht den Fallschirm zur Erde, doch die Luft, die sich unter dem Schirm sammelt, bremst ihn und verlangsamt seinen Fall: Je größer der Schirm ist, desto größer ist auch der Luftwiderstand. Der Schirm hat jedoch Öfnungen, die der Luft ermöglichen, einen Weg nach draußen zu suchen: ohne diese Öffnungen würde die Luft an den Seiten entweichen, und der Fallschirm würde stark herumgeschleudert.

Fall ins Leere

Vor den Studien Galileo Galileis (1564–1642) glaubte man, dass die Fallgeschwindigkeit vom Gewicht der Körper abhängt, dass das schwerste Objekt also am schnellsten fällt. Galileo dagegen machte den Erzählungen zufolge einige Fallexperimente vom Turm von Pisa und zeigte, dass auch verschieden schwere Körper gleichzeitig auf der Erde auftreffen. Nur die unterschiedliche Form lässt Körper wegen des Luftwiderstands unterschiedlich schnell fallen.

Körper fallen aufgrund der Schwerktaft; die Fallgeschwindigkeit hängt vom Luftwiderstand ab.

103

Was ist das Gewicht eines Körpers?

EINE GUMMIWAAGE

Was du brauchst

- eine Sperrholzplatte (etwa 30 x 40 cm)
- Faden
- ein weißes Blatt Papier
- Klebstoff
- einen Jogurtbecher aus Plastik
- einen Nagel
- ein Gummiband
- einen Filzstift
- eine Schere
- kleine Gegenstände

Wie du vorgehst

1 Bringe mit Hilfe eines Erwachsenen den Nagel oben an der Sperrholzplatte an; lehne oder hänge diese an eine Wand, so dass sie senkrecht bleibt.

2 Hänge das Gummiband an den Nagel.

3 Mache mit der Schere drei kleine Löcher in den Rand des Jogurtbechers und befestige je ein 10 cm langes Stück Faden daran, deren Enden du verknüpfst, wie es in der Abildung zu sehen ist.

4 Klebe das Papier hinter dem Gummiband auf die Holzplatte und markiere darauf mit dem Filzstift das Ende des Gummibandes.

5 Lege einen Gegenstand nach dem anderen in den Becher und markiere das Ende des Fadens.

Was passiert?

Je voller der Becher wird, desto länger wird das Gummiband.

Weil…

… das, was du konstruiert hast, eine Waage ist. Das Gummiband, das sich dehnt, misst das Gewicht des Gegenstands, das heißt der Kraft nach unten, die die Erde ausübt; diese Kraft hängt von der Schwerkraft ab, die auf den Körper wirkt. Je größer diese ist, desto größer ist auch das Gewicht des Körpers und damit die Dehnung des Gummis.

So funktioniert ein Dynamometer

Die Schwerkraft, die auf einen Körper wirkt, kann man mit einem *Dynamometer* messen. Dieses Instrument besteht aus einer Feder, an die der Körper angehängt wird, und die sich je nach Stärke der Kraft, die auf den Körper wirkt, dehnt. Die Stärke der Kraft kann auf einer Skala abgelesen werden.

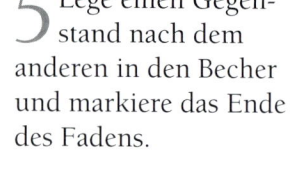
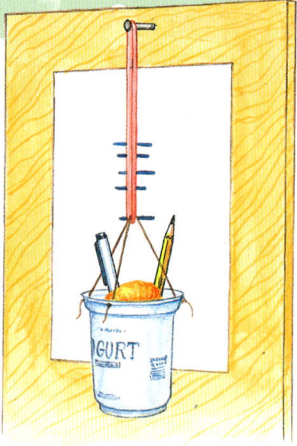
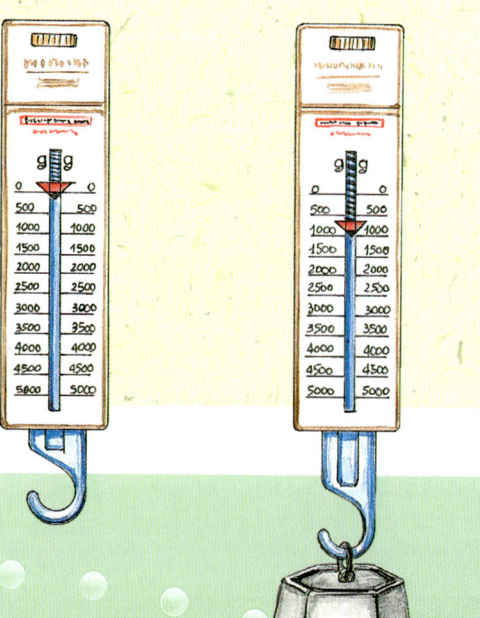

104

Gewicht und Masse

Die Begriffe *Gewicht* und *Masse* werden oft durcheinander gebracht. Das *Gewicht* bezeichnet die Schwerkraft, die auf einen Körper wirkt und die von der Gravitation des jeweiligen Ortes abhängt. Die Gravitation des Mondes etwa beträgt ein Sechstel der Erde, weshalb ein Mensch von 60 kg auf dem Mond nur 10 kg wiegt! Auf dem Jupiter ist die Gravitation 2,65 mal größer als auf der Erde und der Mensch von 60 kg würde dort mehr als das Doppelte wiegen.

Die *Masse* bezeichnet die Menge der Materie, aus der ein Körper besteht, und ist nicht veränderlich. Sie bleibt auf Erde, Mond oder Jupiter gleich.

Maßeinheit

Da gleiche Massen ein unterschiedliches Gewicht haben können, verwendet man für Masse und die Kraft des Gewichts verschiedene Maßeinheiten: die Kraft des Gewichts misst man in Newton (N), wie alle Kräfte.

Waagen messen die Kraft des Gewichts und rechnen diese automatisch in die Einheit der Masse, also Kilogramm (kg) um.

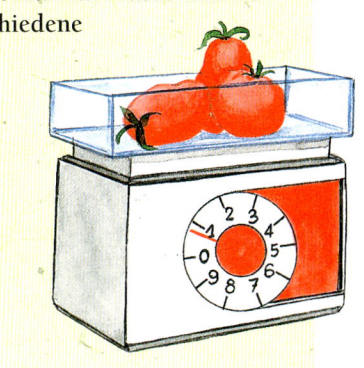

Auch auf der Erde ist die Gravitation nicht überall gleich: An den Polen, wo die Erde etwas flacher ist und man ihrem Mittelpunkt näher ist, ist sie etwas größer; etwas geringer ist die Gravitation entlang des Äquators.

Die Gravitationskraft der Erde und anderer Himmelskörper verhindert, dass man sich von ihrem Zentrum entfernt. Im All dagegen, weit entfernt von Sternen und Planeten, gibt es keine Gravitationskraft, weshalb Körper dort ohne Gewicht schweben, wie auf diesem Bild zu sehen ist.

Das Gewicht eines Körpers ist die Schwerkraft, die auf diesen wirkt: Je größer die Kraft, desto größer das Gewicht.

Was passiert, wenn ein Körper auf eine Fläche fällt?

DAS ABPRALLEN

Was du brauchst

- einen Gummiball
- eine mit Sand bedeckte Fläche
- andere Flächen (Marmor, Holz, Teppich ...)

Wie du vorgehst

1 lasse den Ball aus derselben Höhe (z. B. Augenhöhe) auf die verschiedenen Oberflächen fallen und beobachte, was passiert; wie oft und wie hoch er auf den verschiedenen Unterlagen springt.

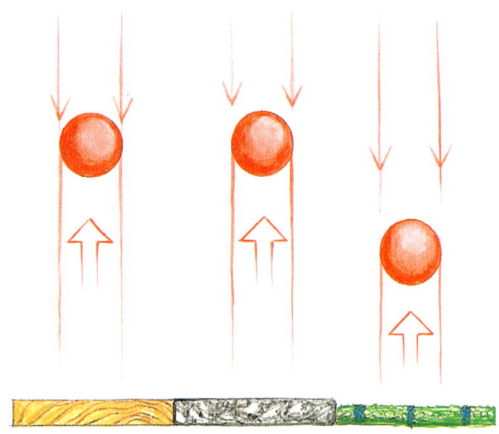

2 Lasse den Ball auf verschiedenen Höhen auf den Sand fallen.

Was passiert?

Der Ball springt gut auf Marmor und Holz, etwas auf dem Teppich, und im Sand sinkt er ein und bleibt liegen; je größer die Fallhöhe, desto tiefer sinkt der Ball ein.

Weil...

... die Energie, die der Ball beim Fall speichert, im Moment des Aufpralls auf der Oberfläche zum Hüpfen neu genutzt wird. Das ist allerdings nur der Fall, wenn die Oberfläche fest ist, da dann der Ball beim Aufprall etwas abgeflacht wird und seine ursprüngliche Form wieder annimmt und abprallt. Ist die Oberfläche nicht fest, wird die Kraft des Falls von den Teilchen der Oberfläche absorbiert, die sie benutzen, um sich zu bewegen: je höher die Fallhöhe des Balles ist, desto höher sind auch die Geschwindigkeit und die Kraft, mit der er den Sand verdrängt.

Eine Ramme ist ein Instrument, das man nutzt, um Pfähle in den Boden zu rammen. Sie besteht aus einem Rammblock, der von oben auf den Pfahl herunterfällt. Dieser Rammblock besteht normalerweise aus Gusseisen und muss mindestens so schwer sein wie der Pfahl, den er rammen soll.

106

EIN WASSERRAD

Was du brauchst

- eine Garnrolle
- einen Filzstift
- Pappe mit glatter Oberfläche
- eine Schere
- Kleber
- ein Waschbecken

Wie du vorgehst

1 Schneide aus dem Karton vier Rechtecke aus, die so breit sind wie die Garnrolle und doppelt so lang. Markiere die Mitte der Längsseiten.

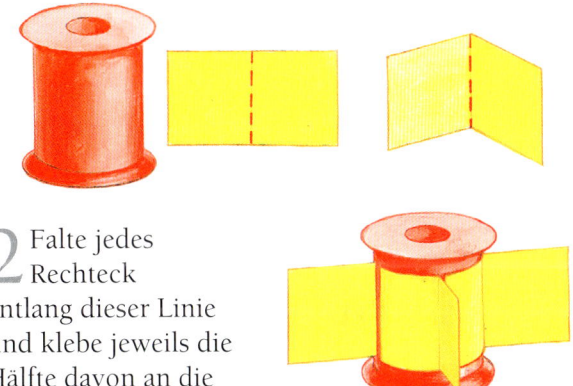

2 Falte jedes Rechteck entlang dieser Linie und klebe jeweils die Hälfte davon an die Garnrolle.

3 Stecke den Stift durch das Loch in der Garnrolle und halte das Schaufelrad waagerecht unter einen Wasserstrahl.

Was passiert?

Das Wasser dreht das Rad.

Weil...

... die Energie des Wassers, das wegen der Schwerkraft nach unten fällt, sich beim Aufprall in die Bewegung der Schaufeln umwandelt, die an der Rolle befestigt sind, und diese dadurch rotieren lassen.

Das Schaufelrad hält den Fall des Wassers nicht auf, weil es beweglich ist und sich um eine feste Achse (den Stift) drehen kann.

Die Folge eines Aufpralls

Der Barringerkrater, der 1891 in Winslow, Arizona (USA), entdeckt wurde, ist der größte Meteoritenkrater auf unserem Planeten: Er entstand wahrscheinlich vor 50.000 Jahren durch den Aufprall eines Meteoriten aus dem All auf der Erdoberfläche mit einer Geschwindigkeit von fast 20 Kilometern pro Sekunde. Der Krater hat einen Durchmesser von 1.200 Metern und ist 175 Meter tief. Die Erhebung rundherum beträgt 50 Meter. Die Fallkraft des Meteoriten, der einen Durchmesser von 60–80 Metern gehabt haben muss, hat den Krater und die Auflösung des Meteoriten selbst verursacht.

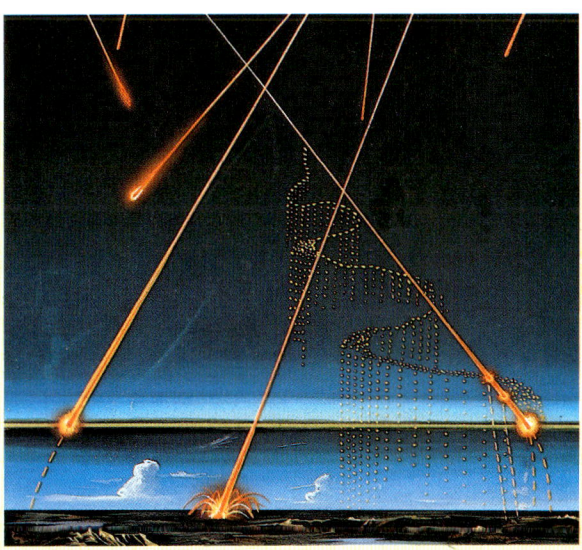

Die Folgen des Aufpralls hängen von der Fallgeschwindigkeit des Körpers und dem Material des Körpers und der Fläche ab.

Bewegung und Ruhe

Alles um uns herum ist in ständiger Bewegung. Die natürliche Bewegung von Körpern ist die von oben nach unten, doch der Mensch hat gelernt, Kräfte zu nutzen, mit denen er sich sich selbst und Gegenstände trotz der Gravitation in alle Richtungen bewegen kann. Dazu musste er aber erst die Gesetze entdecken, die der Bewegung zugrunde liegen. Die folgenden Experimente werden dir zeigen, was Bewegung ermöglicht, behindert oder erleichtert. Du wirst verstehen, warum Vollbremsungen gefährlich sind und was Geschwindigkeit ist.

Was drückt dich nach vorne, wenn der Zug bremst?

DAS UNBEWEGTE GELDSTÜCK

Was du brauchst

- ein Glas
- eine Spielkarte
- ein Geldstück

Wie du vorgehst

1 Lege die Spielkarte auf das Glas und die Münze in die Mitte der Karte.

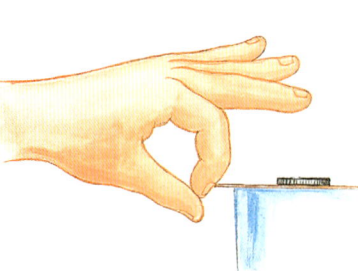

2 Versetze der Karte an der Kante einen Schlag mit der Fingerspitze, so dass sie sich bewegt, aber nicht angehoben wird.

Was passiert?

Die Karte bewegt sich, doch die Münze folgt ihrer Bewegung nicht und fällt in das Glas.

Weil…

… die Münze schwerer ist als die Karte und daher eine höhere *Trägheit* hat. Die Trägheit ist die Tendenz eines Körpers, in Ruhe zu verharren oder in Bewegung zu bleiben. Die Kraft deines Stoßes hat die Karte bewegt, doch die Münze widersteht ihm und fällt in das Glas, weil ihr die Unterlage fehlt.

Trägheit und Verkehrsmittel

Wenn ein Verkehrsmittel schnell anfährt, werden die Passagiere nach hinten „geworfen", als würde ihr Körper lieber in seiner Stellung verharren, anstatt der Bewegung des Fahrzeugs zu folgen. Wenn dieses plötzlich bremst, werden die Passagiere nach vorne geworfen, als wollten sie sich weiter vorwärts bewegen. Dieser Widerwille der Körper, sich zu bewegen oder stehenzubleiben – die Trägheit – kann die Passagiere in Verkehrsmitteln gefährden: deshalb wurden Sicherheitssysteme wie Haltegriffe, Sicherheitsgurte oder Kindersitze eingeführt.

ROH ODER GEKOCHT?

Was du brauchst

- einen Teller
- zwei Eier
- einen kleinen Topf
- Wasser

2 Drehe beide Eier auf dem Teller.

3 Halte sie mit einem Finger kurz an und lasse sie sofort wieder los.

Wie du vorgehst

1 Bitte einen Erwachsenen, eines der Eier hart zu kochen (etwa 8 Minuten). Ist es abgekühlt, kannst du einen Freund fragen, ob er das rohe Ei von dem gekochten unterscheiden kann.

Was passiert?

Eines der Eier bleibt liegen, das andere dreht sich weiter.

Weil…

… das Eiweiß und der Dotter im Inneren des rohen Eis sich wegen der Trägheit weiterdrehen, auch wenn die Schale angehalten wird. Sobald du deinen Finger wegziehst, wird die Schale wieder in die Bewegung mit einbezogen.

Unbewegte Körper neigen dazu, in Ruhe zu verharren, bewegte Körper behalten ihre Bewegung bei.

Was ist Reibung?

ROLLEN FÜR DEN TRANSPORT

Was du brauchst

- ein Dynamometer (eine Federwaage)
- eine dünne, aber feste Schnur
- ein schweres Buch
- vier runde Bleistifte
- einen Tisch als Unterlage

Wie du vorgehst

1 Lege das Buch auf den Tisch und befestige es an der Federwaage wie auf dem Bild.

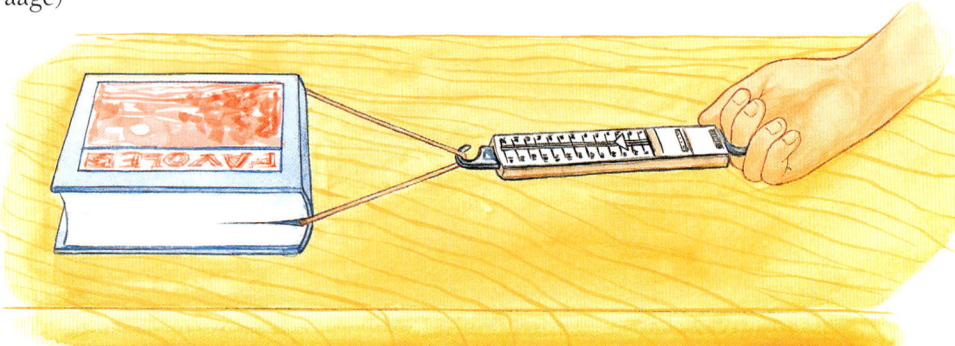

2 Ziehe die Federwaage so lange, bis das Buch sich bewegt und lies ab, wie viel Kraft du benötigst.

3 Lege die Bleistifte unter das Buch und wiederhole den Vorgang: lies an der Waage ab, wie viel Kraft du nun benötigst, um das Buch zu bewegen.

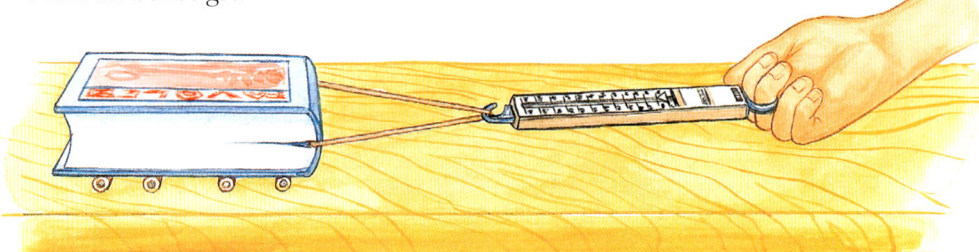

Kugellager

Die Reibung zwischen den Teilen einer Maschine kann durch den Einsatz von Kugellagern verringert werden. Es handelt sich dabei um Kugeln, die gegeneinander rollen, dabei die Gleitreibung fast vollständig aufheben und durch die viel geringere Rollreibung ersetzen. Kugellager findet man zum Beispiel in den Rädern von Rollschuhen oder in Autorädern.

Was passiert?

Die Federwaage zeigt an, dass du beim zweiten Mal weniger Kraft brauchst.

Weil…

… beim Gleiten einer Fläche auf einer anderen *Reibung* entsteht, eine Kraft, die der Bewegung entgegenwirkt. Im ersten Fall liegt das Buch ganz auf dem Tisch auf und erfährt daher die maximale Reibung (*Gleitreibung*). Im zweiten Fall ist der Widerstand aufgrund der Bleistifte geringer, da diese auf dem Tisch rollen können (man spricht hier von *Rollreibung*).

EINFACHER TRANSPORT

Was du brauchst

- eine runde Konservendose
- einen Tisch

Wie du vorgehst

1 Stelle die Konservendose mit dem Boden nach unten an ein Ende des Tisches.

2 Versetze der Dose mit dem Finger kleine Stöße, bis sie am anderen Ende des Tisches angekommen ist.

3 Lege nun die Konservendose an ein Ende des Tisches.

4 Stoße sie an wie vorher, bis sie das andere Ende des Tisches erreicht und vergleiche die Anzahl der notwendigen Stöße.

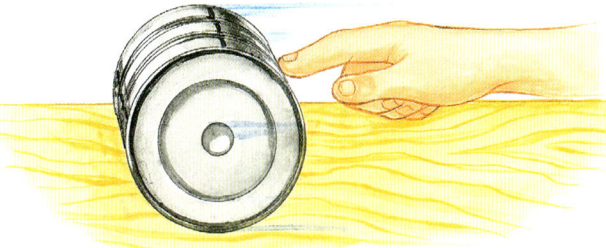

Was passiert?

Wenn die Dose steht, musst du sie viel öfter anstoßen, als wenn sie liegt. Wenn sie auf dem Tisch rollen kann, legt sie nach einem Stoß eine viel längere Strecke zurück.

Weil…

… der Boden der Dose flach ist und so zwischen ihr und dem Tisch Gleitreibung entsteht. Die Seite der Dose dagegen ist gewölbt, so dass Rollreibung auftritt, die spürbar geringer ist.
Im zweiten Fall bewirkt dein Stoß eine viel länger andauernde Bewegung als im ersten Fall, wo der Stoß fast keine Bewegung bewirkt. Daher ist es besoders bei sehr schweren Behältern besser, sie zu transportieren, indem man sie rollt.

Alltägliche Reibung

Gäbe es keine Reibung zwischen unseren Schuhsohlen und dem Boden, könnten wir weder gehen noch rennen. Ohne Reibung der Reifen auf dem Asphalt hätten Autos keinen Halt auf den Straßen; auch unser Fahrrad käme nicht sehr weit, wenn es ganz glatte Reifen hätte! Ohne Reibung hinterließe ein Bleistift keine Spuren auf dem Papier (es wäre, als würde man auf Glas schreiben). Dank der Reibung können wir Dinge greifen, ohne dass sie uns aus der Hand rutschen. Wie du siehst, ist Reibung sehr nützlich, doch manchmal kann es auch nötig sein, sie zu verringern oder auszuschalten.
Die Zahnräder in Maschinen zum Beispiel funktionieren besser, wenn sie geschmiert sind, das heißt, wenn sie mit einer dünnen Ölschicht bedeckt sind, so dass sie nicht gegeneinander reiben. Die aerodynamische Form von Autos, Flugzeugen und Schiffen verringert die Reibung, die durch den Kontakt mit der Luft oder dem Wasser ensteht, auf ein Minimum, so dass man schneller vorankommt. Skiwachs lässt Skier auf den schneebedeckten Pisten leichter gleiten.

Wenn zwei Oberflächen gegeneinander reiben, entsteht eine bremsende Kraft, die Reibung.

111

Wie ändern sich Geschwindigkeit und Richtung?

GEWICHT UND BEWEGUNG

Was du brauchst

- einen Spielzeuglastwagen
- einen Tisch
- etwa einen Meter Schnur
- verschiedene Gewichte (Murmeln, Münzen ...)
- einen Plastikbecher
- einen Farbstift
- eine Schere

Wie du vorgehst

1 Bohre zwei sich Löcher in den Becherrand, ziehe den Faden durch und verknote ihn wie auf dem Bild.

2 Befestige das freie Fadenende vorne am Lastwagen und stelle diesen so auf den Tisch, dass Becher vom Tisch hinunterhängt.

3 Kennzeichne mit dem Farbstift die Ausgangsposition des Lastwagens.

4 Verteile die Gewichte, die du zur Verfügung hast, auf den Becher und den Lastwagen (mal alle Gewichte im Lastwagen, mal alle im Becher, mal auf beide verteilt) und stelle fest, in welcher Situation der Lastwagen am schnellsten über den Tisch rollt.

Was passiert?

Die Geschwindigkeit des Lastwagens erhöht sich, je mehr Gewichte im Becher sind. Je mehr Gewichte im Lastwagen sind, desto langsamer ist er.

Weil...

... die Geschwindigkeit eines Körpers in Bewegung sich erhöht, wenn die Kraft, die sie hervorruft, erhöht wird. Die Schwerkraft zieht den Becher nach unten, der den Lastwagen mitzieht. Das Gewicht im Lastwagen verringert die Geschwindigkeit, weil es dem Gewicht des Bechers entgegenwirkt.

Geschwindigkeitsrekorde

Die *Geschwindigkeit* ist die Beziehung zwischen einer Entfernung und der Zeit, die benötigt wird, um sie zurückzulegen. Man misst sie in Metern pro Sekunde (m/s) oder Kilometern pro Stunde (km/h). Hier einige Geschwindigkeitsrekorde in der Natur: Das schnellste Landtier ist der Gepard, der 120 km/h erreichen kann (wenn auch nur für kurze Strecken) mit einer Beschleunigung von 0 auf 70 km/h in etwa zwei Sekunden. Der schnellste Vogel ist der Mauersegler: 180 km/h. Die Rekorde im Wasser sind geringer, weil dort die Reibung höher ist: der Schwertfisch erreicht 80 km/h. Und der Mensch? Der schnellste Mann erreichte 43,37 km/h, die schnellste Frau 39,56 km/h (es handelt sich dabei um die Höchstgeschwindigkeit bei einer Strecke von 100 Metern).

112

RICHTUNGSÄNDERUNG

Was du brauchst

- ein Spielzeugauto
- einen Magnet

Wie du vorgehst

1 Wähle eine Strecke, auf der du das Auto fahren lässt, mache einige Probefahrten, um sicherzugehen, dass es geradeaus fährt und auf kein Hindernis trifft. Beobachte dann, bis wohin das Auto fährt, wenn du es anschubst.

2 Lege den Magneten auf halber Höhe neben die Strecke, so dass das Auto im Abstand von einigen Zentimetern daran vorbeifährt.

3 Lasse das Auto wieder fahren.

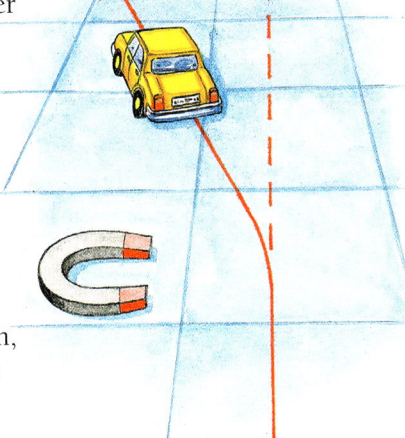

Was passiert?

Wenn das Auto am Magneten vorbeikommt, ändert es seine Richtung (wenn die Anziehung stark ist, können sie sich berühren, lege den Magneten dann weiter zur Seite).

Weil…

… der Magnet eine Anziehungskraft auf das Auto ausübt und es zwingt, die Richtung seiner Bewegung zu ändern. Ohne diese äußere Kraft fährt das Auto so lange geradeaus, bis es aufgrund der Reibung zum Stillstand kommt.

Die Bewegung aufhalten

Sicher hast du schon einmal versucht, mit dem Fahrrad einen Hang hinunterzufahren, ohne zu treten; am Ende das Hangs wirst du so langsam geworden sein, dass du wieder treten musstest, um nicht stehenzubleiben. Um einen Körper in Bewegung zu versetzen, ist eine Kraft nötig. Das gleiche gilt für das Verlangsamen oder Anhalten einer Bewegung: die Bewegung des Fahrrads wird durch die Reibung der Straße und der Luft verlangsamt und wenn keine andere Kraft wirkt (die Schwerkraft bei einem Hang oder die Kraft beim Treten), bleibt es stehen. Es ist nicht immer so leicht, Fahrzeuge anzuhalten: wenn ein Objekt eine große Masse hat, entsteht mehr Reibung und es ist schwierig, es anzuhalten.

Ein Körper in Bewegung beschleunigt, verlangsamt oder ändert seine Richtung nur durch die Einwirkung einer Kraft.

Kann ein Objekt Energie zur Bewegung speichern?

UNERWARTETE RÜCKKEHR

Was du brauchst

- eine runde Dose mit Deckel
- Faden
- einen großen Nagel
- einen Hammer
- zwei Stöckchen
- eine Eisenmutter
- ein stabiles
  Gummiband

Wie du vorgehst

1 Bitte einen Erwachse
nen, mit Hammer und
Nagel je ein Loch in die Mitte des Deckels und des
Bodens der Dose zu machen.

2 Befestige die
Mutter mit dem
Faden an dem Gum-
miband.

3 Stecke das Gummiband erst durch das Loch im
Boden der Dose und dann in das im Deckel, so
dass sich außen Ösen bilden, durch die du die
Stöckchen steckst. Wenn du die Dose schließt,
muss das Gummi zwischen Deckel und Boden gespannt bleiben und das Gewicht herunterhängen.

4 Lege die Dose auf den Boden und lasse sie von
dir wegrollen (stoße sie nicht zu stark an).

Was passiert?

Die Dose rollt ein bisschen davon, wird langsamer
und kommt dann zurück.

Weil…

… sich das Gummi verdreht, da die Mutter wegen
ihres Gewichts der Drehbewegung nicht folgt, und
dabei Energie sammelt. Lässt der Anfangsschwung
nach, rollt die Dose zurück, weil das Gummi die
gesammelte Energie nutzt, um seine Ausgangsposition wieder einzunehmen, indem es sich entrollt.

Aufziehmechanismus

Einige Uhren und Spielzeuge muss
man aufziehen, damit sie funktionieren, wie Spieldosen oder
laufende Figuren. Man
zieht sie auf, indem man
an einem kleinen Rad
oder einem Schlüssel
dreht, die mit einer Feder
im Inneren verbunden
sind, die sich um sich
selbst dreht. Auf diese
Weise sammelt sich in der
Feder und damit im Gegen-
stand Energie, die langsam
(wie bei einer Uhr) oder
schnell (wie bei dem Auto)
genutzt wird.
Die Bewegung der Objekte
dauert so lange, bis die Feder
wieder ihre ursprüngliche Form angenommen hat.
In anderen Fällen zieht man Federn auseinander
und nutzt ihre Neigung, in die Ausgangsstellung
zurückzuschnellen. In einigen Spielzeugpistolen
wird eine Feder nach hinten gezogen und festgehal-
ten, bis man auf den Abzug drückt: Dadurch wird
die Feder losgelassen und zieht sich zusammen,
wodurch der Knall des Geschosses entsteht.

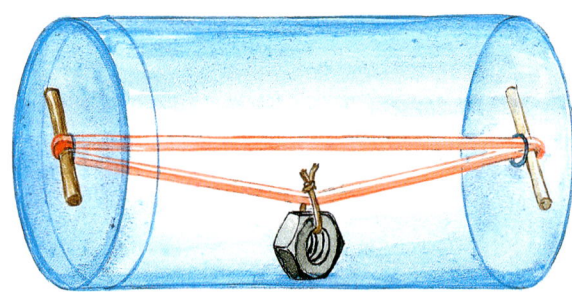

EINE FEDER BEIM ABSTIEG

Was du brauchst

• eine Feder
• eine Treppe

Wie du vorgehst

1 Lege die Feder auf die oberste Stufe, nahe an die Kante.

2 Gib dem oberen Teil der Feder einen Schubs, damit er nach unten kippt.

Was passiert?

Die Feder „läuft" ohne weitere Einwirkung von außen einige Stufen nach unten.

Weil…

… sich die Feder beim Abstieg auf die erste Stufe dehnt und dann versucht, ihre Ausgangsposition wieder einzunehmen (wobei jeder Ring den nächsten anzieht). Dabei sammelt sie eine gewisse Bewegungsenergie, die den Abstieg von einer Stufe zur nächsten bewirkt.

Auch Gummibänder speichern Energie: Bei einer Schleuder wird das Gummi gedehnt und erhält dadurch die Energie, die genutzt wird, wenn das Gummi zum Schleudern losgelassen wird.

Was ist Elastizität?

Elastizität ist die Fähigkeit einiger Gegenstände, durch Krafteinwirkung ihre Form zu verändern und dann wieder ihre ursprüngliche Form einzunehmen. Einige Gegenstände wie die aus Gummi sind offensichtlich elastisch, doch auch Baumaterialien wie Beton oder Stahl haben eine gewisse Elastizität, um Gewichtsbelastungen (Menschen, Autos …) oder Witterungseinflüssen (Wind, Wasser …) standhalten zu können, ohne kaputzugehen

Auch ohne Federn und Gummis kann ein Gegenstand potentielle Energie speichern: Wenn du einen Stein aufhebst, erhält er die Möglichkeit, aufgrund der Schwerkraft zu fallen, eine potentielle Energie, die er nur nutzen kann, wenn du ihn loslässt.

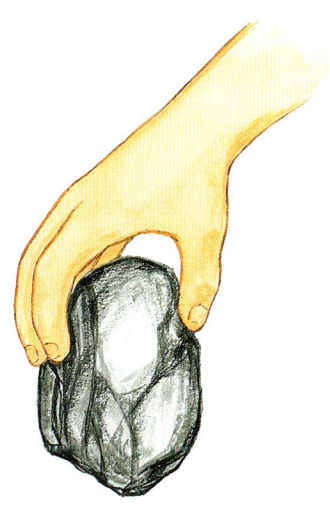

Gegenstände können die Energie für ihre Bewegung speichern.

Die Schwerkraft überwinden

Wenn wir im Spiel einen Ball in die Luft werfen und wieder auffangen, nutzen wir ohne nachzudenken eine der vielen Möglichkeiten, die Schwerkraft zu überwinden: etwas nach oben zu werfen. Das war wohl eines der ersten Systeme, über die der Mensch nachgedacht hat, als er noch Jäger war: die Flugbahn seines Geschosses mußte genau berechnet sein, damit er die Beute traf. Heute dagegen versucht man herauszufinden, wie man Satelliten ins All schießt, ohne dass sie zurück auf die Erde fallen.

Durch einfache Experimente auf den nächsten Seiten untersuchen wir, durch welche Bewegungen man die Schwerkraft besiegen kann. Du wirst die Faszination der Rotationsbewegung entdecken und die Kraft kennenlernen, die das Sonnensystem bewegt. Wir werden sehen, wie der Mensch die Schwerkraft überwindet, um alltägliche Probleme zu bewältigen, wie das Heben großer Gewichte mit wenig Kraft mit Hilfe einfacher Instrumente wie Hebeln, Rollen oder Rampen.

116

Warum fallen Dinge, die man hochwirft, herunter?

EINE RAKETE AUS KOMPRIMIERTER LUFT

Was du brauchst

- eine weiche Plastikflasche
- zwei Trinkhalme aus Plastik (von unterschiedlichem Durchmesser)
- Knetmasse
- Karton
- Klebeband
- eine Schere

Wie du vorgehst

1 Bohre ein Loch in den Deckel der Flasche, stecke den dünneren Trinkhalm hinein und klebe ihn bei Bedarf mit der Knetmasse fest (aus dem Loch darf keine Luft austreten).

2 Schneide den anderen Trinkhalm in zwei Teile und baue aus einem Teil die Rakete. An einem Ende befestigst du mit Klebeband zwei Dreiecke aus Karton, das andere Ende verstärkst du so mit Knetmasse, dass es die Form eines Pfeils erhält.

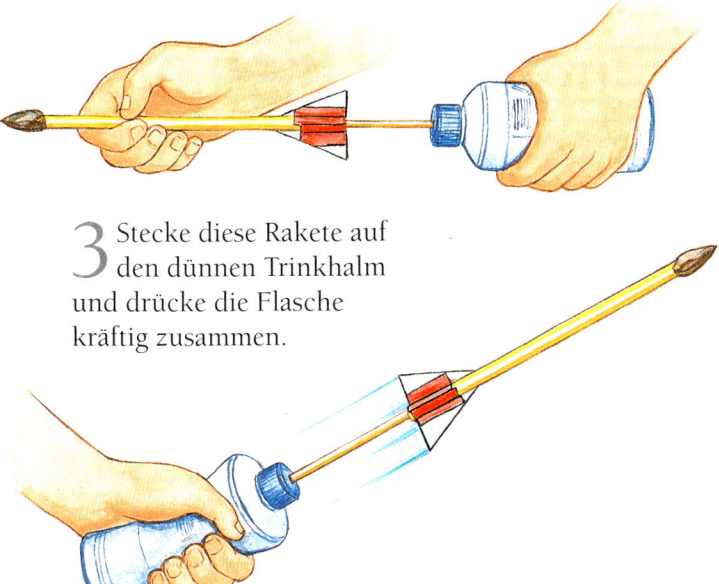

3 Stecke diese Rakete auf den dünnen Trinkhalm und drücke die Flasche kräftig zusammen.

Was passiert?

Die Rakete fliegt weit, bevor sie zu Boden fällt.

Weil…

… die Luft in der Flasche, die du mit den Händen komprimierst, mit Kraft in den Trinkhalm dringt und Druck auf die Rakete ausübt. Wenn die Rakete fliegt, übt die Luft keinen Druck mehr auf sie aus und sie fällt wegen der Schwerkraft zu Boden. Dinge die geworfen werden, fliegen in einem Bogen, der Flugbahn, erst nach oben, und wenn die Schubkraft geringer wird als die Schwerkraft, nach unten.

Die Bewegungsgröße

Wenn wir einen Ball werfen, versetzen wir ihn mit unserer Muskelkraft in Bewegung. Der Ball bewegt sich auch weiter, wenn er unsere Hand verlassen hat, weil er eine gewisse *Bewegungsgröße* gespeichert hat. Je stärker der Antrieb durch den Wurf, desto länger dauert die Bewegung.

Die Bewegungsgröße hängt von der Geschwindigkeit und der Masse eines Körpers ab (ein Tischtennisball hat bei gleicher Geschwindigkeit eine geringere Bewegungsgröße als ein Tennisball). Die Bewegungsgröße bleibt unverändert, solange keine andere Kraft wirkt, die sie vermindert: Die Reibung durch den Luftwiderstand oder durch den Kontakt mit einer bremsenden Oberfläche oder die Schwerkraft.

Spezielle Sporttechniken

Es gibt einige Wurfsportarten: Man denke nur an das Kugelstoßen, das Speerwerfen oder das Bogenschießen. Bei allen sind die Wurfkraftdes Sportlers und die Flugbahn des Objekts von grundlegender Bedeutung, da es das Ziel ist, dass der Gegenstand so lange wie möglich die Schwerkraft überwindet, um weit zu fliegen.

Die Bewegung nach oben, die ein Körper durch eine Kraft erhält, bleibt bestehen, so lange die Schwerkraft nicht wirkt.

Können sich Körper nur geradlinig bewegen?

DIE ROTIERENDE MURMEL

Was du brauchst

• eine Murmel
• ein Glas

Wie du vorgehst

1 Lege die Murmel in das Glas.

2 Halte das Glas am Boden fest und drehe es schnell.

Was passiert?

Die Murmel beginnt zu rotieren und bewegt sich an den Wänden des Glases nach oben.

Weil...

... ein Gegenstand, der sich schnell dreht, dazu tendiert, sich nach außen zu bewegen. Das beruht auf der *Zentrifugalkraft*, die die Schwerkraft überwinden kann: Deshalb bewegt sich die Murmel in dem Glas nach oben.
Die Zentrifugalkraft bewirkt, dass die Sitze eines Karusells nach oben fliegen und das Wasser aus der Wäsche geschleudert wird.

Der Hammerwerfer

Bei einem Hammerwerfer siehst du die Zentripetalkraft, die von dem Seil ausgeübt wird, das das Gewicht in einer Drehbewegung hält. Wird es losgelassen, fliegt der Hammer geradlinig davon.

3 Drehe das Glas weiter, bis die Murmel den Rand erreicht und herausfliegt.

Was passiert?

Die Murmel bewegt sich geradlinig vom Glas weg.

Weil...

... es nur möglich ist, die Rotation beizubehalten, wenn eine Kraft wirkt, die die Richtung des Gegenstands ständig ändert. Sobald diese Kraft fehlt, bewegt sich der Gegenstand geradlinig. In unserem Fall erzeugen die sich drehenden Wände des Glases eine Kraft zur Mitte hin, die *Zentripetalkraft*, die die Bewegung der Murmel bestimmt und kontrolliert. Wenn die Murmel das Glas verlässt, kann sie sich durch die gespeicherte Bewegungsgröße weiterbewegen, nun allerdings geradlinig.

118

KAMPF ZWISCHEN DEN KRÄFTEN

Was du brauchst

- einen Plastikbecher
- eine dünne Schnur
- die leere Hülle eines Kugelschreibers
- eine Schere
- eine Rolle Klebeband
- Murmeln

Wie du vorgehst

1 Bohre zwei Löcher in den Rand des Bechers, knote je ein Stück Faden daran fest und binde die Enden zusammen; befestige am Knoten ein weiteres Stück Schnur von etwa 40 cm Länge.

2 Fädle die Schnur durch die Kugelschreiberhülle, verknote die Klebebandrolle am Ende.

3 Fülle den Becher mit Murmeln und stelle ihn auf eine ebene Fläche.

4 Nimm die Kugelschreiberhülle in die Hand und lasse die Klebebandrolle schnell kreisen.

Was passiert?

Nach einer Weile hebt sich der Becher mit den Murmeln vom Boden.

Weil...

... die Drehbewegung der Klebebandrolle einen Druck nach außen erzeugt, das heißt eine Zentrifugalkraft, durch die die Schnur nach oben gezogen wird und die Schwerkraft überwindet, der der Plastikbecher unterworfen ist.

Die Rotation der Planeten

Welche Kraft „bewegt" das Sonnensystem? Jeder Himmelskörper übt eine Gravitationskraft aus, die von seiner Größe abhängt. Die Sonne mit ihrer enormen Masse hält die Planeten in einer festen Umlaufbahn. Um deren Druck nach außen auszugleichen, übt sie also eine Zentripetalkraft aus, die die Planeten um die Sonne kreisen lässt. Einige Planeten ziehen ihrerseits natürliche (die Monde) oder künstliche (vom Menschen gebaute) Satelliten an. Das Gleichgewicht des Sonnensystems beruht auf dem *Gravitationsgesetz*, demzufolge sich zwei Körper gegenseitig mit einer Kraft anziehen, die von ihrer Masse und der Entfernung zueinander abhängt.

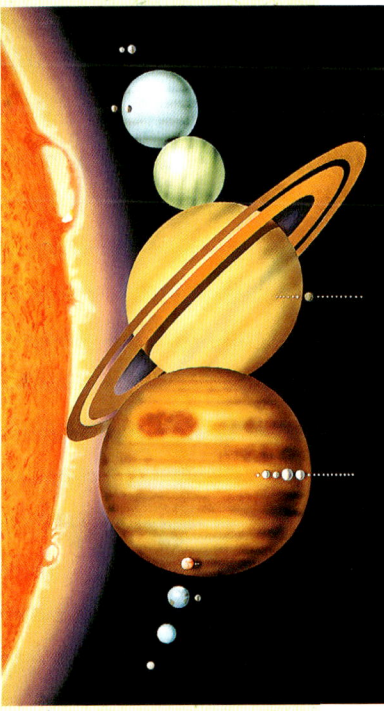

Die Zentripetalkraft kann die geradlinige Bewegung eines Körpers in eine Drehbewegung umwandeln.

Kann man große Gewichte mit wenig Kraft heben?

EIN KINDERSPIEL

Was du brauchst

• ein Prisma
• ein Holzlineal von 60 cm Länge
• ein schweres Buch

Wie du vorgehst

1 Lege das Prisma auf einen Tisch und lege das Lineal mit der Mitte darauf.

2 Lege das Buch auf ein Ende des Lineals und drücke mit der Hand auf das andere Ende.

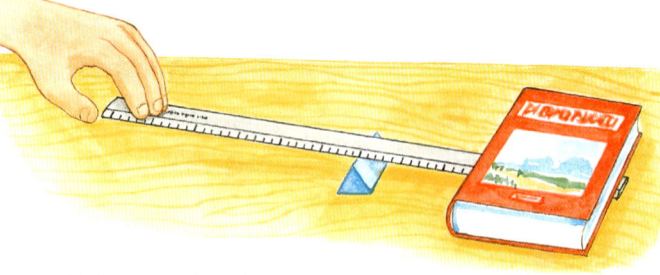

Was passiert?

Das Linealende mit dem Buch bleibt auf dem Tisch liegen oder lässt sich nur mühsam anheben, wenn deine Hand auf das andere Ende drückt.

3 Verrücke das Lineal so, dass sich das Ende mit dem Buch sehr nahe beim Prisma befindet; drücke erneut auf das andere Ende.

Was passiert?

Das Buch hebt sich ohne großen Kraftaufwand.

Weil...

... das Lineal als *Hebel* wirkt, eine einfache Maschine zum Heben großer Gewichte mit wenig Kraft. Auch der Spaten, der Nussknacker oder der Flaschenöffner sind Hebel. Hebel sind umso wirksamer, je näher das Gewicht beim Drehpunkt, also dem Auflagepunkt (in unserem Fall das Prisma), liegt, und je weiter entfernt der Punkt ist, auf den die Kraft zum Heben des Gewichts ausgeübt wird. Du wirst das selbst sehen, wenn du den Deckel einer Dose erst mit einer Münze, dann mit einem Schraubenzieher öffnest. Letzteres ist viel leichter!

Der Hebel

Wie heißen die Teile eines Hebels? Der Drehpunkt ist der Auflagepunkt; der Hebelarm, auf den man Kraft ausübt, ist der Kraftarm; das Gegenstück dazu ist der Lastarm. Je nach Position des Drehpunkts unterscheidet man drei verschiedene Hebeltypen. Hier einige Beispiele:

Die Zange: Damit sie wirksam sein kann, ist es wichtig, dass man sie weit hinten, weit weg vom Drehpunkt, hält.

Der Nussknacker: durch mäßigen Druck mit der Hand kann man den Widerstand der Nussschale überwinden.

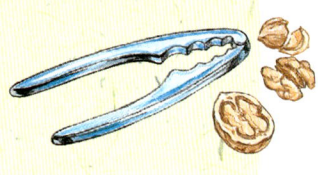

Die Pinzette des Briefmarkensammlers: Sie ist eigentlich ungünstig, da die Kraft, die man ausüben muss, größer ist, als die, die man überwinden muss, aber sie ist dennoch nützlich für Präzisionsarbeit, bei der die Kraft unserer Finger reduziert ist.

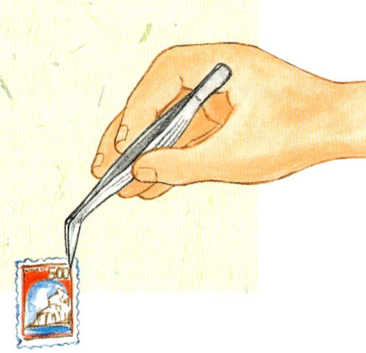

DER EINFACHSTE WEG

Was du brauchst

- ein Dynamometer (Federwaage)
- ein Säckchen Murmeln oder Schrauben
- ein Lineal von 30 cm Länge
- ein Lineal von 60 cm Läng
- einen Stapel Bücher von etwa 20 cm Höhe
- eine Schnur

Wie du vorgehst

1 Hänge das Murmelsäckchen mit Hilfe der Schnur an die Federwaage.

2 Halte die Waage neben den Bücherstapel, hebe sie an und lies ab, wie viel Kraft nötig ist, um das Säckchen bis zur Oberkante des Stapels anzuheben.

3 Lehne das 30 cm lange Lineal an den Bücherstapel.

4 Ziehe das Säckchen auf dem Lineal nach oben und lies ab, wie viel Kraft du dazu benötigst.

5 Wiederhole diesen Schritt mit dem 60 cm langen Lineal.

Was passiert?

Die Kraft, um das Säckchen senkrecht nach oben zu ziehen, ist größer, als wenn du das Lineal benutzt. Die Kraft, die du brauchst, um das Säckchen auf dem Lineal nach oben zu ziehen, ist bei dem längeren Lineal geringer.

Weil...

... du mit dem Lineal eine *schiefe Ebene* geschaffen hast, das heißt, eine geneigte Fläche, auf der der Weg des Gewichts länger, die benötigte Kraft aber geringer ist. Nach dem gleichen Prinzip funktioniert eine Wendeltreppe oder eine Serpentinenstraße in den Bergen: Der Weg wird länger, doch gleichzeitig weniger mühsam. Auch die schiefe Ebene ist eine einfache Maschine.

Auch der Flaschenzug ist eine einfache Maschine, mit der man große Gewichte heben kann. Er besteht aus einer fest aufgehängten Rolle, über die ein Seil verläuft (oder eine Kette). An einem Ende des Seils wird das Gewicht befestigt, das angehoben werden soll, am anderen Ende wird Kraft ausgeübt: Wird der Flaschenzug von einem Menschen betätigt, nutzt dieser die eigene Gewichtskraft, um das Gewicht nach oben zu ziehen.

Mit Hilfe einer einfachen Maschine kann man die Kraft verringern, die notwendig ist, um eine Augabe zu erfüllen.

Im Gleichgewicht

Die Geheimnisse der Bewegung kennenzulernen, bedeutet gleichzeitig auch, die Geheimnisse der Unbeweglichkeit zu erforschen: Wann verharrt ein Körper in Ruhe? Warum kann ein Mensch stehen, fällt aber, wenn er das Gleichgewicht verliert? Warum werden Häuser von ihren Dächern nicht zerdrückt? Auch der Versuch, Dinge im Gleichgewicht zu halten, ist eine Herausforderung an die Schwerkraft. Auf den folgenden Seiten wirst du herausfinden, warum man merkwürdige Bewegungen machen muss, um auf einem Bein gerade stehen zu können, oder wie das Gewicht in einem Auto verteilt sein muss, damit es auch bei hoher Geschwindigkeit stabil bleibt und bei einem Unfall nicht umkippt, oder warum bei vielen Baukonstruktionen mit Bögen gearbeitet wird.

Haben alle Körper ein Gleichgewicht?

DEN SCHWERPUNKT FINDEN

Was du brauchst

- ein Stück Faden mit einer Metallmutter als Gewicht (ein Lot also: Lässt du es hängen, bildet die Schnur eine senkrechte Linie zum Boden)
- einen Nagel
- einen Bleistift
- einen Zirkel
- ein Geodreieck
- eine vertikale Fläche für den Nagel
- noch mehr Faden
- Pappkarton
- eine Schere
- einen Hammer

Wie du vorgehst

1 Zeichne einen Kreis (mit dem Zirkel), ein Rechteck (mit dem Geodreieck) und eine unregelmäßige Figur; schneide sie aus und bohre in jede Figur zwei Löcher am Rand.

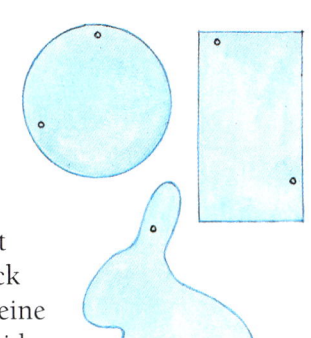

2 Bitte einen Erwachsenen, den Nagel in die senkrechte Fläche zu schlagen, hänge eine der Figuren (an einem der Löcher) und das Lot daran: Zeichne auf der Figur die Linie des Lots ein.

3 Hänge dieselbe Figur an dem zweiten Loch auf und zeichne wieder die Linie des Lots nach.

4 Führe diesen Vorgang auch mit den anderen beidenFormen durch.

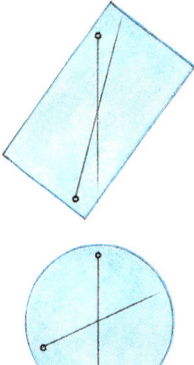

5 Bohre bei jeder Figur dort, wo die Linien sich treffen, ein Loch und ziehe ein Stück Faden hindurch; mache am Ende des Fadens einen kleinen Knoten.

6 Lasse die Figuren an dem Faden herunterhängen.

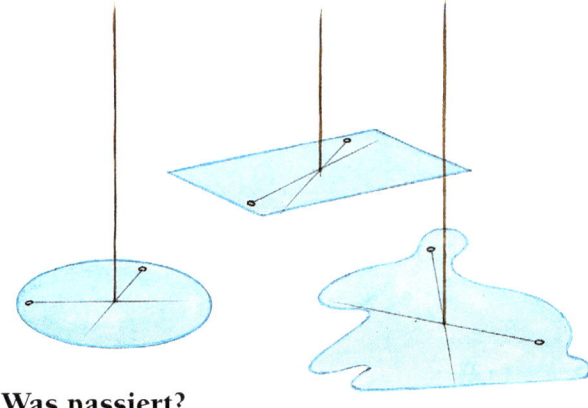

Was passiert?

Die Figuren hängen in Ruhe, ohne zu schwingen.

Weil…

… die Figuren an ihrem *Schwerpunkt* aufgehängt sind, das heißt an dem Punkt, wo ihr Gewicht im Gleichgewicht ist. Man kann also sagen, der Schwerpunkt eines Körpers ist der Punkt, an dem sich die Schwerkraft, die auf ihn wirkt, konzentriert. Wenn die Figur mit dem Schwerpunkt aufliegt, bleibt sie ebenso im Gleichgewicht, wie wenn sie am Schwerpunkt aufgehängt wird. Bei geometrischen Formen ist der Schwerpunkt die Mitte der Figur, bei unregelmäßigen Figuren ist er zum schwersten Teil hin verschoben.

Alle Körper haben einen Gleichgewichtspunkt, den man Schwerpunkt nennt.

Warum verliert man das Gleichgewicht und fällt?

DIE MAGISCHE SCHACHTEL

Was du brauchst

- eine kleine Pappschachtel mit Deckel
- fünf Münzen
- Klebeband
- einen Tisch als Arbeitsfläche

Wie du vorgehst

1 Stelle die Schachtel an den Rand des Tisches und schiebe sie immer weiter über den Rand, so dass sie immer mehr kippt.

Was passiert?

Wenn der Mittelpunkt der Schachtel die Tischkante überschreitet, fällt die Schachtel zu Boden.

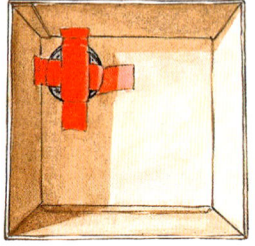

2 Öffne die Schachtel, klebe die Münzen mit Klebeband in eine Ecke und schließe die Schachtel wieder.

3 Stelle die Schachtel auf den Tisch und schiebe sie immer weiter über den Rand, wobei die Ecke mit den Münzen auf dem Tisch bleibt.

Was passiert?

Die Schachtel fällt nicht, auch wenn ihr Mittelpunkt die Tischkante überschreitet. So lange die Ecke mit den Münzen auf dem Tisch ist, ist sie im Gleichgewicht.

Weil…

… der Mittelpunkt der leeren Schachtel ihr Schwerpunkt ist. Wenn dieser die Unterlage (den Tisch) verlässt, fällt die Schachtel, weil an diesem Punkt die Schwerkraft wirkt. Durch die Münzen in einer Ecke der Schachtel verlagert sich der Schwerpunkt, weshalb die Schachtel im Gleichgewicht bleibt, solange dieser Punkt auf dem Tisch bleibt.

Warum fallen wir?

Auch der menschliche Körper hat einen Schwerpunkt, der etwa unter dem Bauchnabel liegt. Liegt er zwischen den Füßen, ist der Körper im Gleichgewicht, verlagert er sich darüber hinaus, fällt der Körper. Wenn du sitzt, ist dein Schwerpunkt im Vergleich zu deinen Beinen stark nach hinten verlagert, doch der Stuhl verhindert, dass du fällst. Versuche einmal, mit den Armen an deinen Seiten aufzustehen, ohne die Füße unter den Stuhl zu schieben: unmöglich! Nimm die Arme nach vorne oder schiebe die Füße unter den Stuhl: Jetzt kannst du aufstehen, weil das Gewicht deines Körpers anders verteilt ist, und der Schwerpunkt über den Füßen liegt. Für kleine Kinder ist es schwierig, laufen zu lernen, weil sie eine kleinere Auflagefläche haben und das Gleichgewicht leichter verlieren. Vierbeiner können sofort nach der Geburt stehen, weil die Fläche zwischen ihren Beinen größer ist.

SCHWERPUNKT OBEN, SCHWERPUNKT UNTEN

Was du brauchst

- eine quadratische Pappschachtel mit Klappdeckel
- ein Gewicht von etwa 30 g
- Klebeband

Wie du vorgehst

1 Öffne die Schachtel, klebe das Gewicht an die Innenseite des Deckels und schließe die Schachtel.

2 Stelle die Schachtel auf eine ebene Fläche, so dass das Gewicht oben ist ,und kippe sie dann, bis sie umfällt.

3 Stelle die Schachtel so, dass das Gewicht unten ist, und kippe sie wieder, bis sie umfällt.

Was passiert?

Ist das Gewicht oben, genügt ein kleiner Stoß, damit die Schachtel umfällt.; ist es unten, muss der Druck kräftiger sein: andernfalls neigt die Schachtel sich stark und kehrt dann in ihre Ausgangsposition zurück.

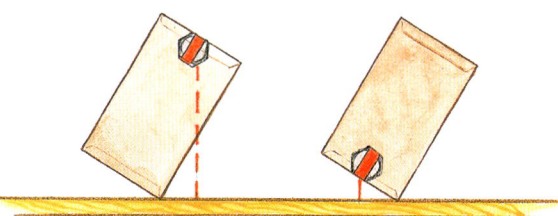

Warum?

Wenn das Gewicht oben in der Schachtel ist, ist der Schwerpunkt oben und ein kleiner Stoß genügt, dass dieser sich über die Auflagefläche neigt und die Schachtel umfällt. Ist das Gewicht unten, nahe an der Auflagefläche, muss der Druck stark sein,bis die Schachtel das Gleichgewicht verliert. Gegenstände bleiben dann im Gleichgewicht, wenn die Senkrechte durch den Schwerpunkt auf die Auflagefläche trifft.

Der Schwerpunkt von Fahrzeugen

Autos sind wie alle Fahrzeuge so gebaut, dass ihr Schwerpunkt immer zwischen den Rädern liegt, damit die Wahrscheinlichkeit, dass sie bei einem Unfall umkippen, geringer ist. Zu diesem Zweck ist der Motor, der sehr schwer ist, immer weit unten, besonders bei hohen Fahrzeugen wie doppelstöckigen Bussen, die sehr viel Stabilität nötig haben. Die ersten Autos waren, obwohl sie langesamer waren, viel weniger stabil als die heutigen, da sie höher waren.

Wenn der Schwerpunkt eines Körpers sich verlagert, kann die Schwerkraft bewirken, dass er umfällt.

125

Wann ist ein Körper im Gleichgewicht?

KETTENSITZE

Was du brauchst

- eine Gruppe von mindestens zehn etwa gleich großen Kindern

Wie du vorgehst

1 Alle Kinder stellen sich hintereinander im Kreis auf, eines gibt das Kommando.

2 Auf Kommando gehen alle Kinder in die Knie, und jedes Kind setzt sich auf die Knie des Kindes hinter ihm (wichtig ist, dass sich alle gleichzeitig setzen).

Was passiert?

Es ensteht eine stabile Struktur, und niemand fällt.

Weil...

... das Gewicht jedes Kindes auf den Knien des Kindes hinter ihm liegt, als würde es auf einem Stuhl sitzen. Alle Kräfte heben sich untereinander auf und sind im Gleichgewicht, so dass sich nichts bewegt.

ZERBRECHLICH, ABER STABIL

Was du brauchst

- zwei Eier
- zwei Bücher
- ein Sägemesser
- einen Tisch als Arbeitsfläche

Wie du vorgehst

1 Bitte einen Erwachsenen, die Eier in 8 Minuten hart zu kochen. Lasse sie abkühlen, schneide sie dann mit dem Messer in zwei Hälften und höhle sie aus. Es ist wichtig, dass der Schnitt vorsichtig und sauber gemacht wird, so dass jede Schalenhälfte ganz auf dem Tisch aufliegt.

2 Platziere die Schalen so wie in der Abbildung.

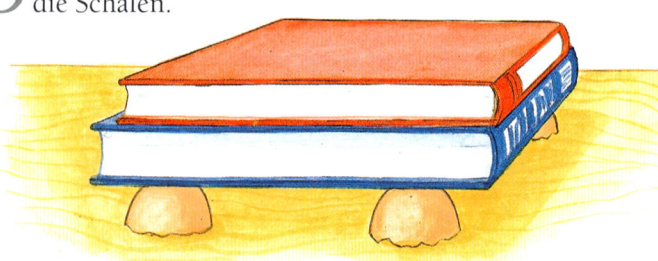

3 Lege die Bücher auf die Schalen.

Was passiert?

Die Schalen können das Gewicht tragen.

Weil...

... das Gewicht der Bücher die Schalen verdichtet, das heißt die Teilchen, aus denen sie bestehen, wirken gegeneinander. So heben die Schalen das Gewicht auf und halten es im Gleichgewicht.

EINE STABILE UNTERLAGE

Was du brauchst

- zwei Fotokartons
- ein großes Glas
- Murmeln
- zwei Schuhschachteln

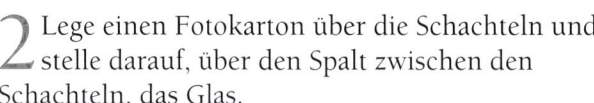

Wie du vorgehst

1 Stelle die Schachteln in 10-cm-Abstand auf.

2 Lege einen Fotokarton über die Schachteln und stelle darauf, über den Spalt zwischen den Schachteln, das Glas.

Was passiert?

Der Karton biegt sich unter dem Gewicht.

Weil…

… der Karton die Schwerkraft nicht überwinden kann, die das Glas nach unten zieht.

3 Biege den zweiten Karton und platziere ihn zwischen den beiden Schachteln unter den ersten, so dass die beiden Kartons sich in der Mitte berühren.

4 Stelle das Glas darauf und lege einige Murmeln hinein.

Was passiert?

Die neue Struktur hält das Gewicht des Glases und das zusätzliche Gewicht der Murmeln.

Weil…

… der Bogen sehr stabil ist: Wirkt auf ihn eine Kraft von oben (in unserem Fall das Gewicht des Glases), biegt er sich nicht, sondern verdichtet sich. Wegen dieser Eigenschaft werden Bögen beim Bau von Brücken, Gebäuden und Dämmen häufig eingesetzt.

Die Statik

Die *Statik* ist die Lehre des Gleichgewichts der Körper, also der Bedingungen, bei denen ein Körper in Ruhe verharrt. Für diejenigen, die Gebäude oder Brücken planen, sind die Gesetze der Statik von grundlegender Bedeutung, weil man mit ihrer Hilfe die Kräfte berechnen kann, die auf das Bauwerk wirken werden: das Gewicht des Daches, das eines Zuges auf der Brücke, oder die Kraft des Windes. All diese Kräfte müssen durch die Konstruktion aufgehoben werden, damit sie stabil und sicher ist.

Die stabilste Form ist die Pyramide, die eine große Grundfläche hat und bei der das Gewicht sich im unteren Teil konzentriert.

Wenn sich alle Kräfte, die auf einen Körper wirken, gegenseitig aufheben, befindet sich der Körper im Gleichgewicht.

Bewegungsübertragung

Dinge werden durch Kräfte in Bewegung versetzt, aber kann ein Körper seine Bewegung auch auf einen anderen Körper übertragen? Mit welchem Kraftaufwand? Warum bewegen die Pedale des Fahrrads nicht direkt das Rad? Wenn die Kraft des Ruders das Wasser verdrängt, welche Kraft schiebt das Boot dann vorwärts? Durch die folgenden Experimente wirst du entdecken, wie sich Bewegung von einem Körper auf einen anderen übertägt, durch einen Stoß oder durch ein Getriebe. Du wirst verstehen, wie Gegenbewegungen entstehen.

Zusammentreffen bewegter und unbewegter Körper

KETTENREAKTION

Was du brauchst

- ein Lineal
- zwei Münzen

Wie du vorgehst

1 Lege das Lineal auf eine glatte Fläche.

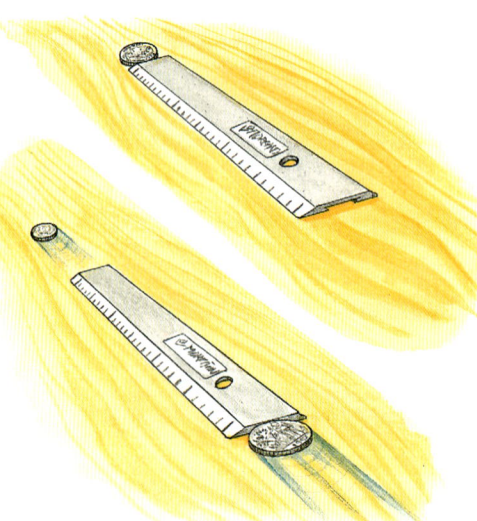

2 Platziere eine Münze so, dass sie ein Ende des Lineals berührt, wie die Abbildung zeigt.

3 Lasse die andere Münze so über die Fläche gleiten, dass sie mit Kraft auf das andere Ende des Lineals trifft.

Was passiert?

Wenn die Münze auf das Lineal trifft, schnellt die andere Münze davon, als wäre sie direkt getroffen worden.

Weil...

... die Kraft der bewegten Münze auf das Lineal übertragen wird, das sie auf die andere Münze überträgt.

Das Billardspiel

Wenn der Queue eine Kugel trifft, beginnt diese sich geradlinig zu bewegen, bis sie auf eine andere Kugel trifft. Bei der *Kollision* überträgt sich die Energie der ersten Kugel teilweise auf die zweite, die nun auch beginnt, sich zu bewegen. Die erste Kugel ändert durch den Aufprall ihre Richtung, wird langsamer und bleibt wegen der Reibung stehen. Vor dem Aufprall war die Bewegungsgröße auf die erste Kugel konzentriert, danach wird sie auf beide Kugeln verteilt, wodurch sich beide langsamer bewegen.

BEWEGUNGSÜBERTRAGUNG

Was du brauchst

- acht gleichgroße Murmeln
- zwei große Bücher
- ein Blatt Papier

Wie du vorgehst

1 Lege das Papier so wie in der Abbildung auf die Bücher und lege sieben Murmeln in einer Reihe in die entstandene Rinne, so dass sie sich gegenseitig berühren.

2 Stoße mit der achten Murmel dagegen.

3 Stoße nun mit zwei Murmeln gegen die Reihe, danach mit drei.

Was passiert?

Wenn eine Murmel auf die anderen trifft, bewegt sich die letzte Murmel von der Reihe weg; bei zwei Murmeln schnellen auch zwei davon, usw.

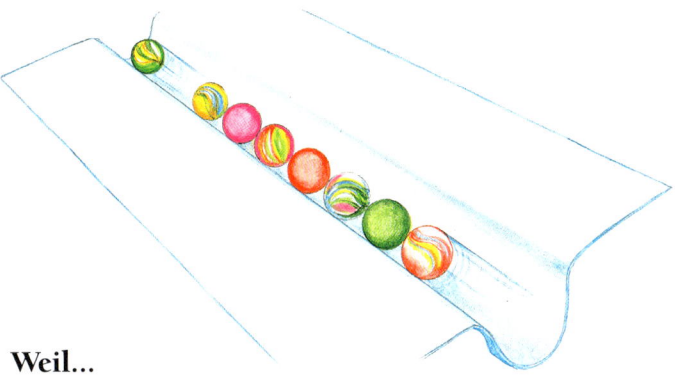

Weil...

... die Energie der Murmel, die gegen die anderen gestoßen wird, sich von einer Murmel auf die nächste überträgt, bis sie die Letzte erreicht, die kein Hindernis vor sich hat und die Energie nutzt, um wegzuschnellen. Stoßen mehrere Murmeln gegen die Reihe, ist die Bewegungsgröße höher, und es schnellen auch mehrere Murmeln davon.

Wenn ein bewegter Körper auf einen Körper in Ruhe trifft, kann er seine Geschwindigkeit ganz oder teilweise auf diesen übertragen.

129

Wie kann man die Bewegungsübertragung nutzen?

ZAHNRÄDER

Was du brauchst

- Fotokarton
- Pauspapier
- einen Bleistift
- eine Schere
- Kleber
- zwei Stecknadeln
- eine Polystyrolplatte

Wie du vorgehst

1 Pause die beiden Zahnräder, die du in der Abbildung siehst, einzeln ab und vergiss dabei die Mittelpunkte und die Kringel in einem der Zähne nicht.

2 Klebe das Pauspapier auf den Karton, schneide sie aus und bohre im Mittelpunkt und in den eingezeichneten Kringeln kleine Löcher hindurch.

3 Befestige die Zahnräder mit den Stecknadeln so auf dem Polystyrol, dass sie ineinandergreifen und die beiden Kringel nebeneinander liegen.

4 Stecke den Bleistift in den Kringel des großen Rades und drehe es; beobachte beide Räder und zähle, wie viele Umdrehungen das kleine Rad macht, wenn sich das große Rad einmal dreht.

5 Stecke dann den Bleistift in den Kringel des kleinen Rades und zähle, wie oft sich das große Rad dreht, wenn du das kleine Rad einmal drehst; beobachte auch die Art der Drehung.

Was passiert?

Einer Umdrehung des großen Rad entsprechen fast zwei Umdrehungen des kleinen Rads; jeder Umdrehung des kleinen Rads entspricht etwa eine halbe des großen. Die Räder drehen sich in entgegengesetzter Richtung.

Weil...

... die beiden Zahnräder ein *Getriebe* bilden, ein einfaches System, mit dem man Bewegung übertragen und Geschwindigkeit und Kraft verändern kann. Wenn das große Rad das kleine Rad antreibt, dreht dieses sich schneller. Treibt das kleine Rad das große an, dreht sich dieses langsamer, aber mit größerer Kraft. Diese Art der Bewegungsübertragung ist nützlich, weil man dadurch eine höhere Geschwindigkeit oder Energie erzielen kann.

Man nutzt Getriebe, wenn man Bewegung übertragen und dabei die Geschwindigkeit oder die ausgeübte Kraft verändern möchte.

Wie kommt ein Boot durch das Rudern vorwärts?

EIN WASSERMOTOR

Was du brauchst

- einen Plastikbecher
- zwei Trinkhalme mit biegsamem Ende
- einen Nagel
- Faden
- ein Waschbecken
- Knetmasse

Wie du vorgehst

1 Bohre mit dem Nagel zwei gegenüber liegende Löcher vom Durchmesser der Trinkhalme nahe am Boden in den Becher.

2 Schneide die biegsamen Teile der Trinkhalme ab, stecke sie in die Löcher, befestige sie mit Knetmasse und drehe sie in entgegengesetzte Richtungen.

3 Bohre zwei Löcher in den Becherrand, ziehe den Faden durch und lasse den Becher über dem Waschbecken hängen, wie es das Bild zeigt.

4 Lasse Wasser in den Becher laufen.

Was passiert?

Das Wasser tritt in eine Richtung aus, und der Becher dreht sich in die entgegengesetzte Richtung.

Weil...

... das Wasser beim Austreten die Trinkhalme selbst in die entgegengesetzte Richtung drückt: Es handelt sich hier um eine *Gegenbewegung*.

Der Heronsball

Um 100 n. Chr. erfand der griechische Ingenieur Heron von Alexandria den Heronsball, eine sehr einfache Maschine, die sich die Gegenbewegung zunutze machte.
In einem Kessel wurde Wasser zum Kochen gebracht; der Dampf wurde durch zwei Schläuche in eine darüber montierte Kugel geleitet und durch zwei rechtwinklig gebogene Ausgänge gepresst, was eine Drehbewegung bewirkte.
Der Heronsball wurde nie praktisch angewendet, da die Energie, die er produzierte, nicht ausreichend war, doch man kann sagen, dass es sich dabei um den ersten Versuch einer Dampfturbine handelte.

Der Krake

Der Krake hat am Hinterleib einen Einschnitt, durch den Wasser eindringt, das in einem Hohlraum im Inneren des Körpers gespeichert wird. Wenn er sich bewegen will, stößt der Krake dieses Wasser durch eine seitliche Öffnung kraftvoll aus: Je stärker der Wasserstrahl ist, desto schneller ist die Bewegung. Das kleine Loch ist zum Richtungswechsel verstellbar. Das gleiche System wird von Tintenfischen genutzt, und es ist das Prinzip, nach dem auch Düsenflugzeuge und Raketen funktionieren. Auch der Mensch nutzt dieses Prinzip von Kraft und Gegenkraft, wenn er sich im Wasser fortbewegen will: Wenn er mit dem Ruder das Wasser nach hinten schiebt, um das Boot anzutreiben.

Wenn auf einen Körper eine Kraft wirkt, entsteht eine Gegenkraft gleicher Stärke und entgegengesetzter Richtung.

Startposition

Der Start von Weltraumraketen ist wohl der schnellste, den ein menschliches Wesen überstehen kann. Um zu verhindern, dass das Blut aufgrund seiner Trägheit aus dem Gehirn abfällt und so zu Besinnungslosigkeit führt, nehmen Austronauten beim Start einen waagerechte Position ein.

Die Schraube

Die Schraube ist eine schiefe Ebene in Spiralenform: Könnte man die Spirale abwickeln, ergäbe sich tatsächlich eine schiefe Ebene. Man muss die Schraube mehrmals drehen, bis sie ins Holz eindringt, doch ist dazu eine geringere Kraft nötig, als wenn man sie gerade in das Holz treiben wollte.

Eine menschliche Pyramide

Die unglaublichen Figuren von Akrobaten haben immer einen Gleichgewichtspunkt: Jeder Körper, der die Figur vervollständigt, muss eine Position einnehmen, die die Gewichtsverteilung nicht verändert. Andernfalls würde sich der Schwerpunkt verlagen und die Pyramide zum Einsturz bringen.

Ein Gravitationsstoß

Sonden kreisen im All, um die Eigenschaften der Planeten zu erforschen. Der Weg, den eine Sonde zurücklegen muss, um ihr Ziel zu erreichen, ist Gegenstand komplizierter Berechnungen. Um sie mit großen Tanks nicht unnötig schwer zu machen, verzichtet man auf den Gebrauch von Motoren zur Beschleunigung oder zur Richtungsänderung. Man schickt die Sonde stattdessen in die Nähe eines Planeten, dessen Schwerkraft Umlaufbahn und die Geschwindigkeit der Sonde festlegt: Dieses Verfahren heißt „Gravity Assist" oder Gravitationsstoß.

Ins All

Wird ein Körper in die Luft geworfen, beschreibt er eine gebogene Flugbahn, die um so länger ist, je höher die Geschwindigkeit des Körpers ist. Damit Raumfahrzeuge nicht auf die Erde zurück fallen, haben Wissenschaftler die *Fluchtgeschwindigkeit* ermittelt, das heißt die Mindestgeschwindigkeit, die nötig ist, um sich von der Erde zu entfernen und die Flugbahn ins All vollenden zu können.

Der Einsatz von Getrieben

Die Räder eines Getriebes können miteinander in Kontakt stehen wie beim Mechanismus einer Uhr, oder durch eine Kette verbunden sein, wie es beim Fahrrad der Fall ist. Wenn du das Fahrrad etwas anhebst und die Pedale bewegst, wirst du sehen, dass einer Umdrehung des Tretrads (das große Rad, das mit den Pedalen verbunden ist) mehrere Umdrehungen des Antriebsrades (das kleine Rad, das mit dem Hinterrad verbunden ist) entsprechen: Dadurch kannst du mit einem Pedaltritt eine weite Strecke zurücklegen, musst aber eine größere Kraft aufwenden. Durch den Gebrauch einer Schaltung, die einige Getriebe besitzen, kann dieses Verhältnis umgekehrt werden, so dass man beim Treten weniger Kraft aufwenden muss. Um die gleiche Strecke zurückzulegen, sind dann mehrere Pedaltritte nötig. Fast alle Getriebe werden genutzt, um die ausgeübte Kraft zu erhöhen oder zu vermindern, doch einige wandeln auch eine Drehbewegung in eine gleichförmige Bewegung um: Die Drehung des Lenkrads im Auto beispielsweise wird von einem Getriebe an die Achsen der Räder weitergegeben, die sich geradlinig bewegen. Andere Getriebe verwandeln eine vertikale in eine horizontale Drehung: Bei alten Wassermühlen wurde die vertikale Bewegung des Schaufelrads auf die Mühle übertragen, die sich horizontal bewegte.

Magnetismus

Ziehen Magneten alles an? Wodurch bewegt sich eine Kompassnadel? Wie ist ein Elektromagnet aufgebaut? Die Antworten
auf diese und weitere Fragen findest du mit Hilfe der Experimente
auf den folgenden Seiten zu diesen Themen:

Der Magnet • Die Magnetpole • Die Magnetkraft
Magnetismus und Elektrizität

Der Magnet

Die außerordentliche Eigenschaft des Magneten, Objekte aus Eisen anzuziehen und auf Oberflächen aus Metall haften zu bleiben, versetzt uns immer wieder in Erstaunen. Versuchen wir nun, uns diesem Phänomen zu nähern, indem wie die Eigenschaften und das Verhalten des Magneten studieren.

Auf den folgenden Seiten werden wir große und kleine Magneten ausprobieren, wir werden versuchen, ihre Kraft abzuschwächen, und wir werden mit ihnen verschiedene wissenschaftliche Spiele machen.

Ziehen Magneten alles an?

WAS WIDERSTEHT DER ANZIEHUNG?

Was du brauchst

- Gegenstände aus verschiedenen Materialien: Glas, Holz, Plastik, Eisen, Stahl, Stoff, Papier
- verschiedene Oberflächen: die Kühlschranktür, eine Schranktür, eine Mauer, Fensterglas
- einen an einem Faden aufgehängten Magneten

Wie du vorgehst

1 Teile die Gegenstände in zwei Gruppen auf: diejenigen aus Metall und die aus anderen Materialen.

2 Nähere den Magneten der Reihe nach den Gegenständen der ersten Gruppe.

3 Wiederhole den Vorgang mit den Gegenständen der zweiten Gruppe.

4 Nähere den Gegenstand der Kühlschranktür, der Schranktür, der Mauer und dem Fenster.

Was passiert?

Einige Gegenstände aus Metall werden von dem Magneten angezogen, andere nicht; die Gegenstände aus anderen Materialien werden nicht angezogen. Der Magnet wird von einigen Oberflächen angezogen, von anderen nicht.

Weil...

... Magneten Eisen- oder Stahlstücke sind, die die Eigenschaft haben, Objekte aus Eisen, Stahl, Nickel, Kobalt, Chrom anzuziehen oder solche, die Teile dieser Metalle enthalten; Holz, Glas, Plastik oder Stoff reagieren auf diese Anziehungskraft nicht. Die Anziehungskraft zwischen dem Magneten und einer großen Eisenfläche bewirkt eine Bewegung des Magneten zu dieser Oberfläche, weil der Magnet leicher ist.

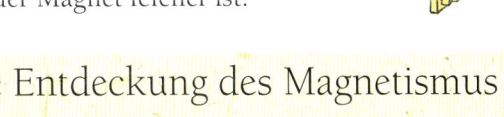

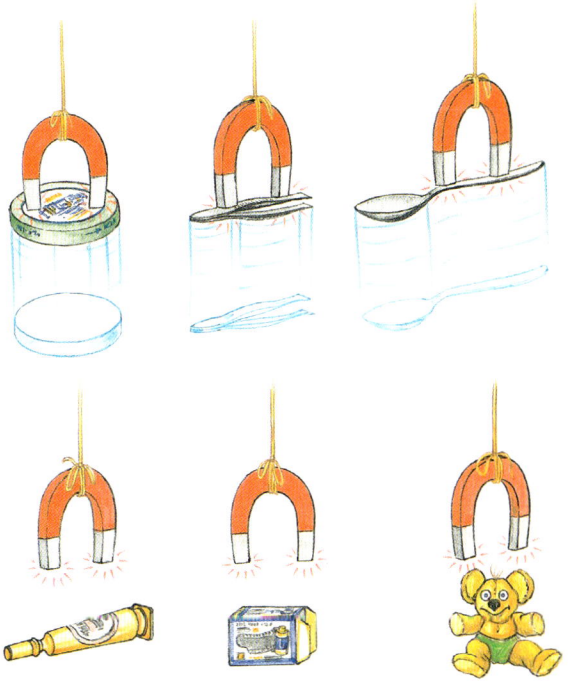

Die Entdeckung des Magnetismus

Die Griechen waren es, die vor mehr als 2.000 Jahren ein Mineral entdeckten, das Eisen anziehen konnte: Magnetit. Seinen Namen verdankt es der antiken Stadt Magnesia (heute Manisa) in der Türkei, wo es gefunden wurde. Magnetitstücke nennt man natürliche Magneten. Man kann Magneten allerdings auch künstlich herstellen, indem herkömmliche Eisen- oder Stahlstücke einer besonderen Prozedur unterzogen werden (der Magnetisierung).

Die Anziehungskraft, die von einem Magneten ausgeübt wird, nennt man *Magnetkraft*.

Magnete üben eine Anziehungskraft auf Gegenstände aus Eisen, Stahl oder anderen Metallen aus.

Wirkt ein Magnet durch andere Materialien?

MAGNETISMUS UNTER WASSER

Was du brauchst

- einen Magneten
- einen Glaskrug
- eine Büroklammer
- Wasser

Wie du vorgehst

1 Gieße Wasser in den Krug und lasse die Büroklammer hineinfallen; bitte einen Freund, sie herauszuholen, ohne nasse Finger zu bekommen.

2 Halte den Magneten auf Höhe der Klammer an die Wand des Kruges: Sobald sie angezogen wird, bewegst du den Magneten langsam nach oben.

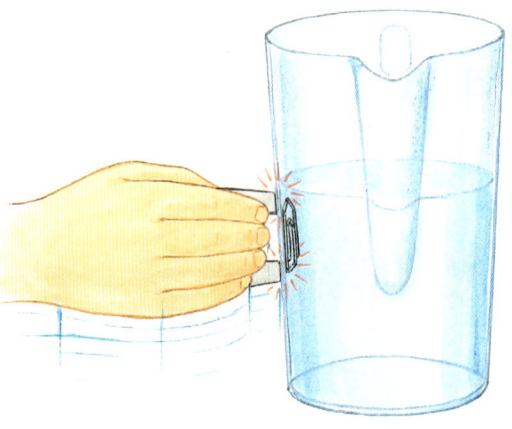

Was passiert?

Die Klammer folgt der Bewegung des Magneten bis über die Wasseroberfläche hinaus: So kannst du sie herausnehmen, ohne nasse Finger zu bekommen.

Weil...

... die Magnetkraft auch durch das Glas des Kruges hindurch wirkt. Wären seine Wände aus Eisen oder Stahl, würde die Klammer dennoch angezogen, allerdings mit geringerer Kraft, weil ein Teil der Magnetkraft von der Wand des Kruges „absorbiert" werden würde.

Magnete unter Wasser

Dank der Tatsache, dass Magneten ihre Anziehung auch unter Wasser ausüben, werden sie beim Bau und bei der Reparatur von Unterwasseranlagen genutzt, zum Beispiel um die Werkzeuge abzulegen und während der Arbeiten Kabel sicher zu verstauen.

136

EIN VORGESCHRIEBENER WEG

Was du brauchst

- Fotokarton
- eine Schere
- Klebeband
- Farbstifte
- ein großes Stück feste Pappe
- zwei Stöckchen
- zwei Magneten
- zwei Stahlmuttern
- vier dicke Bücher
- einen Tisch

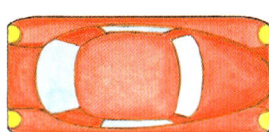

Wie du vorgehst

1 Zeichne vier Umrisse eines von oben gesehenen Autos auf den Pappkarton, schneide sie aus und male zwei davon an.

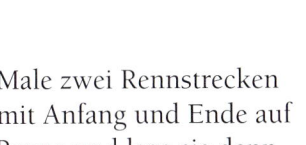

2 Befestige die Muttern mit dem Klebeband zwischen je einer bemalten und einer unbemalten Autohälfte.

3 Male zwei Rennstrecken mit Anfang und Ende auf die Pappe und lege sie dann so auf die Bücher, wie du es in der Abbildung siehst.

4 Stelle die beiden Autos an den Start.

5 Befestige mit Klebeband an jedem Stöckchen einen Magneten.

6 Halte die Magneten unter der Pappe an die Autos und bewege sie dann entlang der Rennstrecken; du kannst einen Freund einladen, mitzuspielen.

Was passiert?

Die Autos folgen den Magneten unter der Pappe und bewegen sich entlang der Rennstrecken

Weil...

... die Magnetkraft durch die Pappe hindurch wirkt und die Muttern in den Autos anzieht, die daher gezwungen sind, der Bewegung der Magneten zu folgen.

Die Magnetkraft wirkt auch durch Gegenstände oder andere Substanzen hindurch.

Zieht ein Magnet auch weit entfernte Objekte an?

EINE MAGNETREGATTA

Was du brauchst

• zwei Stöckchen von etwa 40 cm Länge
• zwei Magneten
• zwei Schnüre von etwa 30 cm Länge
• Nadeln
• farbiges Papier
• eine Schere
• 6 Flaschenkorken
• Zahnstocher
• Klebeband
• eine große Plastikwanne
• Wasser

Wie du vorgehst

1 Bastle zwei „Angelruten": Nimm die Schnüre und knote jeweils ein Ende an eines der Stäbchen, das andere an einen Magneten.

2 Baue zwei Schiffe: Verbinde drei Korken untereinander mit einem Zahnstocher, wie es die Abbildung zeigt.

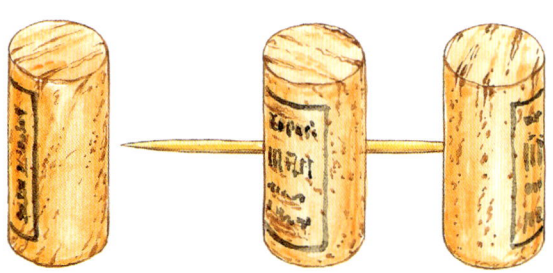

3 Stecke zwei Nadeln in den mittleren Korken: Sie stellen die Schiffsmasten dar; befestige als Segel zwei Stücke farbiges Papier mit Klebeband an den Nadeln.

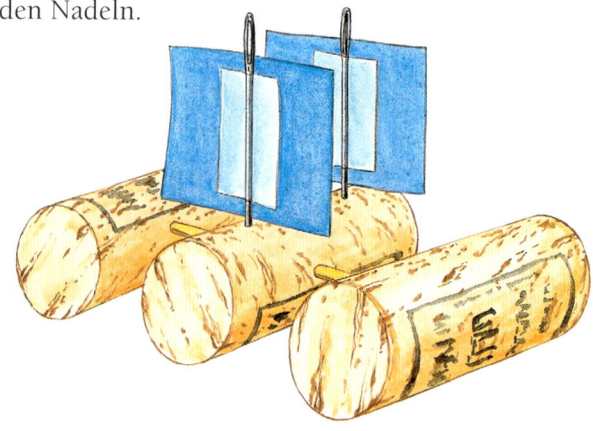

4 Fülle die Wanne mit Wasser und lasse die Schiffe darin schwimmen: Halte eine Angelrute über ein Schiff und gib die zweite einem Freund.

Was passiert?

Wenn die Angelruten über der Wanne bewegt werden, bewegen sich auch die Schiffe, ohne dass diese berührt werden.

Weil...

... die Anziehungskraft der Magneten auch aus der Entfernung auf die Nadeln wirkt, so dass die Magneten die Bewegung der Schiffe steuern.

138

KRÄFTEVERGLEICH

Was du brauchst

- drei unterschiedlich geformte Magneten
- einige Gegenstände aus Eisen oder Stahl (zum Beispiel Münzen)
- einen Tisch
- ein Lineal

Wie du vorgehst

1 Lege die Magneten im Abstand von 10 cm in einer Reihe auf den Tisch.

2 Lege einige Münzen ebenfalls in einer Reihe den Magneten gegenüber, jedoch in großem Abstand davon.

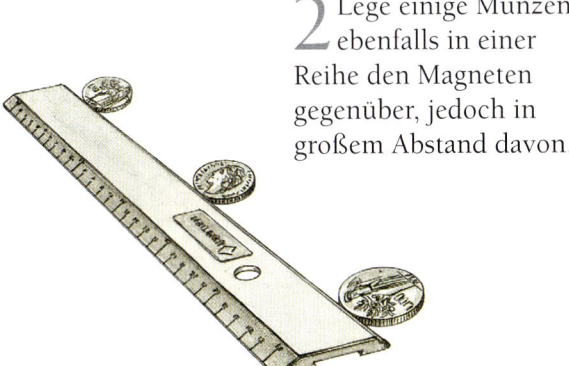

3 Schiebe die Münzreihe mit dem Lineal immer mehr auf die Magneten zu.

Was passiert?

Einige Münzen werden von den Magneten sofort angezogen, andere erst, wenn sie den Magneten sehr nahe kommen.

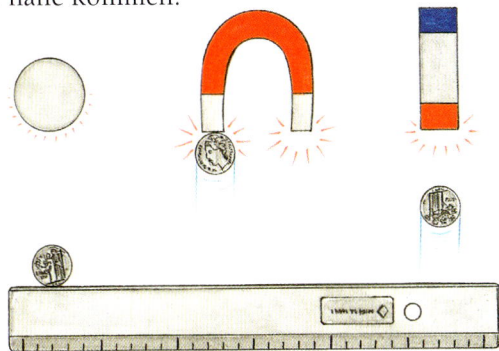

Weil...

... die Magneten ihre Kraft auch aus der Entfernung ausüben. Je größer und damit auch stärker der Magnet ist, desto größer ist auch die Distanz, auf die seine Anziehungskraft wirkt.

Mit einem Magneten arbeiten

Dank der Tatsache, dass sie Gegenstände auch aus der Entfernung anziehen, werden Magneten in Chemielabors und bei medizinischen Analysen verwendet, wo es manchmal nötig ist, heikle Mischungen zu erzeugen, wenn auch nur in sehr kleinen Mengen, die nicht mit unzureichend sterilisierten Instrumenten in Berührung kommen dürfen. Man taucht daher in das Reagenzglas, in dem die Substanzen gemischt werden sollen, ein mit sterilem Material überzogenes Metallplättchen. Am Boden des Reagenzglases befindet sich ein Magnet, der durch seine Drehbewegung eine Bewegung des Metallplättchens im Glas und damit die Vermischung der Substanz bewirkt.

Ein Magnet übt seine Anziehung auch über eine beachtliche Distanz aus, die proportional zu seiner Größe ist.

Wie kann man die Magnetkraft aufhalten?

DIE MAGNETKRAFT EINFANGEN

Was du brauchst

• einige Zeitungsblätter
• Aluminiumpapier
• Stoff
• Schaumgummi
• einen großen Magneten
• einen Gegenstand aus Eisen

Wie du vorgehst

1 Wickle den Magneten in Zeitungspapier und stelle fest, ob er den Gegenstand aus Eisen noch anzieht.

2 Wiederhole den Vorgang mit den anderen Materialien.

3 Wickle den Magneten in mehrere Schichten desselben Materials, bis die Magnetkraft geschwächt und schließlich gestoppt wird.

Was passiert?

Der Magnet zieht den Gegenstand an, wenn er nur dünn eingewickelt ist, wenn die Umhüllung eine gewisse Stärke hat, jedoch nicht mehr.

Weil...

... die Magnetkraft eine beachtliche Intensität hat: Sie wirkt durch dünne Schichten verschiedener Materialien hindurch, dicke Schichten kann sie jedoch nicht durchdringen. Man kann einen Magneten also mit Hilfe von Materialien, die nicht auf seine Anziehung reagieren, isolieren, und so unerwünschte Wirkungen verhindern.

Die Kraft eines Magneten kann durch eine dicke Schicht eines nicht magnetisierbaren Materials neutralisiert werden.

Wovon hängt die Kraft eines Magneten ab?

EIN KRÄFTEWETTSTREIT

Was du brauchst

- unterschiedlich geformte (Hufeisen, Kreis,Stab) und verschieden große Magneten
- Gegenstände aus Eisen und Stahl (Büroklammern, Münzen, Nägel)
- Pappschachteln

Wie du vorgehst

1 Sortiere die verschiedenen Gegenstände in die Pappschachteln.

2 Halte jeden Magneten einmal über jede Schachtel und zähle, wie viele Gegenstände daran hängenbleiben.

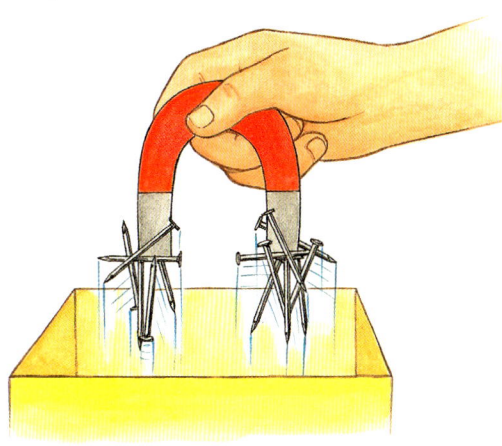

Was passiert?

Einige Magnete ziehen mehr Gegenstände an als andere.

Weil...

... Form und Größe eines Magneten seine Kraft beeinflussen: Hufeisenförmige Magneten sind stärker als Stabmagneten, die wiederum stärker sind als runde Magneten. Haben zwei Magneten die gleiche Form, ist der größere stärker.

Winzige Magnete auf dem Band

Das Band in einer Musikkassette heißt Magnetband, weil es mit winzigen Magneten bedeckt ist. Um die Musik auf einer Kassette abzuspielen, werden elektrische Signale an den Tonkopf geschickt, der aus einem Elektromagneten besteht. Er bringt die Magneten auf dem Band in eine bestimmte Ordnung, so dass sie, wenn sie den Wiedergabekopf passieren, in elektrische Signale übertragen und von den Lautsprechern in Töne umgewandelt werden können.

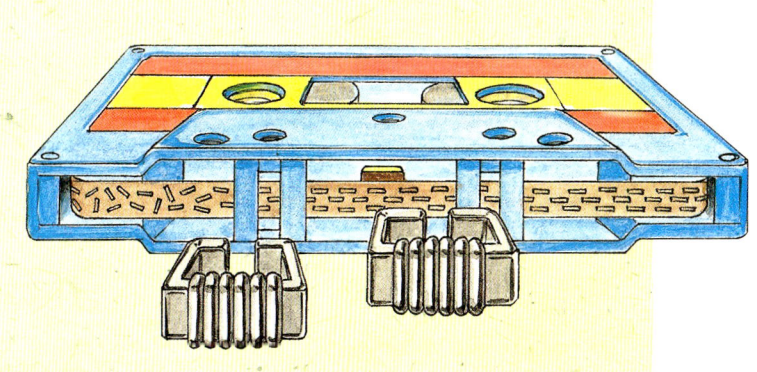

Die Kraft eines Magneten hängt von seiner Größe und seiner Form ab.

141

Die Magnetpole

Wer hat noch nicht einmal versucht, diese unsichtbare Kraft zu überwinden, zwei Magneten einander zu nähern? Es ist unmöglich! Auf den nächsten Seiten wirst du die Gründe für dieses Phänomen genauer kennen lernen. Und du wirst auch erkennen, dass sich direkt unter deinen Füßen ein riesiger Magnet befindet: die Erde, die genau wie ein kleiner Magnet zwei Magnetpole hat, die der Grund für das Funktionieren eines Kompasses und für das spektakuläre Polarlicht sind.

Haben alle Teile des Magneten dieselbe Kraft?

KRAFTLINIEN

Was du brauchst

- Eisenspäne (man erhält sie, wenn man ein Stück Eisen feilt)
- einen Stabmagneten
- einen Hufeisenmagneten
- zwei Bögen Fotokarton

Wo du vorgehst

1 Lege einen Fotokarton auf den Stabmagneten.

2 Streue nach und nach die Eisenspäne darauf und vesetze dem Karton mit dem Finger einige vorsichtige Stöße.

3 Wiederhole den Vorgang mit dem Hufeisenmagneten.

Was passiert?

Der Großteil der Eisenspäne konzentriert sich dort, wo die Enden der beiden Magnete liegen, der Rest verteilt sich darum herum.

Weil...

... die Magnetkraft auf die *Pole* konzentriert ist, das heißt auf die Enden des Magnets. An anderen Stellen ist die Magnetkraft geringer.

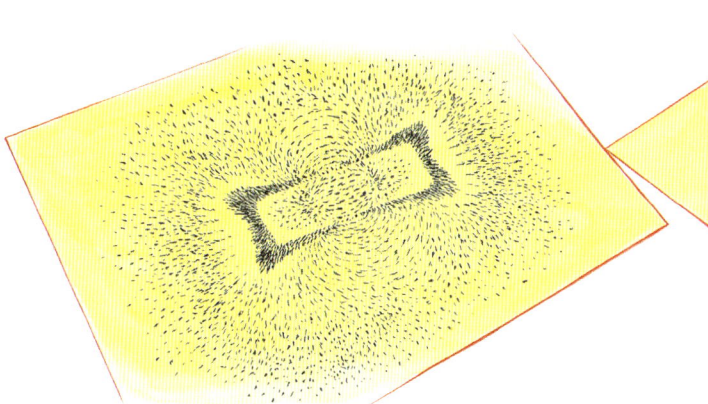

Die Magnetfelder

Die Eisenspäne um einen Magneten herum ordnen sich entlang von Linien, die dorthin zeigen, wo magnetische Kräfte wirken: Diesen Raum nennt man *Magnetfeld*. Gegenstände werden von einem Magneten dann angezogen, wenn sie sich in seinem Magnetfeld befinden.

Die magnetischen Kräfte sind ganz regelmäßig um den Magneten angeordnet. Mit den Eisenspänen hast du nur die der horizontalen Ebene sichtbar gemacht, doch die gleichen Kräfte wirken auch in der vertikalen Ebene.

Die Anziehungskraft eines Magneten ist an seinen Enden, die Pole genannt werden, am stärksten.

143

Warum stoßen sich zwei Magnete manchmal ab?

SCHWEBENDE MAGNETE

Was du brauchst

- zwei Stabmagneten
- blaues, rotes und transparentes Klebeband
- einen Kompass
- zwei gleiche kleine Pappschachteln
- eine Schere
- zwei Bleistifte
- eine Schnur

Wie du vorgehst

1 Binde einen Magneten an den Faden und lasse ihn so lange herabhängen, bis er sich nicht mehr bewegt. Vergleiche die Stellung des Magneten mit der der Kompassnadel: Klebe ein Stück rotes Klebeband auf den Pol, der in dieselbe Richtung zeigt wie die Nadel, und blaues Klebeband auf den anderen Pol. Verfahre mit dem anderen Magneten genauso.

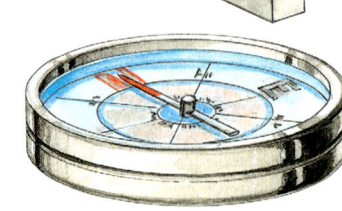

2 Nähere erst die gleichfarbigen, dann die verschiedenfarbigen Pole einander an.

Was passiert?

Die gleichfarbigen Pole stoßen sich ab, die verschiedenfarbigen ziehen sich an.

3 Befestige die Magneten mit Klebeband in den Schachteln, schließe diese und klebe dort, wo sich die jeweiligen Pole befinden, blaues oder rotes Klebeband außen auf die Schachteln.

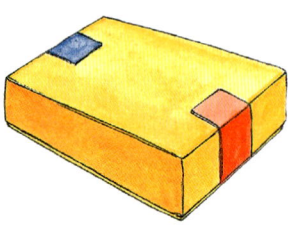

4 Lege die beiden Bleistifte auf die eine Schachtel und lege die zweite darauf, so dass die gleichfarbigen Pole übereinander liegen.

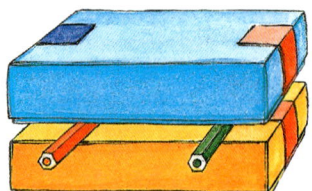

5 Klebe die Schachteln mit durchsichtigem Klebeband zusammen, ziehe die Bleistifte heraus und drücke auf die obere Schachtel.

Was passiert?

Die obere Schachtel scheint auf der unteren zu schweben.

Weil...

... jeder Magnet zwei ungleichartige Pole hat (einen positiven und einen negativen). Ungleichartige Pole ziehen sich an, gleichartige stoßen sich ab. Da in den Schachteln gleichartige Pole übereinander liegen, stoßen sie sich ab. Wenn du auf die obere Schachtel drückst, kannst du diese Abstoßungskraft teilweise überwinden, danach kehrt die Schachtel in die Ausgangsposition zurück.

DRUCK AUS DER FERNE

Was du brauchst

- zwei Stabmagneten mit gekennzeichneten Polen (siehe vorheriges Experiment)
- einen Spielzeuglastwagen
- Klebeband

Wie du vorgehst

1 Befestige einen Magneten mit Klebeband auf dem Lastwagen.

2 Nutze den anderen Magneten, um den Lastwagen zu bewegen.

Was passiert?

Wenn du gleichartige Pole einander näherst, fährt der Lastwagen weg, näherst du verschiedenartige Pole einander, kommt er auf dich zu.

Weil...

... die Bewegung des Lastwagens durch die Magnetkraft bestimmt wird und in zwei Richtungen funktioniert: in Richtung des Magneten, den du in der Hand hältst (die verschiedenen Pole ziehen sich an) oder in die entgegengesetzte Richtung (die gleichartigen Pole stoßen sich ab).

Züge ohne Räder

Es gibt einige Hochgeschwindigkeitszüge ohne Räder. Ihre Unterseite und die so genannte Schwebebahn bestehen aus Magneten, die elektrisch aktiviert werden, so dass die gleichartigen Pole einander zugewandt sind.
So bleibt der Zug in der Bahn und kann aufgrund der fehlenden Reibung enorme Geschwindigkeiten erzielen.

Ungleichartige Pole ziehen sich an, gleichartige stoßen sich ab.

Was bewegt die Nadel in einem Kompass?

AUF DER SUCHE NACH NORDEN

Was du brauchst

- eine Schüssel
- Wasser
- einen Stabmagneten
- eine flache Styroporschale (kleiner als die Schüssel: sie muss sich auf der Wasseroberfläche ungehindert bewegen können)
- farbiges Klebeband

Vergewissere dich, dass keine Gegenstände aus Eisen oder Stahl in unmittelbarer Nähe sind.

Wie du vorgehst

1 Fülle die Schüssel mit Wasser und lege die Styroporschale hinein, in deren Mitte du den Magneten befestigt hast.

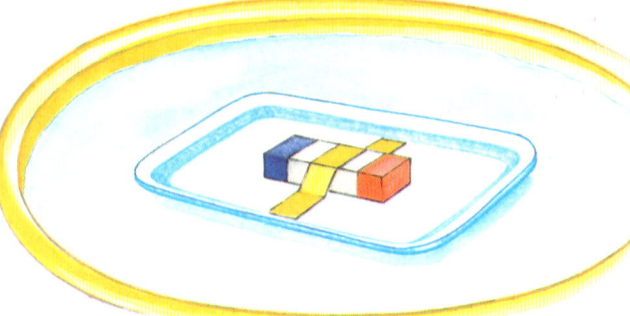

2 Drehe die Schale und warte, bis sie wieder ruhig im Wasser liegt.

3 Klebe zwei Stücke Klebeband in Übereinstimmung mit den Magnetpolen an den Rand der Schüssel.

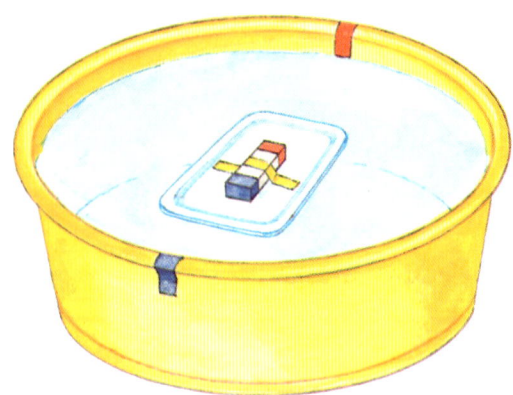

4 Drehe die Schale noch einmal.

Was passiert?

Wenn die Schale anhält, stimmen die Magnetpole wieder mit dem Klebeband am Rand der Schüssel überein.

Weil...

... die Magnetkraft der Erde alle Magneten so dreht, dass einer ihrer Pole zum Nordpol und der andere zum Südpol gerichtet ist.

146

Der Magnetismus auf der Erde

Die Erde verhält sich wie ein großer Magnet: sie erzeugt ein Magnetfeld, das eine Orientierung von Kompassnadeln und Magneten nach ihren eigenen Magnetpolen bewirkt. Man nimmt an, dass das an der Zusammensetzung des Erdkerns, der aus Eisen und Nickel besteht, sowie dessen Drehbewegung liegt, welche durch die Erdrotation hervorgerufen wird.

Die Linien, die das Magnetfeld der Erde bezeichnen, verlaufen von Pol zu Pol. Die Nadel eines Kompasses orientiert sich an diesen Linien. Der magnetische Nordpol, zu dem der Südpol der Kompassnadel zeigt, entspricht jedoch nicht genau dem geografischen Nordpol: Dieser befindet sich auf der Insel Bathurst in Kanada, etwa 1.900 km vom geografischen Nordpol entfernt. Der magnetische Südpol befindet sich 2.600 km vom geografischen Südpol entfernt im Meer. Die Lage der Magnetpole verändert sich im Verlauf von Jahrtausenden.

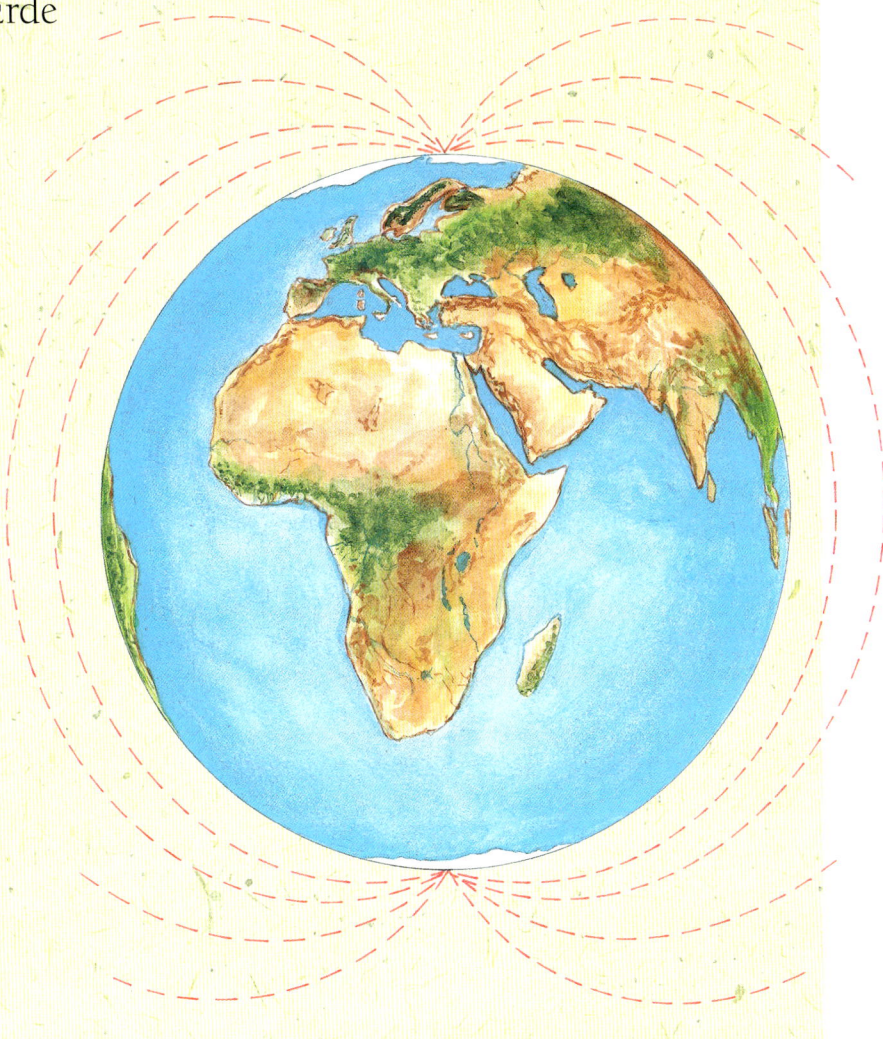

Der Kompass

Das erste Volk, das den Erdmagnetismus zur Orientierung nutzte, waren die Chinesen: Sie ließen ein mit Magneten bedecktes Brett im Wasser schwimmen und beobachteten seine Position. Nach Europa kamen die ersten Kompasse im 12. Jahrhundert, wahrscheinlich mit den Arabern.

Es gibt verschiedene Arten von Kompassen, doch der bekannteste ist der magnetische: Eine frei bewegliche Magnetnadel ist in der Mitte einer Windrose befestigt, auf deren Kreis die Himmelsrichtungen verzeichnet sind. Die Kompassnadel richtet sich wegen des Magnetfelds der Erde immer in Nord-Süd-Richtung aus, so dass sich die Himmelsrichtungen ablesen lassen. Der farbige Teil der Nadel zeigt immer nach Norden.

Die Erde verhält sich wie ein großer Magnet, und alle frei beweglichen Magneten richten sich nach ihr.

Die Magnetkraft

Nun versuchen wir, etwas mehr über diese mysteriöse Kraft herauszufinden, die von den Magneten ausgeht. Auf den folgenden Seiten wirst du erkennen, wie ein magnetisierter Gegenstand nun seinerseits andere Gegenstände anziehen kann, wie eine Nadel oder eine Nagel magnetisiert werden und wie man ihnen die Magnetkraft wieder entziehen kann. Du wirst sehen, was passiert, wenn ein Magnet entzwei bricht, und du kannst versuchen, mit Hilfe der Magnetkraft die Schwerkraft zu überwinden.

Kann man einen Gegenstand magnetisieren?

EINEN MAGNETEN HERSTELLEN

Was du brauchst

• einen Stabmagneten
• zwei große Nadeln

Wie du vorgehst

1 Streiche mit einem Ende des Magneten je 40 Mal die Länge der beiden Nadeln entlang.

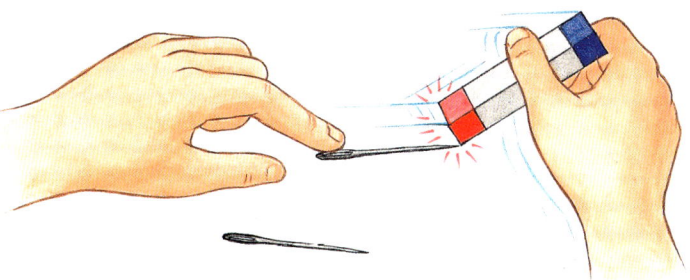

2 Nähere die Nadeln einander, erst mit den Nadelöhren, dann mit den Spitzen.

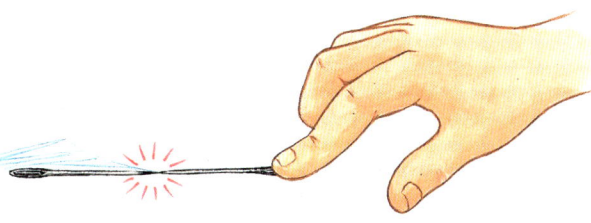

Was passiert?

Die Nadeln ziehen sich an oder stoßen sich ab, je nachdem, welche Enden aufeinander treffen

Weil...

... das Reiben des Magneten entlang der Nadeln sie magnetisiert hat. Sie verhalten sich nun wie zwei Magneten und ziehen sich an oder stoßen sich ab, je nachdem, welche Pole sich treffen.

Die Herstellung von Magneten

Der Mensch hat nicht nur gelernt, sich die natürlichen Magneten zunutze zu machen, sondern ist auch in der Lage, künstliche Magneten herzustellen, die aus Eisen oder besonderen Metalllegierungen bestehen.

Das Material wird erst wärmebehandelt und dann in einem starken Magnetfeld in einer Presse abgekühlt: Bis es abgekühlt und fest geworden ist, hat das Material auch die Magnetkraft in sich aufgenommen.

Uhren und Magneten

Es ist riskant, einer mechanischen Uhr mit einem Magneten zu nahe zu kommen: Ihre einzelnen Bestandteile könnten magnetisiert werden und so nicht mehr in der Lage sein, für das Funktionieren der Uhr zu sorgen.

Ein Gegenstand aus Eisen oder Stahl kann magnetisiert werden, indem man mit dem Pol eines Magneten daran entlangstreicht.

Kann ein Magnet seine Kraft verlieren?

ZIEHT ER ES AN ODER NICHT?

Was du brauchst

- einige Nadeln
- einen Magneten
- eine harte Unterlage

Wie du vorgehst

1 Streiche 40 Mal mit dem Ende eines Magneten der Länge nach an einer Nadel entlang.

2 Halte die magneti-sierte Nadel in die Nähe der anderen Nadeln.

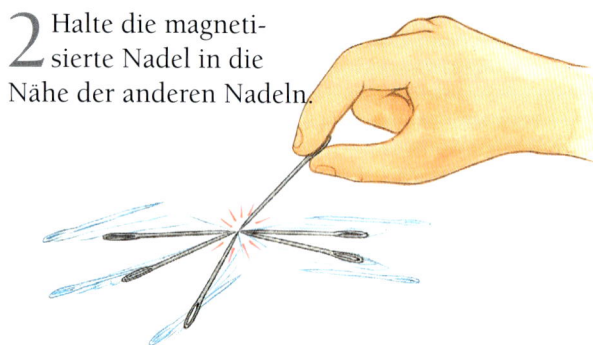

Was passiert?

Wie im vorherigen Experiment zieht die Nadel die anderen Nadeln an.

3 Lasse die magnetisierte Nadel mehrmals auf eine harte Unterlage fallen.

4 Nähere sie den anderen Na-deln an.

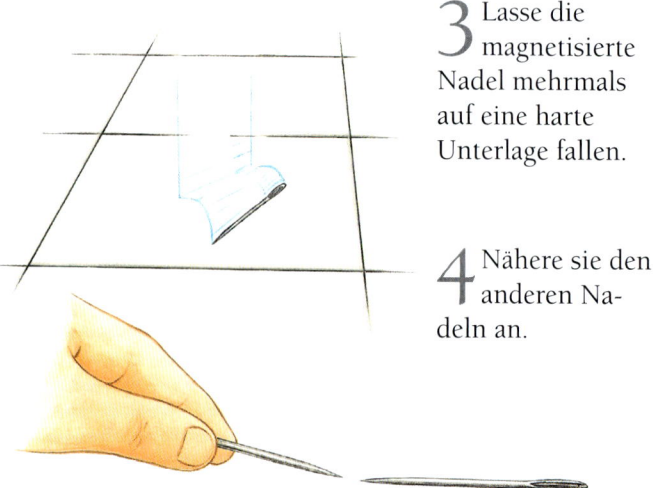

Was passiert?

Die Nadel zieht die anderen Nadeln nicht mehr an.

Weil...

... die Nadel ihre Magnetkraft durch die Stöße verloren hat. Die Stöße wirken auf die Teilchen, aus denen die Nadel besteht genau umgekehrt wie das Entlangstreichen mit dem Magneten: Das, was der Magnet geordnet hat, gerät durch sie wieder in Unordnung. Die Folge davon ist der Verlust der Magnetkraft.

Einen Magneten entmagnetisieren

Gegenstände aus Metall sind in ihrem Inneren in winzige magnetische Bezirke unterteilt, die *Elementarbezirke*. Sie sind normalerweise unterschiedlich ausgerichtet, so dass sich ihre magnetische Wirkung nach außen aufhebt. Durch das Entlangstreichen mit einem Magneten werden sie alle gleich ausgerichtet, und aus dem Körper wird ein Magnet. Durch Schläge wird die Ordnung der Elementarbezirke zerstört, und der Magnet verliert seine Wirkung.

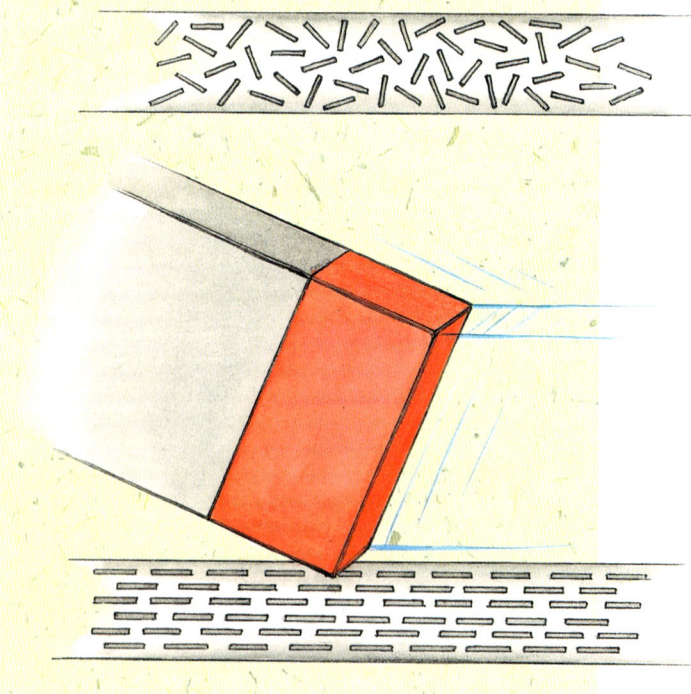

Durch wiederholte Schläge können Magneten entmagnetisiert werden.

Gibt es Magneten mit nur einem Pol?

DIE MAGNETKRAFT AUFTEILEN

Was du brauchst

- eine große Nadel
- einen Stabmagneten
- eine Zange
- einige Stecknadeln

Wie du vorgehst

1 Magnetisiere die Nadel wie in den vorhergegangenen Experimenten.

2 Halte den Magneten an die Enden der Nadel: Das eine zieht ihn an, das andere stößt ihn ab.

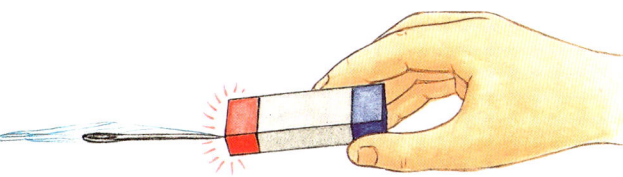

3 Schneide mit Hilfe eines Erwachsenen die Nadel mit der Zange in zwei Hälften.

4 Halte den Magneten wieder an die Enden der beiden Hälften.

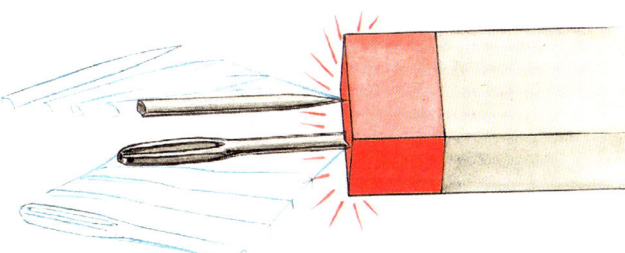

Was passiert?

Die beiden Teile der Nadel verhalten sich wie zwei kleine Magneten, beide mit Nord- und Südpol.

5 Teile die Hälften der Nadel noch einmal und halte die Enden der Stücke an den Magneten und die Stecknadeln.

Was passiert?

Alle Nadelteile werden von den Magnetpolen angezogen oder abgestoßen und können die Stecknadeln magnetisieren; sie sind also kleine Magneten mit zwei Polen.

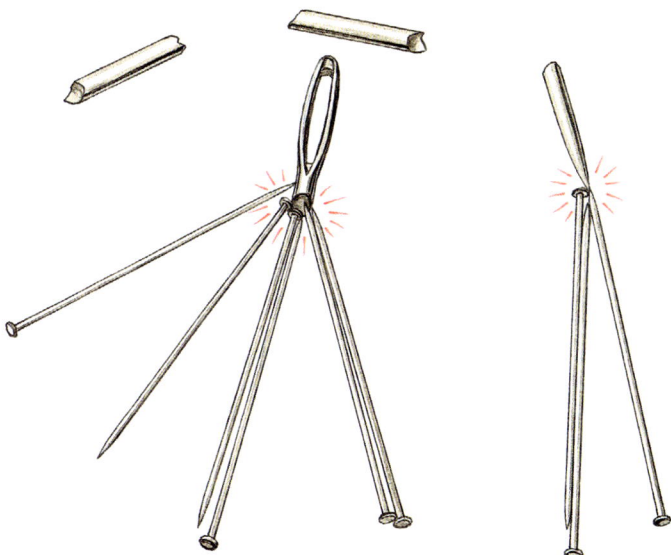

Weil...

... ein Magnet aus unzähligen winzigen Magneten besteht, den *Elementarmagneten*, die alle einen positiven und einen negativeb Pol haben. Auch wenn ein Magnet in kleine Stücke zerteilt wird, behalten diese ihre Polarität bei.
Diese Beobachtung zeigt dir, dass der Magnetismus eine Eigenschaft der kleinsten Bestandteile eines Magneten ist, das heißt also der Atome, aus denen er zusammengesetzt ist.

Die positive und negative Ladung eines Magneten ist immer auf die Pole verteilt.

Kann Magnetismus übertragen werden?

EINE KETTENÜBERTRAGUNG

Was du brauchst

- einen Magneten
- zwei Nägel

Wie du vorgehst

1 Ziehe einen Nagel mit dem Magneten an und nähere ihn dann dem anderen Nagel.

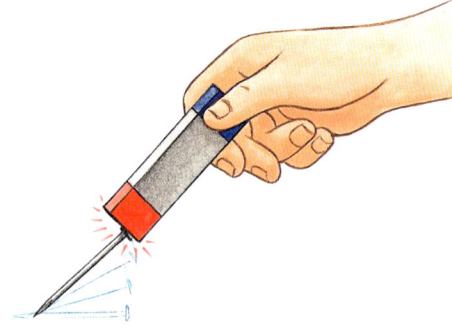

Was passiert?

Der erste Nagel zieht den zweiten an.

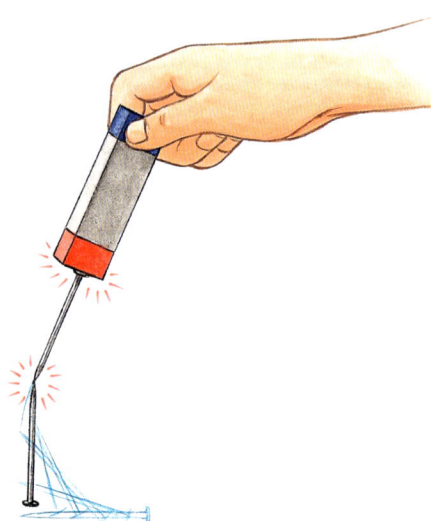

2 Ziehe den ersten Nagel von dem Magneten weg, halte ihn aber in seiner unmittelbaren Umgebung.

Was passiert?

Der erste Nagel bleibt mit dem zweiten immer noch verbunden.

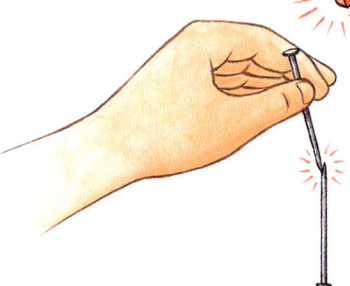

3 Entferne den Magneten.

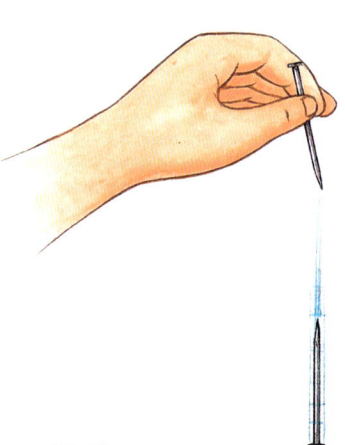

Was passiert?

Die Nägel trennen sich, und der zweite fällt herunter.

Weil...

... der erste Nagel durch den Kontakt mit dem Magneten magnetisiert wird und auf den zweiten Nagel wie ein Magnet wirkt. Die Kraft des Magneten erstreckt sich auch auf seine nähere Umgebung und wird auch im zweiten Fall an die beiden Nägel weitergegeben. Durch die Entfernung des Magneten wird dieses Phänomen unterbrochen.

AUSTAUSCH DER MAGNETKRAFT

Was du brauchst

- einen Nagel
- einen Stabmagneten
- eine Stahlkugel wie die ineinem Kugellager

Wie du vorgehst

1 Halte den Magneten an die Kugel; berühre sie mit dem Finger, um festzustellen, wie stark sie an den Magneten angezogen wird.

2 Halte den Nagel an die Kugel und nimm ihn dann wieder weg.

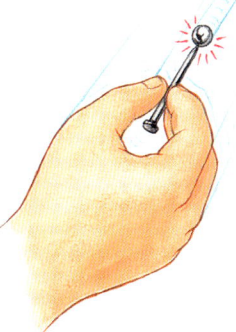

Was passiert?

Die Kugel bleibt am Nagel haften.

Weil...

... die Kraft des Magneten auf den Nagel übergeht und diesen stärker macht als den Magneten selbst.

Die magnetische Induktion

Auf dem Bild unten konnte mit Hilfe von Eisenspänen die Magnetisierung eines Schlüssels durch einen Magneten mittels *Induktion* (das heißt durch Annäherung, ohne direkten Kontakt)sichtbar gemacht werden: Um den Schlüssel herum bildet sich ein neues Magnetfeld. Eisen ist wie Kobalt, Nickel und Stahl ein *ferromagnetischer* Stoff, das heißt, es besitzt eine hohe *magnetische Durchlässigkeit*: Die Bezirke, aus denen er besteht, entsprechen den Elementarmagneten und richten sich gleich aus, wenn sie in ein Magnetfeld geraten, wodurch der Gegenstand selbst zu einem Magneten wird. Andere Stoffe dagegen, wie etwa Luft oder Wasser, haben eine geringe magnetische Durchlässigkeit und wenn sie in ein Magnetfeld geraten, verändern sie sich nicht und bewirken keine Stärkung oder Schwächung des Magnetfelds selbst. Solche Stoffe nent man *diamagnetische* und *paramagnetische* Stoffe.

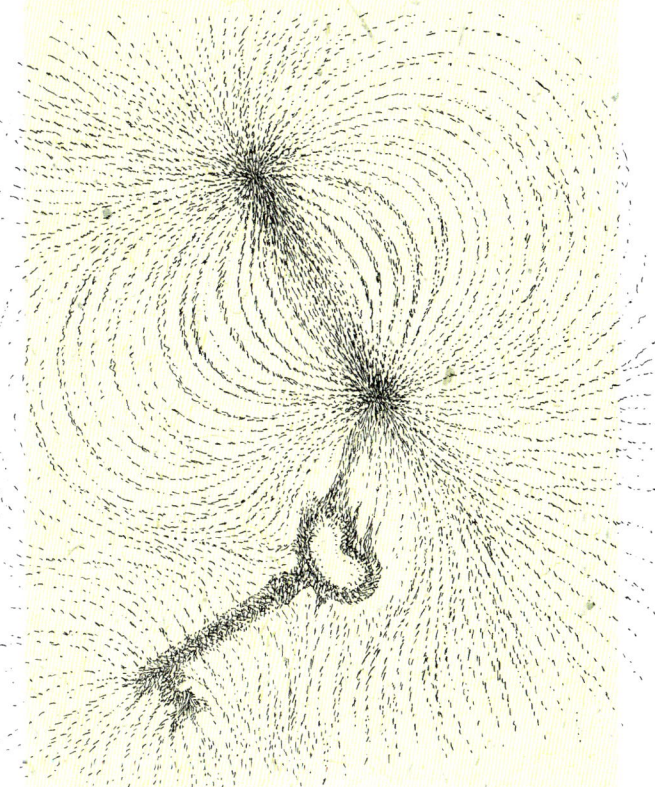

Magnetismus kann durch Kontakt oder Induktion vorübergehend übertragen werden.

153

Kommt die Magnetkraft gegen die Schwerkraft an?

DER DRACHEN

Was du brauchst

- einen an eine Schnur gebundenen Magneten
- eine Büroklammer
- farbiges Papier
- eine Schere
- Klebeband
- eine Schnur
- einen Bleistift
- einen Tisch

3 Halte den Magneten von oben an den Drachen.

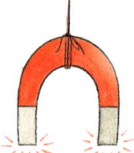

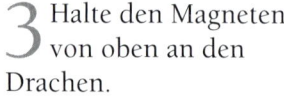

Wie du vorgehst

1 Male die Form eines kleinen Drachen auf das Papier, schneide ihn aus und klebe die Büroklammer mit dem Klebeband darauf.

Was passiert?

Der Drache wird angehoben und folgt den Bewegungen des Magneten.

Weil…

… die Magnetkraft des Magneten größer ist als die Schwerkraft, die den Drachen auf dem Tisch hält.

2 Nimm eine etwa 30 cm lange Schnur, binde das eine Ende an der Büroklammer fest und klebe das andere mit Klebeband auf den Tisch.

154

WIR GEHEN FISCHEN

Was du brauchst

- verschiedenfarbige Plastikfolie
- Büroklammern
- ein Stöckchen
- eine Schnur
- einen Hufeisenmagneten
- eine Schüssel
- Wasser
- eine Schere

Wie du vorgehst

1 Schneide aus der Plastikfolie einige Fische aus.

2 Befestige je eine Büroklammer an den Mäulern der Fische.

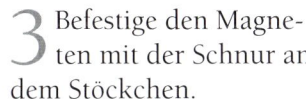

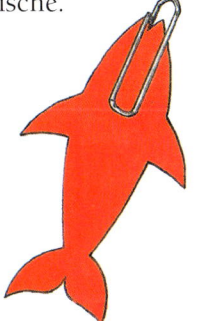

3 Befestige den Magneten mit der Schnur an dem Stöckchen.

4 Fülle die Schüssel mit Wasser und lasse die Fische darin schwimmen.

Schrott trennen

Um auf dem Schrottplatz die Teile aus Eisen, Stahl und anderen Metallen von anderen Materialien zu trennen, nutzt man die enorme Kraft künstlicher Magneten, die elektrisch betrieben werden (Elektromagneten). Auf diese Weise können Eisen und Stahl wiederverwertet werden.

5 Lasse den Magneten darüber hängen, ohne dass er die Fische berührt.

Was passiert?

Die Fische schwimmen nach oben auf den Magneten zu, als wollten sie anbeißen!

Weil...

... die vom Magneten ausgeübte Kraft stärker ist als die Schwerkraft, die die Fische nach unten zieht.

Die Magnetkraft kann die Schwerkraft überwinden.

Magnetismus und Elektrizität

Früher dachte man, der Magnetismus und die Elektrizität seien zwei verschiedene Phänomene, doch zu Beginn des 19. Jahrhunderts fand man durch die Studien des Dänen Oersted und des Franzosen Ampère heraus, dass sie eng miteinander verbunden sind. So wurde der Grundstein der modernen Technologie gelegt: der Elektromagnetismus ermöglicht den Einsatz von Turbinen, Motoren, Spielzeugen, Kassetten- und Videorekordern, Telefonen, usw. Durch elektrischen Strom erzeugter Magnetismus hat den enormen Vorteil, dass er leicht aufgehoben werden kann, indem man den Stromfluss unterbricht. Auf den folgenden Seiten wirst auch du feststellen, wie es möglich ist, Elektromagnetismus zu erzeugen und du kannst einen kleinen elektromagnetischen Motor bauen.

Üben nur Magneten eine Anziehungskraft aus?

ELEKTROMAGNETISCHER STROM

Was du brauchst

- eine 4,5-Volt-Batterie
- Kupferdraht
- Fotokarton
- eine Schere
- Eisenspäne

Wie du vorgehst

1 Schneide mit der Schere zwei Löcher im Abstand von mindestens 10 cm in den Fotokarton.

2 Schneide von dem Draht ein 30 cm langes Stück ab, fädle es durch beide Löcher im Karton und verbinde die Enden mit den Polen der Batterie.

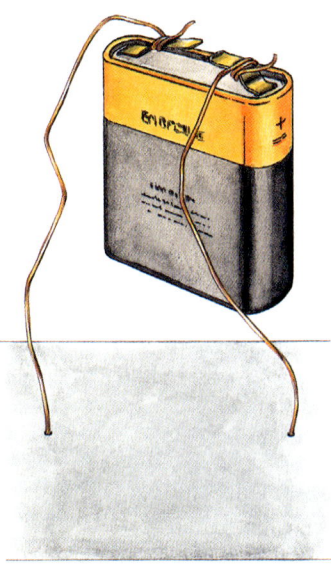

3 Bestreue den Karton mit Eisenspänen.

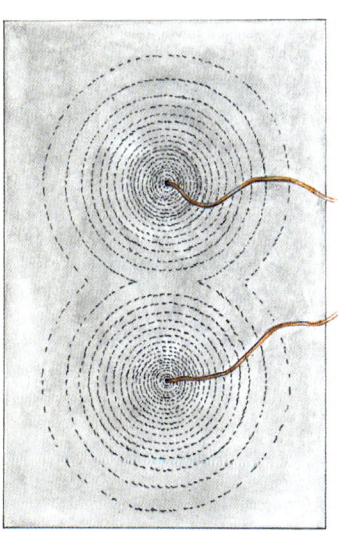

Was passiert?

Die Eisenspäne ordnen sich in konzentrischen Kreisen um den Draht an.

Weil...

... der elektrische Strom der Batterie durch den Draht fließt und ein Magnetfeld erzeugt, das durch die Anordnung der Eisenspäne sichtbar gemacht wird.

4 Entferne ein Ende des Drahtes von der Batterie.

5 Bewege den Karton, um die Eisenspäne zu bewegen.

Was passiert?

Die Eisenspäne verteilen sich ungeordnet auf dem Karton.

Weil...

... das durch die Elektrizität erzeugte Magnetfeld aufgelöst wird, wenn kein elektrischer Strom mehr fließt.

Die Elementarkräfte der Natur

Die Elektrizität und der Magnetismus sind zwei verschiedene Aspekte desselben Phänomens: des *Elektromagnetismus*. Das ist die elektromagnetische Kraft, die die Atome in den Molekülen zusammenhält. Stelle dir nur vor, wie wichtig er also ist, da doch alle Körper um uns herum aus Molekülen bestehen!

Der Elektromagnetismus ist eine der *vier Elementarkräfte der Natur*: Die anderen drei sind die *Schwerkraft*, die *starke* und die *schwache Kernkraft*.

Sortiert man die Elementarkräfte nach ihrer Stärke, steht an erster Stelle die starke Kernkraft, die die Atomkerne zusammenhält: Sie ist sehr stark, obwohl sie nicht über den Kern, also den Mittelpunkt des Atoms, hinaus wirkt. An zweiter Stelle steht die elektromagnetische Kraft, die auf die Atome in den Molekülen wirkt, an dritter Stelle kommt die schwache Nuklearkraft, die ebenfalls nur auf die Atomkerne wirkt und die Elementarteilchen zusammenhält, aus denen der Atomkern besteht.

Die Schwerkraft steht an letzter Stelle, auch wenn ihr Wirkungsradius das gesamte Universum umfasst!

Auch elektrischer Strom kann ein Magnetfeld erzeugen.

Woraus besteht ein Elektromagnet?

AUF KOMMANDO MAGNETISCH

Was du brauchst

- eine 4,5-Volt-Batterie
- ein Stückchen Holz
- zwei Reißnägel aus Metall
- eine Büroklammer
- Kupferdraht
- einen großen Eisennagel
- Klebeband
- eine Dose mit Stecknadeln
- eine Schere

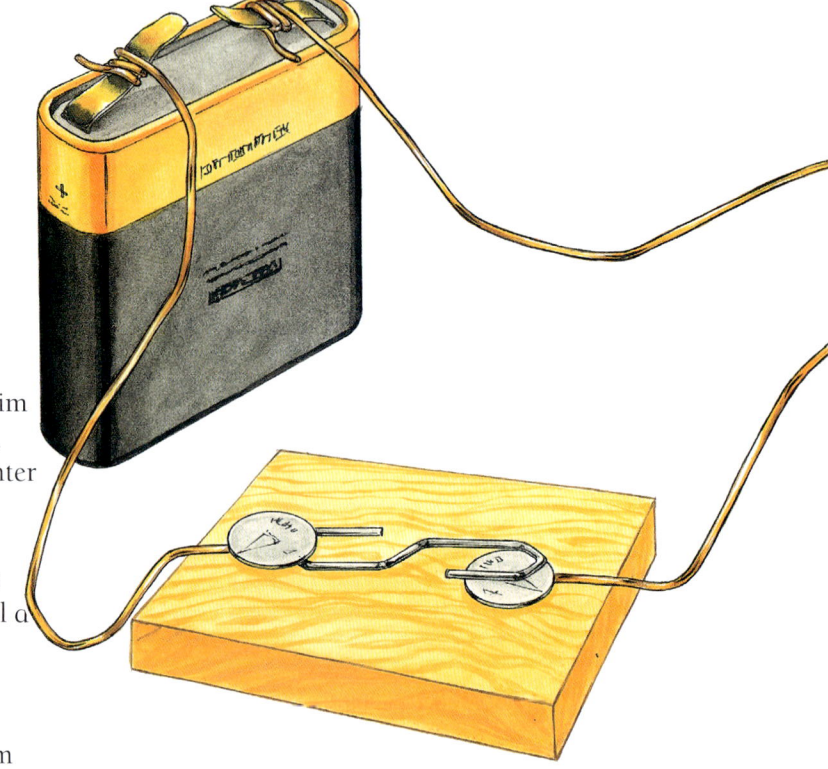

Wie du vorgehst

1 Baue einen Schalter: Stecke die Reißnägel im Abstand von 2 cm zueinander in das Holz, biege die Büroklammer auf und schiebe sie unter einen der Reißnägel.

2 Schneide von dem Draht ein 15 cm langes Stück ab, verbinde ein Ende mit einem Pol der Batterie und das andere Ende unter einem Reißnagel des Schalters.

3 Schneide von dem Draht noch in 60-70 cm langes Stück ab und wickle es mindestens 10 Mal um den Nagel.

4 Befestige ein Ende des Drahtes am freien Pol der Batterie und stecke das andere Ende unter den freien Reißnagel des Schalters.

5 Schließe den Stromkreis, indem du die Reißnägel mit Hilfe der Büroklammer verbindest.

6 Halte die Spitze des Nagels über die Stecknadeldose.

Was passiert?

Die Stecknadeln werden von dem Nagel nicht angezogen.

7 Unterbrich den Stromkreislauf mit dem Schalter und wickle den Draht ganz eng weiter um den Nagel, insgesamt etwa 100 Mal (du kannst ihn mit Klebeband befestigen wenn nötig); verbinde nun den Draht wieder mit Batterie und Schalter.

8 Schließe den Stromkreislauf und halte den Nagel wieder über die Stecknadeldose.

Was passiert?

Der Nagel zieht die Stecknadeln an.

Weil...

... die Intensität des erzeugten Magnetfelds um so größer ist, je öfter der Draht um den Nagel gewickelt ist: Dieser verhält sich nun wie ein Magnet.

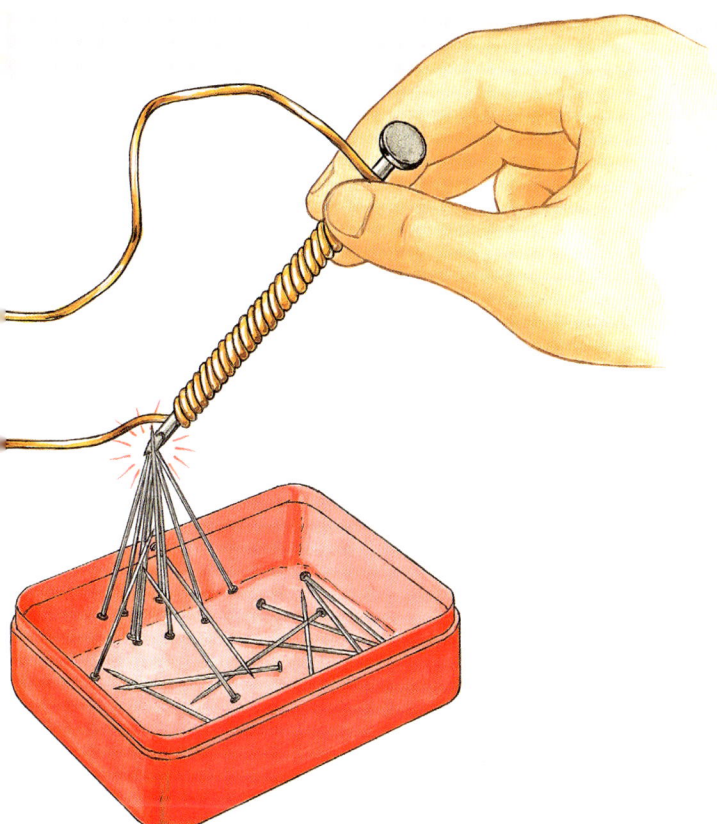

9 Unterbrich den Stromkreislauf mit dem Schalter.

Was passiert?

Die Nadeln fallen herunter.

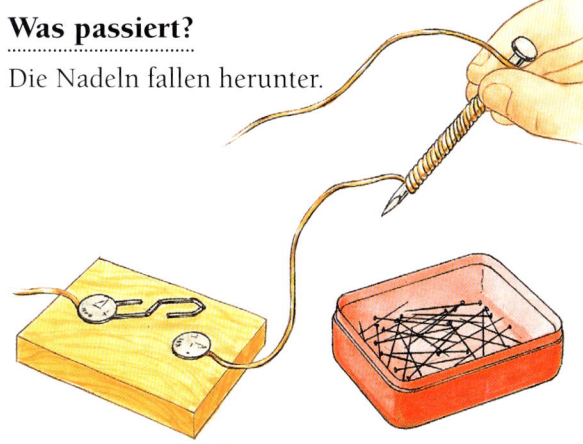

Weil...

... das Magnetfeld verschwindet und der Nagel sich entmagnetisiert, sobald der Stromkreislauf unterbrochen wird. Wäre der Nagel dagegen aus Stahl, könnte er seine Magnetkraft auch beibehalten, wenn kein Strom mehr fließt.

Die Erfindung des Telegrafen

Der Telegraf, der 1837 von Samuel Morse erfunden wurde, war eine der ersten revolutionären Erfindungen auf der Grundlage des Elektromagnetismus. Im Telegrafen von Morse wird ein Schreibkopf von einem durch Strom betriebenen Elektromagneten angezogen. Wenn der Strom nur kurz fließt, erscheint auf dem Papier ein Punkt, ist der Stromfluss lang, erscheint ein Strich. Morse entwickelte ein Alphabet aus Punkten und Strichen, das die Übertragung und Lesbarkeit von Botschaften ermöglichte. Auf diese Weise war es ihm möglich, über eine Distanz zu kommunizieren, die über die Sichtweite hinausging: Für die Kommunikation durch Lichtsignale, Rauchsignale oder Signalflaggen mussten sich Sender und Empfänger relativ nah sein. Mit dem Telegrafen begann das Zeitalter der Kommunikation über weite Entfernungen.

Der Elektromagnet ist ein Gegenstand aus Metall, der magnetische Eigenschaften annimmt, wenn elektrischer Strom hindurch fließt.

Kann Elektromagnetkraft einen Motor antreiben?

EIN EINFACHER MOTOR

Was du brauchst

- zwei Stabmagneten mit gekennzeichneten Polen
- eine Spule
- einige Meter Kupferdraht
- drei Stücke isolierten Schaltdraht
- einen hölzernen Schaschlikspieß
- zwei Reißnägel aus Metall
- ein Stückchen Holz
- eine Büroklammer
- zwei Gummibänder
- vier große Flaschenkorken
- zwei Zwischenlegscheiben aus Stahl
- eine 9-Volt-Batterie
- Klebeband

Wie du vorgehst

1 Wickle den Draht der Länge nach viele Male sehr dicht und fest um die Spule, die Drahtenden bleiben frei; befestige den Draht mit den beiden Gummibändern.

2 Stecke den Holzspieß durch die Löcher der Spule, wobei der Draht möglichst wenig verschoben werden sollte; schiebe über jedes Ende des Spießes eine Zwischenlegscheibe und befestige daran die Drahtenden.

3 Klebe die Magnete mit Klebeband auf zwei Korken und platziere sie so, dass sie sich mit unterschiedlichen Polen gegenüberliegen. Lege dazwischen die anderen Korken, auf denen du die Enden des Spießes mit Klebeband befestigst.

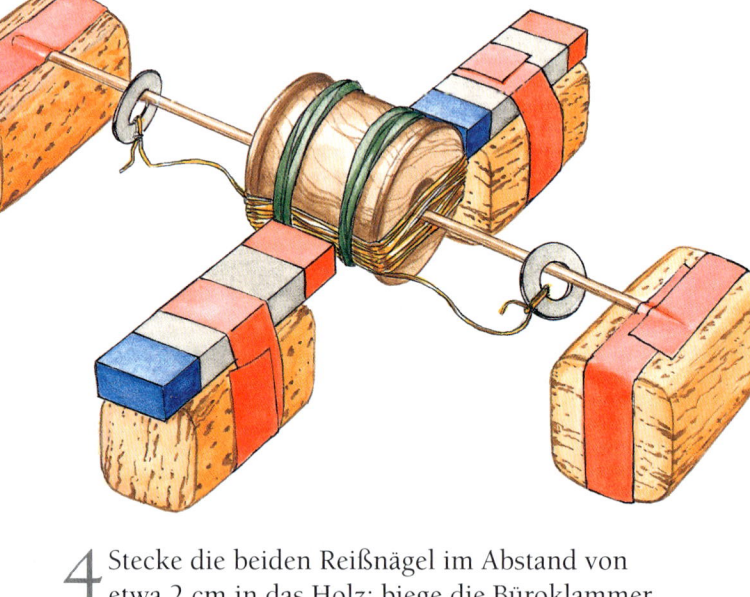

4 Stecke die beiden Reißnägel im Abstand von etwa 2 cm in das Holz; biege die Büroklammer auf und schiebe ein Ende unter einen Reißnagel, so dass man sie noch drehen und die Reißnägel miteinander verbinden kann: Das ist dein Schalter.

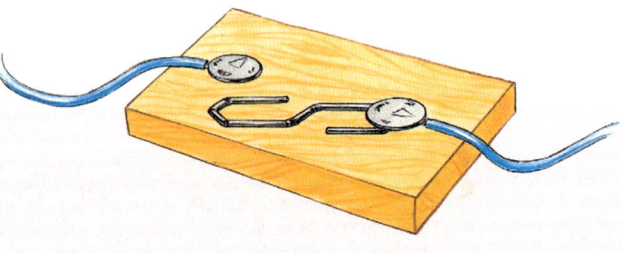

5 Mache mit den Stücken des Schaltdrahts, die offene Enden haben müssen, Folgendes: Verbinde mit dem ersten einen Pol der Batterie und eine Stahlscheibe, mit dem zweiten die andere Scheibe mit einem Reißnagel und mit dem dritten den anderen Reißnagel mit dem übrigen Pol der Batterie.

6 Schließe den Stromkreislauf mit dem Schalter, indem du die Reißnägel mit der Büroklammer verbindest.

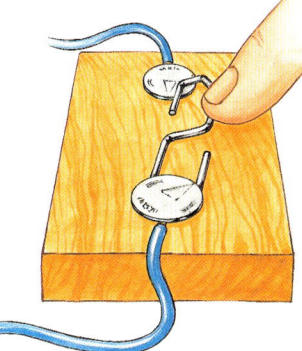

Was passiert?

Die Spule dreht sich ruckartig.

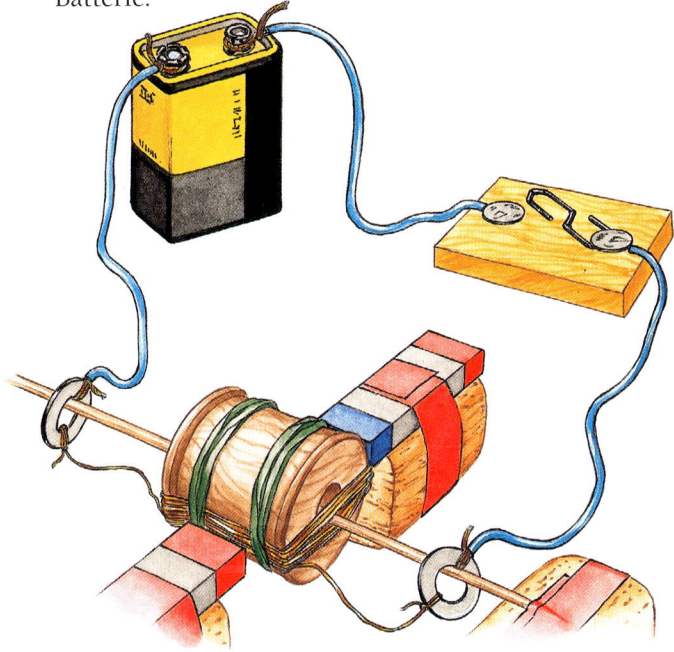

Weil...

... die beiden Magnete ein Magnetfeld erzeugen, das vom positiven Pol des einen zum negativen Pol des anderen Magneten reicht. Wenn du den Stromkreislauf schließt, entsteht um den Draht ein zweites Magnetfeld. Die beiden Felder ziehen sich an und stoßen sich ab, so dass sich der um die Spule gewickelte Draht abwechselnd nach oben und nach unten bewegt.

Elektrizität durch Magnetismus

Die Verbindung zwischen Elektrizität und Magnetismus ermöglicht nicht nur die Aktivierung von Magnetfeldern durch elektrischen Strom, sondern umgekehrt auch die Stromerzeugung durch einen Magneten.
Dies ist der Fall beim Dynamo eines Fahrrads, der die mechanische Energie des sich bewegenden Rades nutzt, um die elektrische Energie zu erzeugen, die für das Fahrradlicht benötigt wird. Die Bewegung des Rades wird an den Drehkopf des Dynamos weitergeleitet, der sie nutzt, um einen Magneten in einer dichten Kupferdrahtspirale in Bewegung zu versetzen. Im Kupfer entsteht durch das vom Magneten erzeugte Magnetfeld ein elektrischer Strom, der an die Lampe weitergeleitet wird, die dann leuchtet. Die Lichtstärke hängt von der Fahrgeschwindigkeit ab.

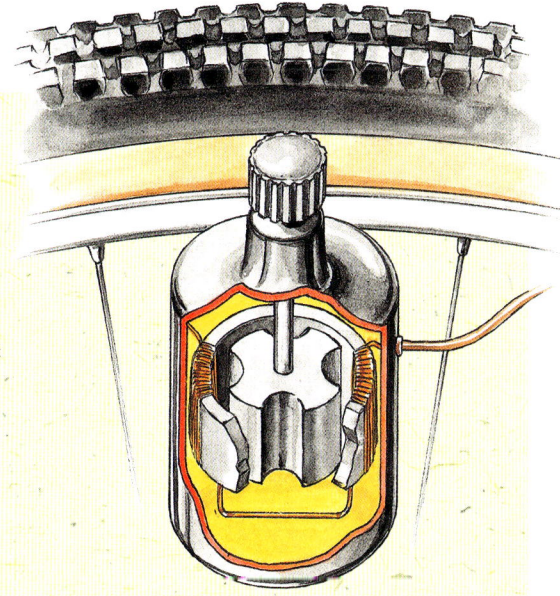

Elektromotoren funktionieren dank der Verbindung von Elektrizität und Magnetismus.

Hat auch ein Elektromagnet zwei Pole?

VERÄNDERTER FLUSS

Was du brauchst

- einen großen Eisennagel
- einen Stabmagneten mit gekennzeichneten Polen
- eine 4,5-Volt-Batterie
- Kupferdraht
- eine Nadel
- ein Stück Kork
- Klebeband
- eine Schüssel
- Wasser
- Temperafarbe

Wie du vorgehst

1 Magnetisiere die Nadel, indem du mit einem Pol des Magneten 40 Mal daran entlangstreichst, immer in die gleiche Richtung. Ermittle durch die Anziehung zwischen Magnet und Nadel deren Nordpol und male ihn rot an.

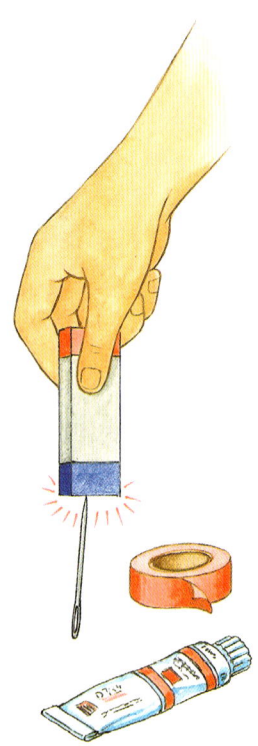

2 Klebe die Nadel mit Klebeband auf den Kork, fülle die Schüssel mit Wasser und lege das Korkstück hinein.

3 Baue einen Elektromagneten wie in den vorhergegangenen Experimenten beschrieben: Wickle den Draht um den Nagel und verbinde die Enden mit der Batterie.

4 Halte den Nagel erst an das eine, dann an das andere Ende der Nadel.

Was passiert?

Ein Ende der Nadel wird angezogen: Ist es das rote, bedeutet es, dass die Spitze des Nagels der Südpol ist, andernfalls ist es der Nordpol.

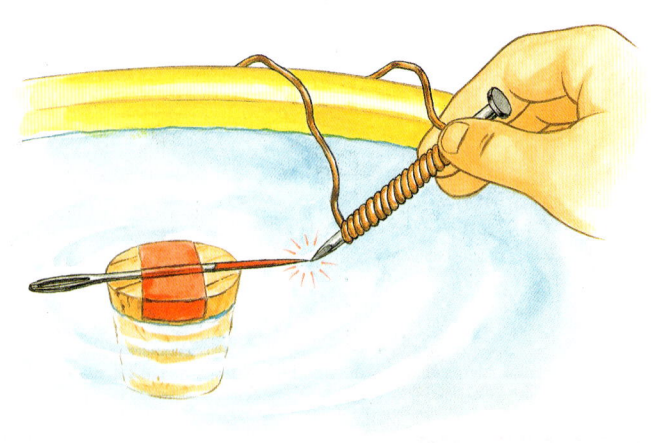

5 Entferne die Drahtenden von der Batterie und schließe sie wieder an, vertausche dabei aber die Positionen.

6 Halte die Spitze des Nagels über an das Ende der Nadel, das zuvor angezogen wurde.

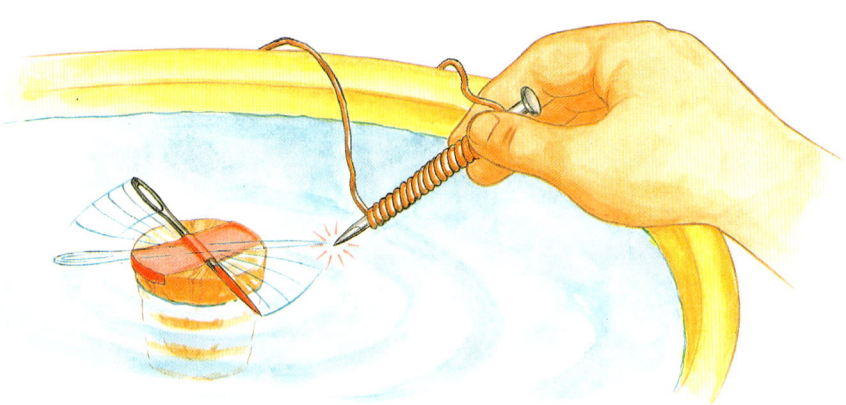

Was passiert?

Die Nadel wird abgestoßen.

Weil...

... in einem Elektromagneten die Polarität des Magnetfelds davon abhängt, in welche Richtung der Strom fließt. Wenn du die Position der Drahtenden vertauschst, änderst du auch die Richtung des Stromflusses und damit auch die Polarität des Nagels.

„Elektromagnetische" Spielsachen

Die meisten Spielsachen, die sich bewegen können, haben in sich einen kleinen elektromagnetischen Motor, der elektrische in mechanische Energie umwandelt. Der Motor besteht aus zwei Elektromagneten: einer ist fest, der andere sitzt auf einem Stift und kann sich drehen. Wenn Strom fließt, entstehen Magnetfelder, aufgrund derer der negative Pol des beweglichen Magneten sich auf den positiven Pol des festen Magneten zu bewegt, wozu er eine halbe Drehung ausführt. Die Bewegung des Motors wäre hier beendet, wenn nicht der Umschalter einsetzen würde, eine Vorrichtung, die die Richtung des Stromflusses und damit auch die Polarität der Magnetfelder umkehrt: Deshalb dreht sich der bewegliche Elektromagnet weiter, ohne stehen zu bleiben, um den entgegengesetzten Pol zu erreichen. Die Drehung des Magneten wird in Bewegungsenergie umgewandelt, die das Spielzeug dann bewegt.

Der Elektromagnet hat zwei Pole, die aber nicht festgelegt sind: Wird die Richtung des Stromflusses verändert, andert sich auch die Polarität.

163

WISSENSWERTES

Die Magnetosphäre

So heißt die Schicht der Atmosphäre, die sich jenseits von 500 Kilometern Höhe erstreckt, in der elektrisch geladene Teilchen, die von der Sonne kommen, aufgrund des Magnetfelds der Erde gefangen werden. Jenseits dieser Schicht sind die Auswirkungen des Magnetismus der Erde nicht mehr spürbar.

Die Umdrehung der Pole

Die *magnetische Inversion*, die immer noch Gegenstand wissenschaftlicher Untersuchungen ist, ist ein geophysisches Phänomen, aufgrund dessen sich die Magnetpole der Erde in regelmäßigen Abständen umkehren: Der Südpol wird zum Nordpol und umgekehrt. Diese Umkehrung findet alle 500 Millionen Jahre (magnetische Epoche), bzw. alle 4.000 bis 5.000 Jahre (magnetisches Ereignis) statt und hinterlässt Spuren in Gestein, das eisenhaltige Mineralien enthält, im speziellen in Eruptivgestein. Wenn dieses sich durch Erwärmung verhärtet, wird es magnetisiert und nach dem gerade existierenden Magnetfeld ausgerichtet.

Orientierung beim Flug

Eine der verschiedenen Vermutungen der Wissenschaftler, wie sich Zugvögel orientieren können, besagt, dass sie das Magnetfeld der Erde nutzen.

Das Polarlicht

Das Polarlicht ist eine farbige Lichterscheinung in der Ionosphäre und charakteristisch für die Polarzonen. Je nach Pol spricht man von Nordlicht oder Südlicht. Dabei erscheinen im Himmel vielfarbig leuchtende Wolken, die durch magnetische Stürme hervorgerufen werden, die Ausschleuderung elektrischer Teilchen der Sonne, die durch das Magnetfeld der Erde zu den Polen abgelenkt werden.

Magnetismus messen

Das Instrument, mit dem man die Intensität von Magnetfeldern misst, nennt man *Magnetometer*. Am weitesten verbreitet ist das klassische Magnetometer von Gauss, das die Intensität des Magnetfelds der Erde parallel zur Erdoberfläche feststellt. Es besteht aus zwei magnetischen Nadeln: eine kann je nach Veränderungen des Magnetfelds schwingen, die andere ist fest und bewirkt den Ausschlag der ersten.

Elektrizität

Was ist ein Blitz? Wie entsteht elektrischer Strom? Wozu dient ein Schalter? Wie kommt es, dass eine Lampe brennt? Die Antworten auf diese und viele andere Fragen findest du mit Hilfe der Experimente der folgenden Seiten zu diesen Themen:

Die Elektrostatik • Elektrischer Strom
Stromkreise und Schalter • Die Wirkung von Strom

Die Elektrostatik

Das Wort *Elektrizität* leitet sich von dem griechischen Wort „electron" für Bernstein ab. Die Griechen hatten nämlich herausgefunden, dass Bernstein, der über das Fell eines Schafes gestrichen wurde, fähig war, leichte Objekte anzuziehen, wie zum Beispiel Federn oder Holzspäne. Erst Ende des 17. Jahrhunderts fand man heraus, dass auch Glas „elektrisiert" werden konnte, wenn auch auf eine andere Art. Seither versuchen Wissenschaftler, alle Geheimnisse dieser mysteriösen Kraft zu enthüllen, bis hin zur Rückverfolgung des Ursprungs der Atome.
Auch du kannst die Wirkung der Elektrostatik kennenlernen und verstehen, warum du manchmal kleine Schläge an Händen, Kleidern oder Haaren spürst und warum der Donner erst nach dem Blitz zu hören ist. Die Experimente der folgenden Seiten gelingen am besten an trockenen, windigen Tagen.

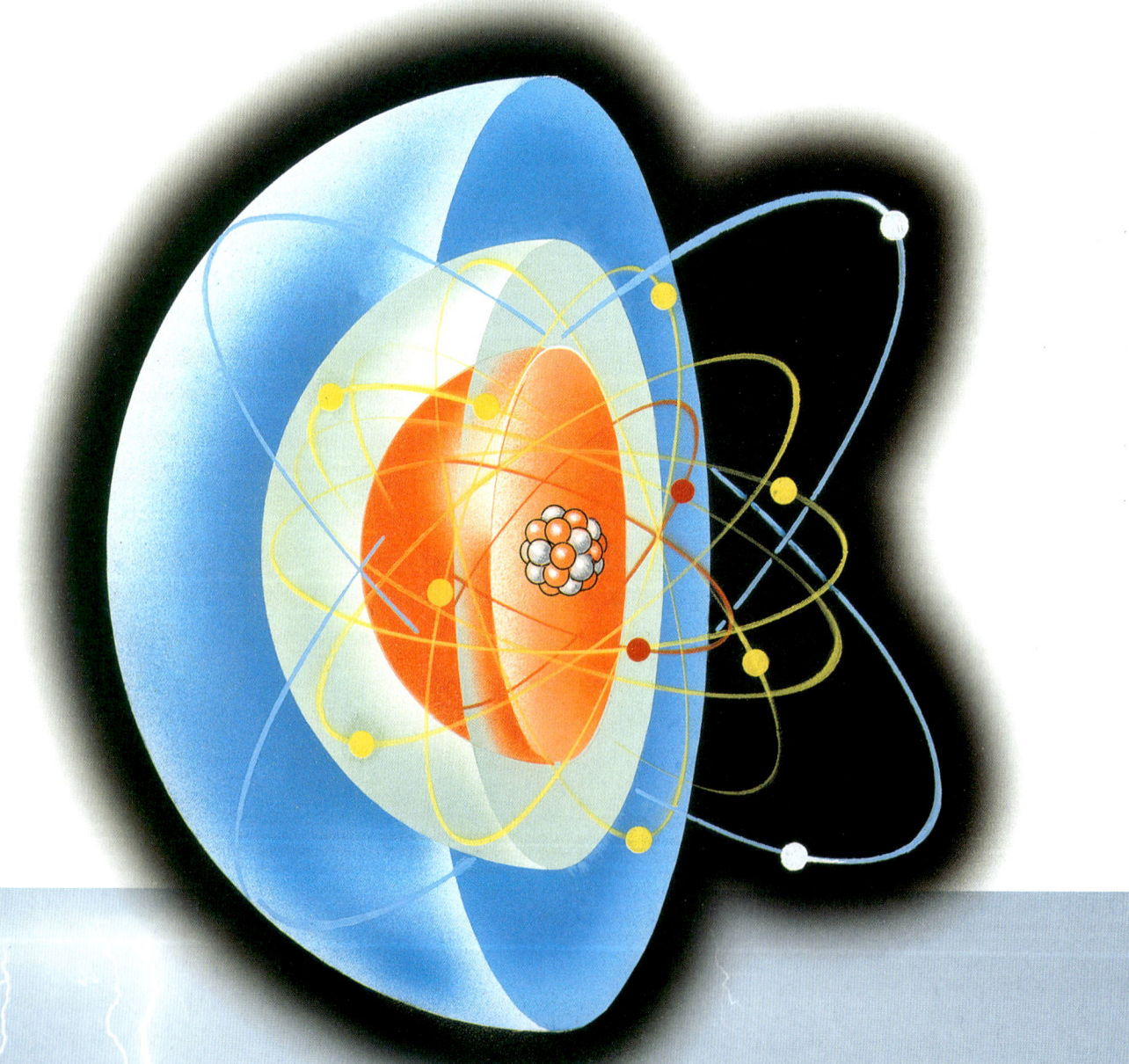

Wodurch wird ein Körper elektrisiert?

BESONDERE KRÄFTE

Was du brauchst

• einen Luftballon
• einige Bögen dünnes Papier
• eine Wand
• ein Kleidungsstück aus Wolle
• einen Wasserhahn

Wie du vorgehst

1 Blase den Luftballon auf und streiche mit dem Kleidungsstück kräftig darüber.

2 Halte den Ballon an das Papier, ohne es zu berühren.

Was passiert?

Das Papier wird angehoben und bleibt am Ballon haften.

3 Streiche erneut mit dem Kleidungsstück über den Ballon und halte ihn an die Wand.

Was passiert?

Der Ballon bleibt an der Wand haften.

4 Streiche noch einmal über den Ballon und halte ihn an den Wasserstrahl aus dem Wasserhahn.

Was passiert?

Der Wasserstrahl wird abgeleitet und folgt den Bewegungen des Ballons

Weil...

... der Ballon durch das Darüberstreichen elektrisiert wurde und die Fähigkeit erhalten hat, fast wie ein Magnet Gegenstände anzuziehen. Du kannst ihn auch einmal an deine Haare halten: Sie werden dir wie durch ein Wunder zu Berge stehen.

Der Elektronenfluss

Alle Stoffe bestehen aus winzigen Teilchen, den *Atomen*. Diese bestehen ihrerseits aus noch kleineren Teilchen, die je nach ihrer Ladung *Protonen* und *Elektronen* heißen. Protonen sind positiv geladen (durch + gekennzeichnet), Elektronen haben eine negative Ladung (durch – gekennzeichnet). Entgegengesetzte Ladungen ziehen sich an, gleiche Ladungen stoßen sich ab. Atome enthalten gleich viele Protonen und Elektronen, so dass die Ladungen sich nach außen hin neutralisieren.
Die Protonen sind zusammen mit den *Neutronen*, weitere Teilchen ohne Ladung, unbeweglich und bilden den Atomkern, die Elektronen bewegen sich ständig um diesen Atomkern. Wenn du mit der Wolle über den Ballon streichst, entfernen sich einige Elektronen aus den Atomen der Wolle und gehen in die Atome des Ballons über: Diese haben nun einen Überschuss an Elektronen und sind daher elektrisiert.

Ein Körper wird elektrisiert, wenn die Elektronen in seinen Atomen vermehrt oder vermindert werden.

Warum ziehen sich Körper an oder stoßen sich ab?

WIDERSPENSTIGE LUFTBALLONS

Was du brauchst

- zwei Luftballons
- eine Schnur
- ein Kleidungsstück aus Wolle
- ein Blatt Papier

Wie du vorgehst

1 Blase die Luftballons auf und binde sie an die Enden der Schnur.

2 Reibe das Kleidungsstück an beide Ballons.

3 Halte die Schnur in der Mitte fest und lasse die Ballons baumeln.

Was passiert?

Die Ballons entfernen sich voneinander.

4 Halte das Blatt Papier zwischen die Ballons.

Was passiert?

Die Ballons nähern sich einander.

Weil...

... Gegenstände aus dem gleichen Material die gleiche elektrische Ladung erhalten. Da gleiche elektrische Ladungen sich abstoßen, entfernen sich die Ballons, die beide negativ geladen sind, voneinander. Das Papier, das nicht elektrisiert ist, hat gleich viele Elektronen wie Protonen: Letztere ziehen die Elektronen der Ballons an.

BEWEGLICHE TRINKHALME

Was du brauchst

- vier Trinkhalme
- ein Glasstäbchen
- ein Kleidungsstück aus Wolle
- einen Tisch

Wie du vorgehst

1 Lege zwei Trinkhalme im Abstand von 5 cm parallel auf den Tisch.

2 Reibe das Kleidungsstück an den beiden anderen Trinkhalmen, lege einen davon quer über die ersten beiden und nähere ihm den übrigen Trinkhalm mal von rechts, mal von links, doch ohne ihn zu berühren.

Was passiert?

Der Trinkhalm, der quer über den anderen liegt, rollt von einer Seite zur anderen, als würde er von dem elektrisierten Trinkhalm angestoßen.

3 Wiederhole dies mit dem Glasstäbchen, das du vorher an dem Kleidungsstück reibst.

Was passiert?

Der Trinkhalm rollt auf das Glasstäbchen zu und folgt ihm auch, wenn du es entfernst.

Weil...

... das Plastik sich negativ lädt, während das Glas durch das Reiben an der Wolle positiv geladen wird. Die beiden Plastiktrinkhalme stoßen sich ab, weil sie die gleiche Ladung haben, das Glas und das Plastik dagegen ziehen sich an.

168

EIN ZAUBERSTAB

Was du brauchst

- einen Trinkhalm
- ein quadratisches Stück dünnes Papier
- einen Zahnstocher
- ein Kleidungsstück aus Wolle
- einen Radiergummi
- eine Schere

Wie du vorgehst

1 Falte das Papier so, dass du vier gleichgroße Quadrate erhältst, schneide es ein
wie im Bild, so dass sich ein Stern ergibt.

2 Stecke den Zahnstocher in den Radiergummi und lege den Mittelpunkt des
Sterns auf die freie Spitze des Zahnstochers.

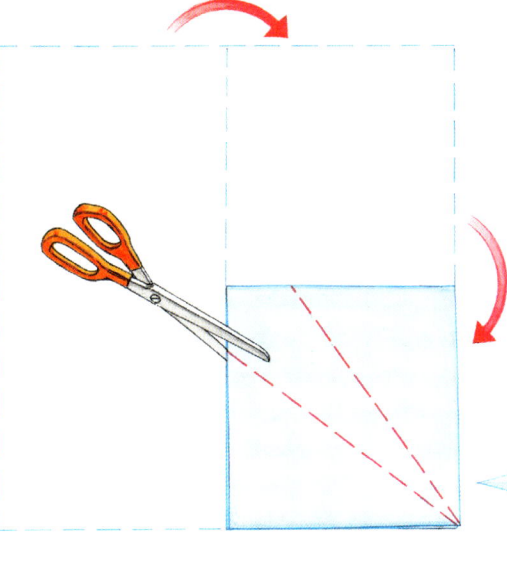

Was passiert?

Der Stern dreht sich mit der Bewegung des
Trinkhalms.

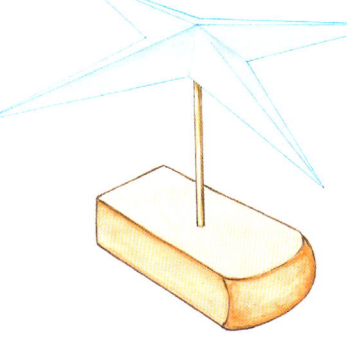

3 Reibe den Trinkhalm an
dem Kleidungsstück und
bewege ihn kreisförmig über
dem Stern.

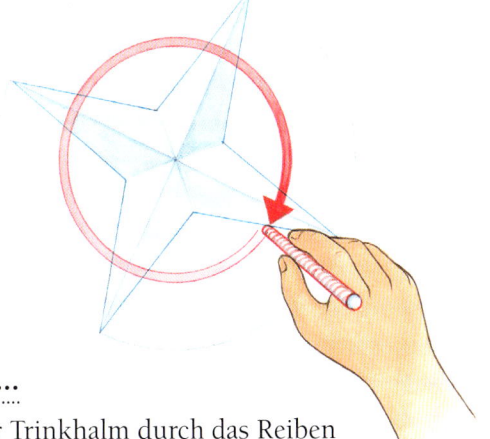

Weil...

... der Trinkhalm durch das Reiben
an der Wolle negativ geladen ist und
die Fähigkeit hat, die Protonen des
Papiers anzuziehen: deshalb folgt der Stern
der Bewegung des Trinkhalms

**Es gibt positive und negative elektrische Ladungen:
Gleiche Ladungen stoßen sich ab,
unterschiedliche ziehen sich an.**

Wie wird die Ladung eines Körpers bestimmt?

DIE LADUNG ENTHÜLLEN

Was du brauchst

- Gegenstände aus verschiedenen Materialien (Plastik, Metall, Holz, Papier)
- einen Stift aus Plastik
- ein Glasstäbchen
- Faden
- ein Baumwollkleidungsstück
- ein Kleidungsstück aus Seide
- un Kleidungsstück aus Wolle
- ein Stück Pelz

Wie du vorgehst

1 Hänge mit Hilfe des Fadens den Stift und das Glasstäbchen in großer Entfernung voneinander auf.

2 Reibe das Kleidungsstück aus Wolle daran.

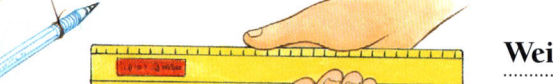

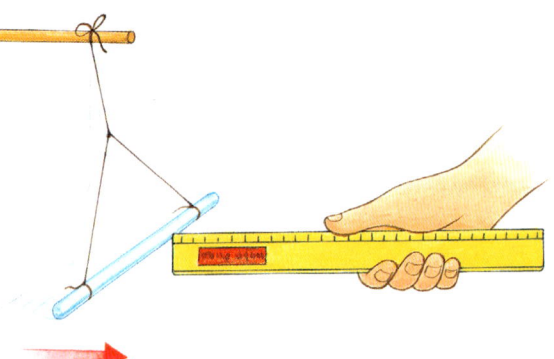

3 Reibe jeden Gegenstand an einem der Kleidungsstücke und halte ihn dann zuerst an den Stift, dann an das Glasstäbchen.

Was passiert?

Jeder der durch das Reiben elektrisierten Gegenstände zieht entweder den Stift an und stößt das Glasstäbchen ab oder umgekehrt.

Weil...

... das Plastik negativ, das Glas positiv geladen ist. Ausgehend von dieser Tatsache kannst du bestimmen, welche Ladung die Gegenstände haben: Diejenigen, die den Plastikstift anziehen und das Glas abstoßen, sind positiv geladen, diejenigen, die eine gegenteilige Wirkung haben, sind negativ geladen.

Induktion und Kontakt

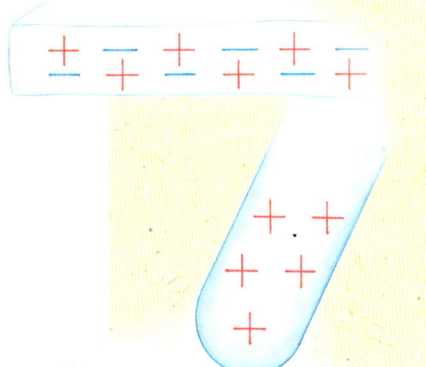

Nähern wir einen elektrisch geladenen und einen neutralen, also nicht geladenen, Gegenstand einander. Beim neutralen Körper trennen sich die Ladungen, die zuvor gleichmäßig verteilt waren (oberes Bild), weil der elektrisch geladene Körper die Teilchen mit entgegengesetzter Ladung anzieht (unteres Bild). Wenn man beide Körper voneinander entfernt, ordnen die Teilchen des neutralen Körpers sich wieder gleichmäßig an. Der neutrale Körper war durch *Induktion* vorübergehend elektrisch geladen.
Berühren wir nun einen neutralen Körper mit einem positiv elektrisch geladenen: Der elektrisierte Körper zieht die negativen Teilchen des anderen an und neutralisiert sie: die positiven Teilchen überwiegen nun in beiden Körpern. Auch diese Elektrisierung durch *Kontakt* ist vorübergehend.

BAUE EIN ELEKTROSKOP

Was du brauchst

- ein Einmachglas
- einen Korken, der das Glas luftdicht schließt
- ein Stück Eisendraht
- einen Streifen Alufolie
- ein Glasstäbchen und ein Plastikstäbchen
- ein Kleidungsstück aus Wolle

Während des Experiments darfst du den Eisendraht nicht mit den Händen berühren, um die elektrischen Ladungen nicht zu zerstreuen.

Wie du vorgehst

1 Stecke den Eisendraht so durch den Korkdeckel, dass er auf beiden Seiten ein Stück heraussteht; biege das untere Ende so wie in der Abbildung.

2 Lege den in der Mitte gefalteten Streife Alufolie über das gebogene Ende des Drahtes und schließe das Glas.

3 Reibe das Plastikstäbchen an dem Kleidungsstück und berühre damit das Drahtende, das oben aus dem Korken herausragt.

Was passiert?

Die beiden Papierflügel entfernen sich voneinander

4 Elektrisiere das Glasstäbchen mit der Wolle und nähere es dem Eisendraht.

Was passiert?

Die Flügel nähern sich einander wieder.

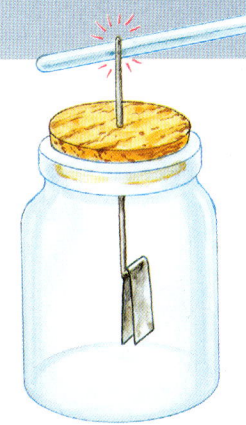

Weil…

… sich durch den Kontakt zwischen dem Plastikstäbchen und dem Eisendraht die negativen Teilchen des Plastiks durch den Draht auf die Stanniolflügel übertragen. Durch die gleiche Ladung stoßen diese sich nun ab.
Wenn man das positiv geladene Glasstäbchen an den Draht hält, neutralisieren die positiven Teilchen die negativen, und die Flügel senken sich wieder. Das gleiche passiert, wenn man den Draht erst mit dem Glas berührt und danach das Plastik in seine Nähe hält (beide elektrisiert).
Das, was du gebaut hast, nennt man *Elektroskop*, und man benutzt es, um die Art der elektrischen Ladung zu bestimmen. Wiederhole das Experiment, indem du das Elektroskop einmal negativ (durch Kontakt mit dem Plastik) und einmal positiv (durch Kontakt mit dem Glas) lädtst und elektrisierte Dinge aus verschiedenen Materialien daran hältst: Wenn die Flügel sinken, hat der Gegenstand eine umgekehrte elektrische Ladung.

Wann endet elektrische Ladung?

Im Verlauf der letzten Experimente wirst du festgestellt haben, dass die Elektrisierung eines Körpers nur kurz anhält. Das liegt daran, dass die überschüssigen Elektronen sich in der Luft oder der Unterlage des Körpers verteilen (deiner Hand zum Beispiel) und die Ladungen wieder ins Gleichgewicht bringen.

Wenn etwas die gleiche Ladung hat wie Glas, ist es positiv, hat etwas die gleiche Ladung wie Plastik, ist es negativ.

Was ist ein Blitz?

EIN KÜNSTLICHER BLITZ

Was du brauchst

- eine große flache Backform
- ein Päckchen Knetmasse
- eine Plastiktischdecke
- eine Münze
- ein dunkles Zimmer

Wie du vorgehst

1 Knete die Knetmasse und drücke sie in die Mitte der Backform, so dass sie daran haften bleibt und du die Form daran hochheben kannst.

2 Stelle die Form auf die Plastiktischdecke und reibe sie eine Minute lang kräftig in kreisenden Bewegungen über das Plastik, indem du sie an der Knetmasse anpackst.

3 Hebe die Form mit Hilfe der Knetmasse an und achte dabei darauf, dass du die Form selbst nicht mit den Händen berührst.

4 Halte in einem dunklen Zimmer die Münze an eine Ecke der Backform.

Was passiert?

Durch den Kontakt der Münze mit der Form entsteht ein Funke.

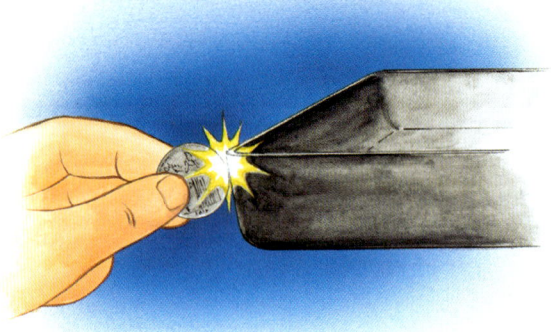

Weil…

… die Backform durch das Reiben auf dem Plastik negativ geladen ist. Indem du die Münze an die Form hältst, gehen die überschüssigen Ladungsträger schnell über die Luft von der Backform auf die Münze und auf deine Hand über (Du wirst einen kleinen Schlag gespürt haben). Die Übertragung in der Luft wurde durch den Funken sichtbar. Auf die gleiche Weise entstehen die Blitze eines Gewitters.

172

Elektrizität im Himmel

Während eines Gewitters wird der untere Teil der Wolken durch die Reibung der Luftmassen negativ geladen. Durch die Anziehung entgegengesetzter Ladung bewirken sie eine Anhäufung positiver Ladungen auf der Erdoberfläche (auf Bäumen, Häusern, Gegenständen). Wenn die elektrische Ladung der Wolken zu hoch wird, entsteht ein Blitz, eine schnelle und gewaltige Übertragung der elektrischen Ladung der Wolken auf die Erdoberfläche oder von einer Wolke auf eine andere. Der Blitz ist als Licht sichtbar und hörbar in Form des Donners: Aufgrund der Wärme, die durch den Blitz entsteht, dehnt sich die Luft plötzlich aus, und man hört lautes Getöse.

Die Erfindung des Blitzableiters

Der Blitzableiter wurde 1752 von dem Amerikaner Benjamin Franklin erfunden. Er hatte geahnt, dass ein Blitz eine enorme elektrische Entladung ist, und war überzeugt, dass Gegenstände aus Metall diese Ladung anzogen. Um die Richtigkeit seiner Vermutungen zu beweisen, baute Franklin einen Drachen mit einer Metallspitze und hängte einen Eisenschlüssel an die Drachenschnur. Er ließ den Drachen während eines heftigen Gewitters steigen, und es bestätigte sich, dass die Metallspitze die elektrische Ladung anzog und sie durch die nasse Schnur an den Schlüssel weiterleitete: Als er diesen berührte, erhielt er einen schmerzhaften Schlag!

Daraufhin erfand er das, was später zum Blitzableiter wurde: Einen Metallstab mit einer Spitze, die er in seinem Garten aufstellte, und an deren Spitze bei Gewittern viele Funken zu sehen waren; sie zog den Großteil der elektrischen Ladung an, die von den Wolken auf die Erde überging, und konnte so Schäden am Haus verhindern.

Moderne Blitzableiter sind mit einem Draht versehen, der mit der Erde verbunden ist, so dass die Ladung gleich ins Erdreich abgeleitet wird.

Der Blitz ist eine Entladung einer stark elektrisch geladenen Wolke auf die Erdoberfläche.

Elektrischer Strom

Warum nennen wir die Kraft, die wir nutzen, wenn wir das Licht anmachen, *Strom*? Eine weitere Fähigkeit der Elektrizität ist es, sich zu bewegen und durch die so genannten *Stromkreise* zu fließen. Doch warum überträgt sich Elektrizität von einem Körper auf einen anderen? Wie muss ein Stromkreis beschaffen sein? Und aus welchem Material muss er bestehen? Fließt Strom durch alle Stoffe? Bei den folgenden Experimenten kannst du ganz gefahrlos mit einfachen Batterien arbeiten, und du wirst verstehen, wie man eine so starke und gefährliche Kraft wie die Elektrizität nutzbar machen kann.

Wie entsteht elektrischer Strom?

EIN STROMKREIS

Was du brauchst

- eine 4,5-Volt-Batterie
- zwei Stücke isolierter Schaltdraht
- eine kleine Glühbirne
- eine Schere

Wie du vorgehst

1 Befreie mit der Schere die Enden des Schaltdrahtes von der Isolierung, ohne die Kupferdrähte im Inneren zu beschädigen.

2 Wickle von jedem Draht ein Ende um einen Pol der Batterie, wie es das Bild zeigt.

3 Nimm die freien Enden der Drähte und halte sie an die Birne: einen an die Seite und einen an den Fuß des Gewindes.

Was passiert?

Das Lämpchen brennt.

Weil…

… das, was du in dem Lämpchen als Lichtenergie siehst, der elektrische Strom ist, ein Fluss von elektrischen Ladungen, der von der Batterie ausgeht und dank des *Stromkreises* die Birne erreicht.

Wann bewegt sich Elektrizität?

Elektrischer Strom entsteht, wenn die überschüssigen Elektronen in einem elektrisierten Körper die Möglichkeit haben, auf einen weniger aufgeladenen Körper überzugehen. Die Batterie ist in der Lage, eine gewisse Ladungsdifferenz zwischen den Enden des Stromkreises aufrecht zu erhalten.

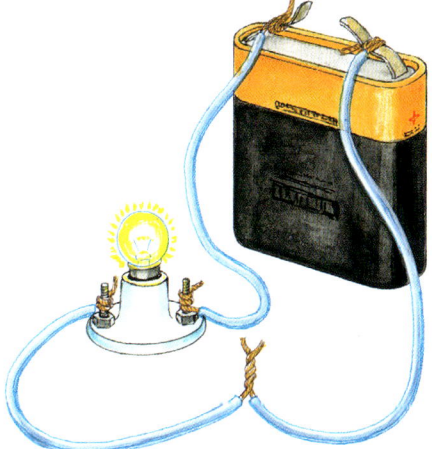

EIN GESCHLOSSENER STROMKREIS

Was du brauchst

- eine 4,5-Volt-Batterie
- drei Stücke isolierter Schaltdraht
- eine kleine Glühbirne
- eine Schere
- eine Lampenfassung

Wie du vorgehst

1 Befreie die Enden des Schaltdrahtes mit der Schere von der Isolierung (Achte darauf, dass du die Kupferdrähte nicht beschädigst!).

2 Schraube die Glühbirne in die Fassung, so dass du sie nicht in die Hand nehmen musst.

3 Verbinde die Batterie, die Drähte und die Lampenfassung, wie du es in der Abbildung siehst.

4 Verbinde die freien Enden des Schaltdrahtes miteinander und trenne sie wieder.

Was passiert?

Wenn die Drähte verbunden sind, leuchtet die Lampe, werden sie getrennt, bleibt das Licht aus.

Weil...

... der Stromkreis, durch den die Elektrizität aus der Batterie fließt, nur funktioniert, wenn er geschlossen ist. Ist der Stromkreis an einer Stelle unterbrochen, fließt kein Strom.

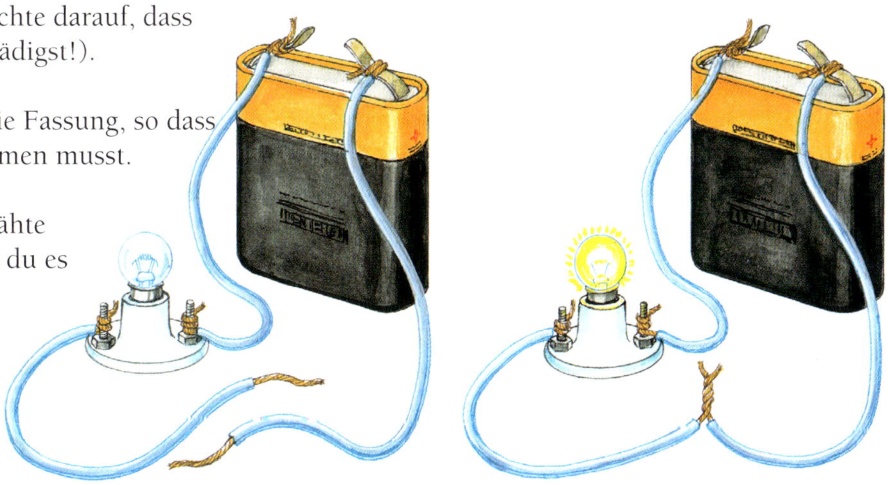

Strom fließt dann, wenn zwischen zwei Körpern mit verschiedenen Ladungen über einen Stromkreis Ladungen hin- und hertransportiert werden.

175

Fließt Strom durch alle Stoffe?

LEITET ES ODER NICHT?

Was du brauchst

- eine 4,5-Volt-Batterie
- eine 5-Volt-Batterie, die mit einer Lampenfassung verbunden ist
- drei Stücke isolierter Schaltdraht (mit freigelegten Enden)
- zwei kleine Winkel aus Metall
- zwei Schrauben
- ein Holzbrett
- einige Gegenstände, die getestet werden: ein , Nagel, ein Stück Gummi, einen Zahnstocher, ein Stück Alufolie, ein Glasstäbchen, ein Lederband einen Trinkhalm

Wie du vorgehst

1 Schraube die beiden Winkel im Abstand von 2 cm auf das Brett.

2 Stelle die Lampenfassung neben die Winkel und verbinde die Batterie, die Lampe und die beiden Winkel mit dem Schaltdraht, wie du es in der Abbildung siehst.

3 Lege einen Gegenstand nach dem anderen über die beiden Winkel.

Was passiert?

Der Nagel und die Alufolie lassen das Lämpchen brennen, alles andere nicht.

Weil…

… das Lämpchen nur brennt, wenn auf den Metallwinkeln ein Gegenstand aus einem Material liegt, durch das der Strom fließen kann, wenn der Stromkreis also geschlossen wird. Metalle sind im Allgemeinen gute *Leiter*, während Gummi, Plastik, Holz, Glas und Leder *Isolatoren* sind, die Ladungen aufhalten und sie nicht weiterfließen lassen. Isolatoren nutzt man zum Schutz vor Elektrizität: Schaltdraht zum Beispiel ist mit Plastik isoliert, damit man ihn in die Hand nehmen kann, ohne einen Schlag zu bekommen.

Isolatoren und Leiter

In leitenden Körpern können die Elektronen sich frei bewegen, weil sie nicht fest mit ihren Atomen verbunden sind. So können diese Elektronen die Ladungen von einem Ort an einen anderen transportieren.
Die Elektronen der Isolatoren dagegen sind mit ihren Atomen fest verbunden und leiten Elektrizität nicht, weil sie sich nicht bewegen können.
Die Neigung eines Körpers, Elektrizität zu leiten oder nicht, wird mit dem Begriff *Widerstand* bezeichnet: Jje kleiner der Widerstand, den ein Körper dem Strom entgegensetzt, desto besser seine Leitfähigkeit.

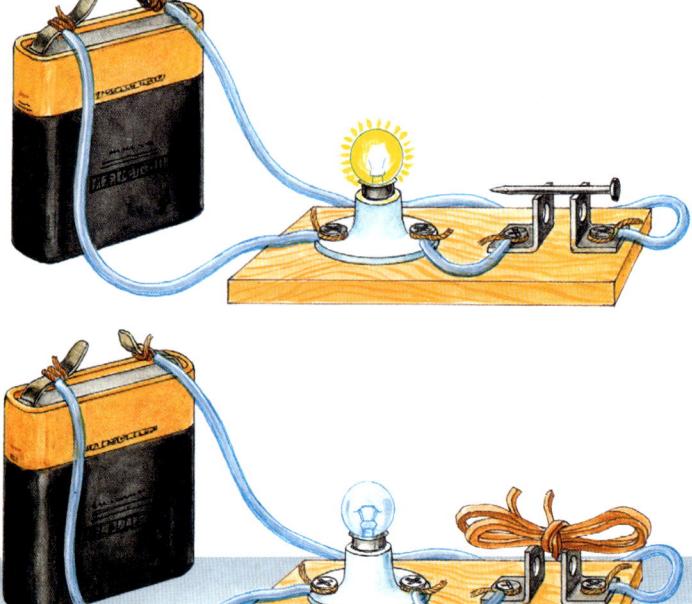

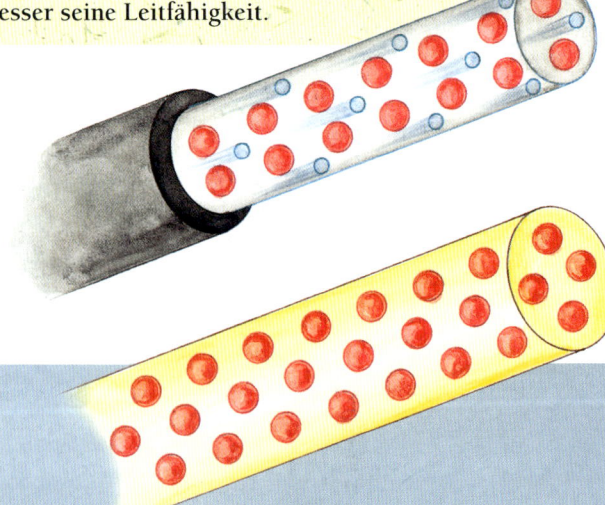

PASSENDE VERBINDUNGEN

Was du brauchst

- festen Karton
- ein Blatt Papier
- zehn Musterklammern aus Messing
- Schaltdraht
- eine Schere
- eine 4,5-Volt-Batterie
- eine kleine Glühbirne mit Lampenfassung
- Kleber
- einen Bleistift

Wie du vorgehst

1 Schneide aus dem Papier zehn Rechtecke aus: auf fünf davon schreibst du den Namen je eines Landes, auf die anderen fünf die dazugehörogen Hauptstädte; klebe die Länder auf einer Seite untereinander auf den Karton und daneben die Hauptstädte, jedoch in falscher Reihenfolge.

2 Stecke neben jedem Papierrechteck eine Musterklammer durch den Karton.

3 Schneide von dem Schaltdraht fünf Stücke ab, befreie ihre Enden von der Isolierung und verbinde auf der Rückseite die zusammengehörigen Schildchen mit einem Stück Draht (Wickle den Draht um die Flügel der Klammern).

4 Verbinde einen Pol der Batterie mit Hilfe des Schaltdrahts mit der Lampenfassung, nimm zwei weitere Stücke Draht und verbinde einen mit dem anderen Pol der Batterie, den zweiten mit dem freien Ende der Lampenfassung: die beiden anderen Enden bleiben frei.

5 Fordere einen Freund auf, mit den freien Enden des Drahtes die Klammern neben einem Land und der dazugehörigen Hauptstadt zu berühren.

Was passiert?

Wenn dein Freund richtig getippt hat, leuchtet die Lampe, andernfalls bleibt das Licht aus

Weil…

… die Klammern aus Messing sind, einem elektrischen Leiter. Wenn dein Freund mit den freien Drahtenden zwei Klammern berührt, die auf der Rückseite miteinander verbunden sind, schließt sich der Stromkreis, und das Lämpchen brennt. Wenn die Drahtenden zwei Klammern berühren, die nicht verbunden sind, bleibt der Stromkreis unterbrochen, und das Licht bleibt aus.

Einige Materialien, so genannte Leiter, ermöglichen den Stromfluss; andere Materialien, die Isolatoren, verhindern ihn.

Leitet Wasser Strom?

UNTERSCHIEDLICHES VERHALTEN

Was du brauchst

- ein Gefäß aus Glas oder Plastik
- zwei Klemmen
- Schaltdraht
- eine Batterie
- eine Glühbirne
- destilliertes Wasser
- Salz
- eine Schere

Wie du vorgehst

1 Fülle das Gefäß mit destilliertem Wasser.

2 Schneide von dem Draht drei Stücke ab, befreie die Enden von der Isolierung und verbinde die Batterie und die Klemmen wie auf dem Bild.

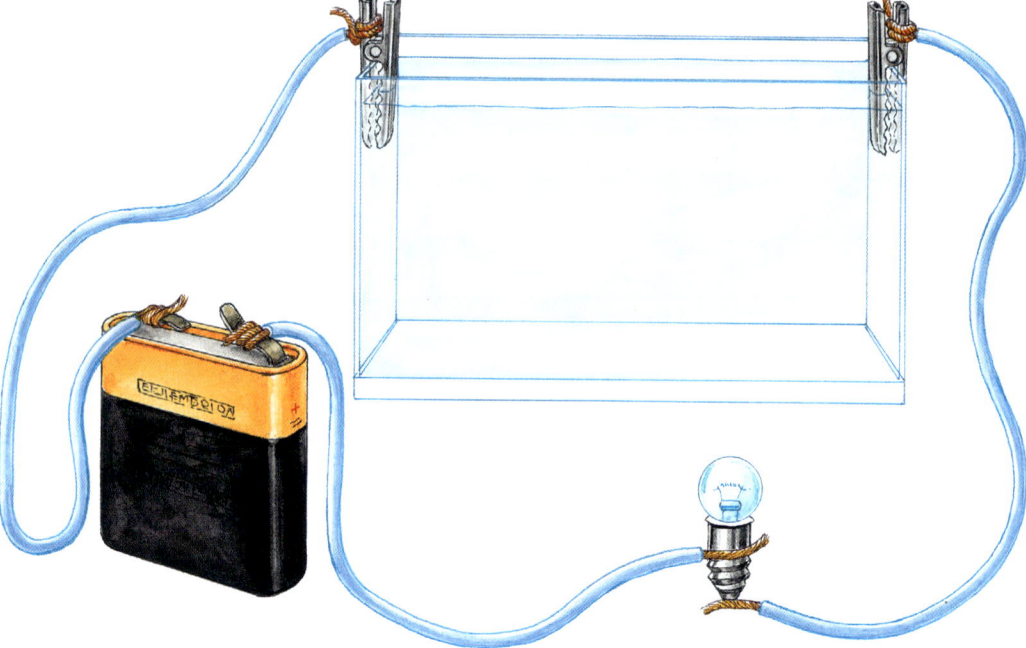

3 Befestige die Klemmen am Rand des Gefäßes, so dass sie das Wasser berühren.

4 Verbinde die freien Drahtenden mit der Lampe, indem du mit dem einen den Fuß und mit dem anderen die Seite des Gewindes berührst.

Was passiert?

Das Lämpchen brennt nicht.

Gefahren der Elektrizität

Du weißt sicher, dass man Schalter oder laufende elektrische Geräte nicht mit nassen Händen oder mit nackten Füßen auf nassem Boden berühren darf. Das Wasser in unseren Haushalten ist nicht destilliert und daher ein guter Leiter: Über das Wasser könnte der Strom dich auf gefährliche Weise treffen.

5 Gib etwas Salz ins Wasser und halte die Drähte noch einmal an das Lämpchen.

Was passiert?

Das Lämpchen brennt.

Weil…

… destilliertes Wasser ein Isolator ist, also keinen elektrischen Strom leitet. Gibt man jedoch Salz dazu, wird es ein Leiter: Wenn das Salz sich auflöst, trennen sich die elektrisch geladenen Teilchen, aus denen es besteht, und werden von den Klammern angezogen, die mit der Batterie verbunden sind. So entsteht eine Art Brücke, die den Stromkreis schließt und den Strom leitet.

Reines Wasser ist ein Isolator. Wasser, das Mineralsalze enthält, ist dagegen ein guter Leiter.

Warum ist die Position von Batterien wichtig?

AUF DIE ZEICHEN ACHTEN

Was du brauchst

- zwei 1,5-Volt-Batterien
- eine kleine Glühbirne
- zwei Stücke Schaltdraht mit freien Enden
- ein Lineal
- Klebeband

Wie du vorgehst

1 Klebe die beiden Batterien mit Klebeband an das Lineal, so dass sich der positive Pol (gegennzeichnet mit einem +) der einen und der negative Pol (gekennzeichnet mit einem –) der anderen sich berühren.

2 Klebe nun je ein Ende der Drähte an die entgegengesetzten Pole der Batterie, die du durch die Verbindung der beiden Batterien erhalten hast, und verbinde die freien Enden mit dem Lämpchen.

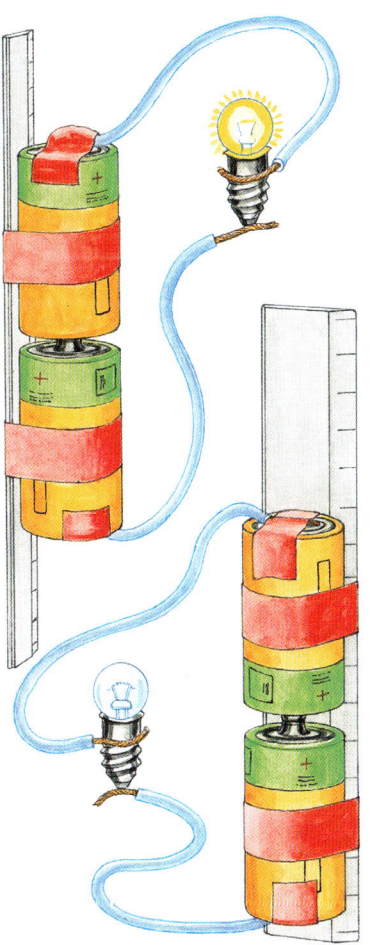

Was passiert?

Das Lämpchen brennt.

3 Ordne nun die beiden Batterien so an, dass sich die beiden positiven Pole berühren.

4 Klebe die Drähte an die äußeren Pole der „Doppelbatterie" und verbinde sie mit der Lampe.

Was passiert?

Das Lämpchen brennt nicht.

Weil...

...die Elektronen bei elektrischem Strom immer vom negativen zum positiven Pol der Batterie fließen. Das Gleiche geschieht, wenn zwei Batterien miteinander verbunden sind: Die Elektronen wandern vom negativen Pol der einen zum positiven Pol der anderen Batterie.

Wenn die Elektronen, die aus den beiden negativen Polen austreten, sich gegeneinander bewegen, entsteht kein Strom. Nun weißt du auch, warum eine Taschenlampe oder ein Spielzeug nicht funktioniert, wenn die Batterien nicht richtig herum eingesetzt werden.

Die Erfindung von Alessandro Volta

Die erste elektrische Batterie wurde von Alessandro Volta Ende des 18. Jahrhunderts gebaut. Sie bestand aus vielen Zink- und Kupferscheibchen, die durch Stoffscheibchen voneinander getrennt waren, die zuvor mit einer Lösung aus Wasser und Schwefelsäure getränkt worden waren. Die Scheibchen wurden vertikal aufeinandergeschichtet. Indem er mit Kupferdraht die erste Zinkscheibe mit der letzten Kupferscheibe verband, erhielt Volta einen geschlossenen Stromkreis aufgrund der chemischen Reaktionen zwischen Kupfer, Zink und Schwefelsäure. Der Stromkreis wurde erst unterbrochen, wenn die Schwefelsäure aufgebraucht war. So entdeckte er, dass ein Stromfluss entsteht, wenn zwei verschiedene Leiter richtig miteinander verbunden werden.

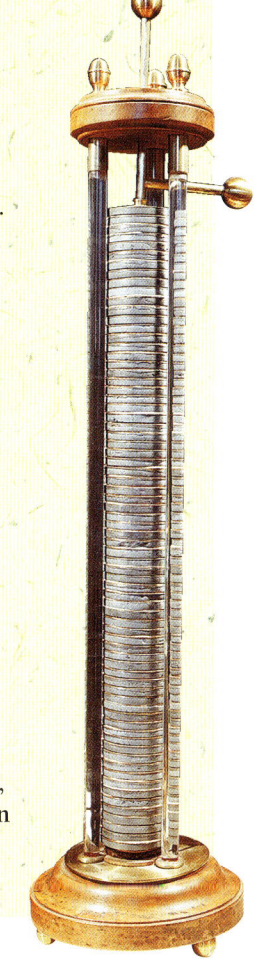

Von Batterien erzeugter Strom fließt nur zwischen entgegengesetzten Polen.

Stromkreise und Schalter

Den Fernseher, den Computer oder den Haartrockner ein- und ausschalten, das Licht an- und ausknipsen ... wie viele Schalter bedienen wir jeden Tag? Was passiert hinter diesen Knöpfen, die wir drücken? Der Schalter ist eine ganz einfache Vorrichtung, ohne die wir nicht mehr auskommen können! Er bildet eine kleine Brücke, die einen unterbrochenen Stromkreis wieder verbindet und elektrische Geräte dann funktionieren lässt, wenn wir sie brauchen.
In den nächsten Experimenten kannst du versuchen, selbst einen Schalter zu bauen.

Reicht ein Stromkreis für mehrere Lampen aus?

VERSCHIEDENE STROMKREISE

Was du brauchst

- zwei 4,5-Volt-Batterien
- vier Lämpchen mit Lampenfassung
- Schaltdraht
- eine Schere (Denke daran, dass du jedesmal am Anfang die Plastikumhüllung an den Enden des Drahtes entfernen musst!)

Wie du vorgehst

1 Verbinde ein Lämpchen mit einer Batterie und beobachte die Intensität des Lichts.

2 Verbinde zwei Lämpchen mit derselben Batterie, wie du es in der Abbildung siehst.

Was passiert?

Die Lämpchen leuchten weniger stark.

Weil...

... die Lämpchen sich die gleiche Energie „teilen", die erst durch das eine, dann durch das andere fließt. Was du gebaut hast, ist eine *Serienschaltung*: Nimmst du ein Lämpchen weg, ist der Stromkreis unterbrochen, und auch das zweite Lämpchen geht aus.

3 Verbinde ein Lämpchen mit den Polen der zweiten Batterie und verbinde eine weitere Lampe mit der ersten, wie es die Abbildung zeigt.

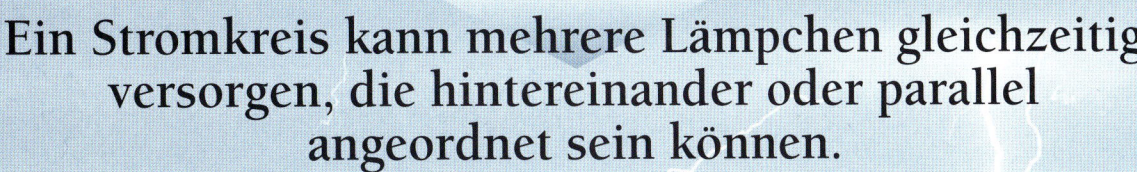

Was passiert?

Die Lämpchen leuchten ebenso intensiv wie das einzelne Lämpchen.

Weil...

... jedes Lämpchen mit einem eigenen Stromkreis ausgestattet ist und direkt von der Batterie versorgt wird. Diese Art von Stromkreis nennt man *Parallelschaltung*: Nimmt man ein Lämpchen weg, brennt das andere trotzdem weiter, weil sein Stromkreis nicht unterbrochen wird.

Der Kurzschluss

Wenn Strom nicht gut kontrolliert wird, können Schäden oder gefährliche Situationen entstehen; am bekanntesten ist der Kurzschluss. Würdest du von beiden Drähten, die ein Lämpchen mit der Batterie verbinden, an einer Stelle die Isolierung entfernen und diese Stellen miteinander in Kontakt bringen, könntest du Funken sprühen sehen, und das Lämpchen ginge aus.

Wenn es zum Kontakt kommt, fließt der Strom nicht weiter bis zum Lämpchen, sondern kehrt direkt zur Batterie zurück. Da der Strom auf seinem nun kürzeren Stromkreis auf keinen Widerstand trifft, nimmt seine Intensität zu, und er produziert viel Wärme.

Bei den Elektroinstallationen von Häusern kann ein Kurzschluss Brände oder schwere Schäden an der Installation selbst hervorrufen. Um das zu vermeiden, benutzt man Sicherungen, die im Fall einer übermäßigen Intensität des Stroms schmelzen und auf diese Weise den Stromkreis unterbrechen.

Ein Stromkreis kann mehrere Lämpchen gleichzeitig versorgen, die hintereinander oder parallel angeordnet sein können.

181

Wozu braucht man einen Schalter?

EINE VORRICHTUNG ZUM ANSCHALTEN

Was du brauchst

- ein Holzbrett
- zwei Reißnägel aus Metall
- eine Büroklammer aus Metall
- drei Stücke isolierter Schaltdraht mit freien Enden
- eine Glühbirne mit Lampenfassung
- eine 4,5-Volt-Batterie

Wie du vorgehst

1 Stecke die beiden Reißnägel im Abstand von 3 oder 4 cm in das Holzbrett.

2 Stecke unter jeden Reißnagel das Ende eines Drahtes; verbinde die Enden der beiden Drähte und das dritte Stück Draht mit der Batterie und dem Lämpchen, wie du es in der Abbildung siehst.

3 Biege die Büroklammer auf und schiebe ein Ende unter einen Reißnagel.

4 Drehe das andere Ende der Büroklammer so, dass es den zweiten Reißnagel berührt, und drehe es wieder zurück.

Was passiert?

Wenn die Büroklammer beide Reißnägel berührt, brennt das Lämpchen. Wenn die Büroklammer in die Ausgangsposition gedreht wird, ist der Stromkreis unterbrochen, und das Lämpchen geht aus.

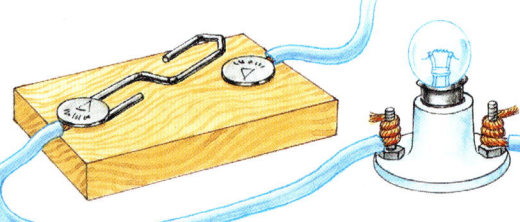

Weil...

... die Büroklammer aus Metall besteht, einem leitenden Material, und daher den Stromkreis schließt, wenn sie beide Reißnägel berührt.
Wird die Büroklammer wieder vom zweiten Reißnagel entfernt, ist der Stromkreis unterbrochen, und es kann kein Strom mehr fließen.

LICHTSIGNALE

Was du brauchst

- zwei Holzbretter
- zwei Glühbirnchen mit Lampenfassung
- acht Stücke isolierter Schaltdraht mit von der Isolierung befreiten Enden
- vier Reißnägel
- zwei Büroklammern aus Metall
- zwei 4,5-Volt-Batterien
- Papier
- einen Stift

Wie du vorgehst

1 Baue zwei Stromkreise wie die des vorigen Experiments und verbinde die beiden Lämpchen mit ziemlich langen Drähten, so dass du sie in zwei verschiedenen Zimmern aufstellen kannst.

2 Verabrede mit einem Freund einen ähnlichen Code wie das Morsealphabet: für jeden Buchstaben eine bestimmte Abfolge von kurzen oder langen Aufleuchtern der Lämpchen.

3 Schicke deinem Freund eine Botschaft aus einem anderen Zimmer; während sein Schalter geöffnet ist, bedienst du deinen: Soll das Lämpchen nur kurz leuchten, darfst du den Schalter nur ganz kurz schließen, soll es lange leuchten, muss die Büroklammer den zweiten Reißnagel etwas länger berühren.

Was passiert?

Dein Freund erhält eine Botschaft in Form von Lichtsignalen und kann dir auf die gleiche Weise antworten.

Weil...

... durch jeden Druck der Büroklammer auf den Reißnagel der Stromkreis geschlossen wird und die Lämpchen brennen; je länger der Kontakt, desto länger brennen sie.

Mit Hilfe eines Schalters kann man einen elektrischen Stromkreis je nach Bedarf schließen oder unterbrechen.

Was ist ein Umschalter?

EIN SCHALTER IN BEIDE RICHTUNGEN

Was du brauchst

- Schaltdraht
- sechs Reißnägel
- zwei Büroklammern
- eine 4,5-Volt-Batterie
- zwei kleine Holzbretter
- eine Glühbirne mit Lampenfassung

Wie du vorgehst

1 Stecke in jedes Brett drei Reißnägel, so wie du es in der Abbildung siehst.

2 Biege die Büroklammern auf und schiebe auf jedem Brett ein Ende unter einen der Reißnägel, so dass man sie drehen und die anderen Reißnägel damit berühren kann.

3 Verbinde die Schalter mit dem Schaltdraht untereinander, mit der Batterie und mit dem Lämpchen, wie du es in der Abbildung siehst.

4 Stelle die Schalter in verschiedene Positionen und beobachte, wann das Lämpchen brennt.

Was passiert?

Das Lämpchen kann mit beiden Schaltern ein- und ausgeschaltet werden.

Weil...

... das Lämpchen leuchtet, wenn beide Schalter mit dem Draht einen Stromkreis bilden, so dass der Strom zum Lämpchen fließen kann. Wenn man einen der beiden Schalter verstellt, ist der Stromkreis unterbrochen, und das Lämpchen geht aus.

Die Schalter im Haushalt

Wenn ein Zimmer zwei Türen hat, sind möglicherweise zwei Schalter zum Ein- und Ausschalten des Lichts nötig, eben in der Nähe der beiden Türen. In diesem Fall muss der Elektriker Umschalter einsetzen, wie du im letzten Experiment einen gebaut hast. Dasselbe System nutzt man, damit man das Licht in einem Treppenhaus sowohl oben als auch unten einschalten kann.

Winzige Schalter und Stromkreise

Das Innere eines Computers besteht aus komplizierten Stromkreisen, so genannten *integrierten Schaltkreisen* (siehe Foto), die auf eine einige Millimeter starke Siliziumplatine montiert werden (ein sehr leichtes und stabiles Material). Die winzigen Schalter dieser Schaltkreise heißen *Transistoren* und ermöglichen den Stromfluss von einem Stromkreis zu einem anderen, mit ihm verbundenen, Stromkreis. Man kann sich das wie Türen vorstellen, die sich öffnen und schließen, je nach den Impulsen, die wir an den Computer weitergeben. Jedes Kommando, das wir mit der Tastatur tippen, wird vom Computer in elektrische Impulse umgewandelt, die in die Schaltkreise geleitet werden. Wenn der Impuls am Transistor ankommt, speichert dieser ihn, und je nach seiner Intensität wird der benachbarte Stromkreis aktiviert oder nicht. Mittels dieser Impulsübertragung verarbeitet der Computer die Daten, die wir eingeben und liefert uns Ergebnisse. Die Transistoren sind nicht nur klein, sondern auch schnell: Sie können sich tausende vom Malen pro Minute öffnen und schließen!

Ein Umschalter ermöglicht die Öffnung und Schließung des Stromkreises an zwei verschiedenen Stellen.

Die Wirkung von Strom

Kannst du dir das tägliche Leben ohne Elektrizität vorstellen? Weißt du, wie viele Arbeiten überhaupt nur durch elektrischen Strom möglich sind? Wir nutzen Strom für die Beleuchtung, um Kälte und Wärme zu produzieren, um Motoren anzutreiben, um uns in Straßenbahnen oder Zügen fortzubewegen, zum Spielen usw. Es gibt unzählige Dinge um uns herum, die nur funktionieren, weil sie die Auswirkungen der Elektrizität nutzen. Du hast sicher schon bemerkt, dass eine Lampe heiß wird, wenn sie eine Weile brennt, aber vielleicht weißt du noch nicht, dass sich durch eine geringe elekrische Ladung einige Substanzen in andere verwandeln können, oder dass ein Stück Eisen ein Magnet werden kann. Die nächsten Experimente werden es dir beweisen!

Wie kann eine Lampe leuchten?

EIN GLÜHENDER FADEN

Was du brauchst

- ein Holzbrett
- zwei dünne Nägel
- einen Stahlfaden (du kannst ihn aus der Stahlwolle ziehen, mit der man Töpfe säubert)
- zwei Stücke Schaltdraht mit freigelegten Enden
- eine 4,5-Volt-Batterie

Wie du vorgehst

1 Befestige den Stahlfaden mit Hilfe der Nägel auf dem Holzbrett.

2 Wickle ein Stück Schaltdraht um einen Pol der Batterie und um einen Nagel; verbinde das andere Drahtstück mit den freien Pol der Batterie und berühre damit den zweiten Nagel.

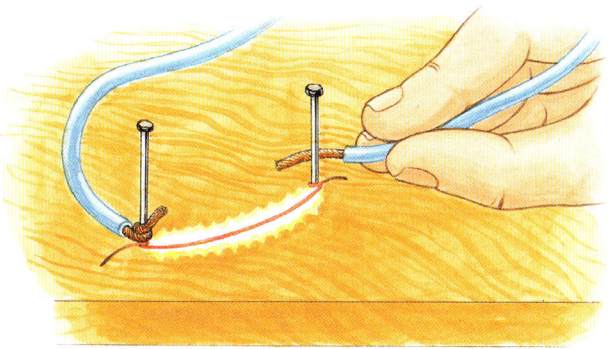

Was passiert?

Der Stahlfaden wird rot.

Weil...

... der Strom leicht durch die elektrischen Drähte fließt, es bei dem Stahlfaden jedoch viel schwerer hat, so dass der überhitzt wird und seine Farbe ändert.

SCHWINDENDE LEUCHTKRAFT

Was du brauchst

- eine 4,5-Volt-Batterie
- eine Glühbirne mit Lampenfassung
- Schaltdraht
- einen neuen Bleistift, an beiden Enden angespitzt
- Klebeband

Wie du vorgehst

1 Verbinde mit dem Draht die Lampe mit dre Batterie und beobachte die Leuchtkraft.

2 Baue den Bleistift in den Stromkreis ein, indem du den Draht mit der Mine verbindest.

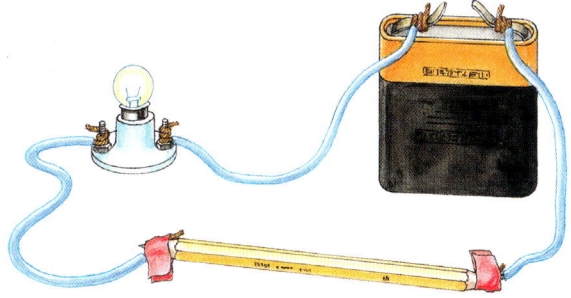

Was passiert?

Das Lämpchen leuchtet schwächer.

Weil...

... die Bleistiftmine zwar Strom leitet, ihm jedoch Widerstand entgegensetzt. Sie absorbiert so einen Teil der Energie, und die Lampe brennt schwächer.

Woraus besteht eine Glühbirne?

Im Glaskolben der Glühbirne siehstdu einen dünnen Metalldraht in Spiralform, den *Glühfaden*, der von zwei weiteren Metalldrähten gehalten wird. Der Strom dringt in die Birne ein, fließt durch die Drähte und fließt dann wieder hinaus. Doch der Glühfaden leitet den Strom nur mit Widerstand, sowohl wegen seiner Größe als auch wegen des Materials. Der Glühfaden wird dadurch überhitzt, so dass er weißes Licht abgibt.

Der Glühfaden in einer Glühbirne leitet den Strom mit Widerstand, wird dadurch überhitzt und leuchtet.

Erzeugt Elektrizität immer Wärme?

DIE WÄRME DER ELEKTRIZITÄT

Was du brauchst

- ein Quecksilberthermometer
- eine 4,5-Volt-Batterie
- einen dünnen Kupferdraht
- Klebeband

Wie du vorgehst

1 Wickle den Kupferdraht um die Spitze des Thermometers, so dass die Windungen sich gegenseitig nicht berühren und die Enden des Drahtes noch relativ lang sind; befestige den Draht wenn nötig mit dem Klebeband.

2 Verbinde die Enden des Drahtes mit den Polen der Batterie.

Was passiert?

Nach einigen Minuten steigt die Temperatur.

Weil...

... der Strom, der durch den Draht fließt, Wärme erzeugt.

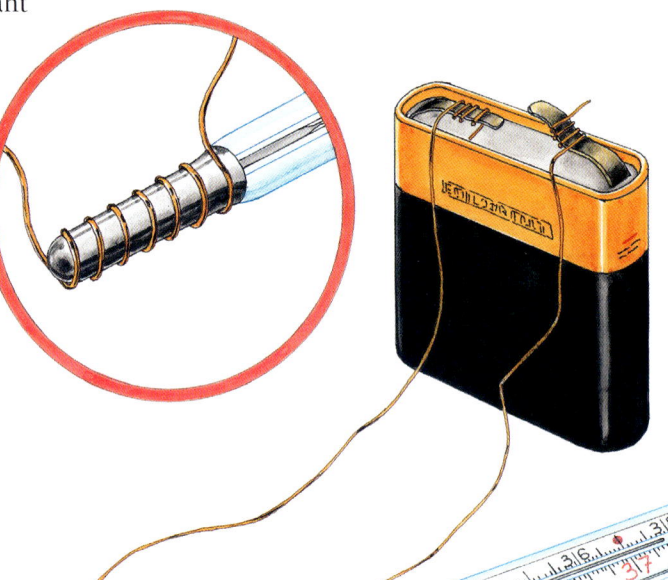

Ausnutzen der Wärmewirkung von Elektrizität

Viele elektrische Geräte des täglichen Gebrauchs haben in ihrem Inneren einen elektrischen Widerstand, der sich beim Durchfließen des Stroms überhitzt und die elektrische Energie in Wärmeenergie umwandelt. Das ist der Fall beim Bügeleisen, beim Toaster, beim elektrischen Backofen oder Herd und beim Haartrockner, um nur einige Beispiele zu nennen.

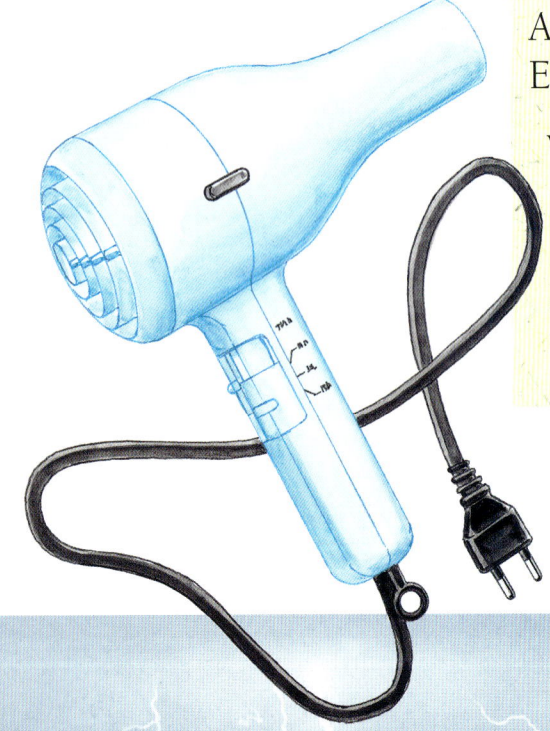

188

UMWANDLUNG VON ENERGIE

Was du brauchst

• drei 4,5-Volt-Batterien
• Schaltdraht
• ein Holzbrett mit zwei Reißnägeln
• einen Streifen Alufolie

Wie du vorgehst

1 Verbinde die Batterien wie im Bild mit den Reißnägeln im Brett (positive und negative Pole der Batterien müssen sich abwechseln).

2 Lege den Streifen Alufolie auf die beiden Reißnägel.

3 Schneide den Streifen dünner und lege ihn erneut über die Reißnägel.

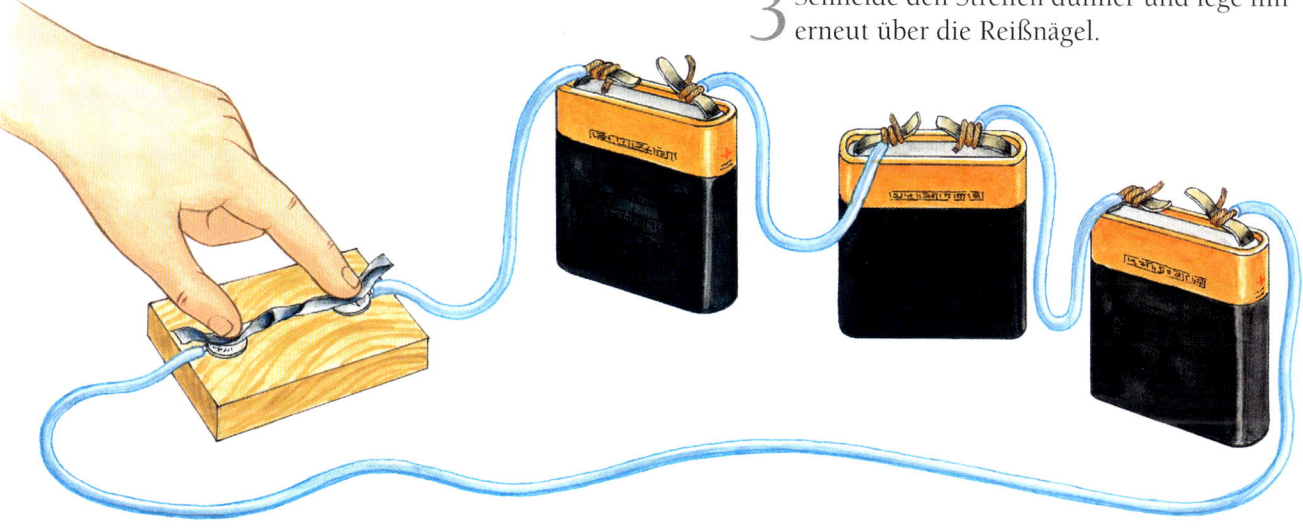

Was passiert?

Das Aluminium überhitzt sich und wird noch heißer, wenn der Streifen schmaler ist.

Weil...

... der Aluminiumstreifen einen Widerstand für den Strom darstellt und einen Teil der elektrischen Energie in Wärme umwandelt. Je schmaler der Streifen ist, desto mühsamer ist der Stromfluss, und desto mehr Wärme entsteht. Auch bei normalen Glühbirnen wird ein Teil der Energie, die durch den Glühdraht fließt, in Wärme umgewandelt, so dass man sie nicht mehr berühren kann, ohne sich die Finger zu verbrennen, wenn sie eine Weile brennt.

Ein Teil der elektrischen Energie, die durch einen Leiter fließt, wird immer in Wärme umgewandelt.

189

Wovon hängt die Intensität des Lichts ab?

VERÄNDERLICHE LICHTSTÄRKE

Was du brauchst

- eine 4,5-Volt-Batterie
- eine Glühbirne mit Fassung
- Schaltdraht
- einen Druckbleistift
- Klebeband

Wie du vorgehst

1 Verbinde mit dem Draht Batterie und Glühbirne wie in den vorigen Experimenten.

2 Öffne den Bleistift und nimm die Mine heraus.

3 Befestige das Ende eines Drahtes am Ende der Mine und streiche mit dem anderen Draht an der Mine entlang.

Was passiert?

Beim Entlanstreichen ändert sich die Lichtstärke des Lämpchens.

Weil...

... die Mine für den Strom einen Widerstand darstellt: Je länger die Mine ist, desto größer ist auch der Anteil der Energie, den sie absorbiert, und desto schwächer leuchtet das Lämpchen.

Sicherungen

Im Normalfall sind elektrische Geräte mit *Sicherungen* ausgestattet. In deren Innerem befindet sich ein dünner Draht, der schmilzt, wenn mehr Strom in einem Stromkreis fließt als dieser verkraften kann. Dadurch wird der Stromkreis unterbrochen, und es fließt kein Strom mehr. Sicherungen sind sozusagen automatische Schalter, die übermäßige Hitze in einem Stromkreis verhindern, die einen Brand verursachen könnte.

Volt und Ampere

Die elektrische *Spannung*, das heißt der Druck, mit dem elektrische Ladungen einen Leiter durchfließen, wird in *Volt* gemessen. Auf den Batterien, mit denen du experimentierst und mit denen du kleine Geräte betreiben kannst, ist immer die Spannungsstärke angegeben (1,5 V oder 4,5 V oder 9 V). Diese Batterien sind wegen ihrer geringen Spannung nicht gefährlich. Bei den Elektroinstallationen eines Hauses dagegen beträgt die Spannung 220 V und kann einen Menschen töten. Die Hochspannungsleitungen entlang der Straßen, die Strom über große Entfernungen transportieren, haben eine Spannung, die 380.000 Volt überschreiten kann.

Abgesehen von dem Druck, mit dem der Strom fließt, kann man auch die *Stromstärke* messen: Die Maßeinheit dafür ist das Ampere, das angibt, wie viele Ladungen Strom den Leiter in einer bestimmten Zeit durchfließen.

WIE EINE SICHERUNG

Was du brauchst

- drei 4,5-Volt-Batterien
- eine 2,5-Volt-Glühbirne mit Fassung
- Schaltdraht
- ein Holzbrett
- zwei Reißnägel
- einen Streifen Alufolie
- einen auf beiden Seiten angespitzen Bleistift

Wie du vorgehst

1 Verbinde die Batterien mit dem Draht, so dass positve und negative Pole sich abwechseln.

2 Stecke die beiden Reißnägel in das Holz und verbinde sie mit den beiden äußeren Batterien und der Glühbirne.

3 Verbinde nun die Reißnägel mit den Enden des Bleistifts.

Was passiert?

Das Licht der Lampe ist von mittlerer Stärke.

Weil...

... die Bleistiftmine einen Widerstand darstellt und einen Teil der Energie absorbiert.

4 Verbinde die beiden Reißnägel mit dem Streifen Alufolie.

Was passiert?

Das Licht der Birne wird intensiver, dann geht sie aus.

Weil...

... der Aluminiumstreifen die Birne direkt mit den Batterien verbindet, wie in einem parallelen Stromkreis, weshalb ihre Lichtstärke intensiver wird; doch die drei Batterien (mit 4,5 Volt) versorgen die Birne (mit 2,5 Volt) mit zu viel Strom, weshalb ihr Glühfaden schmilzt und der Stromkreis unterbrochen wird.

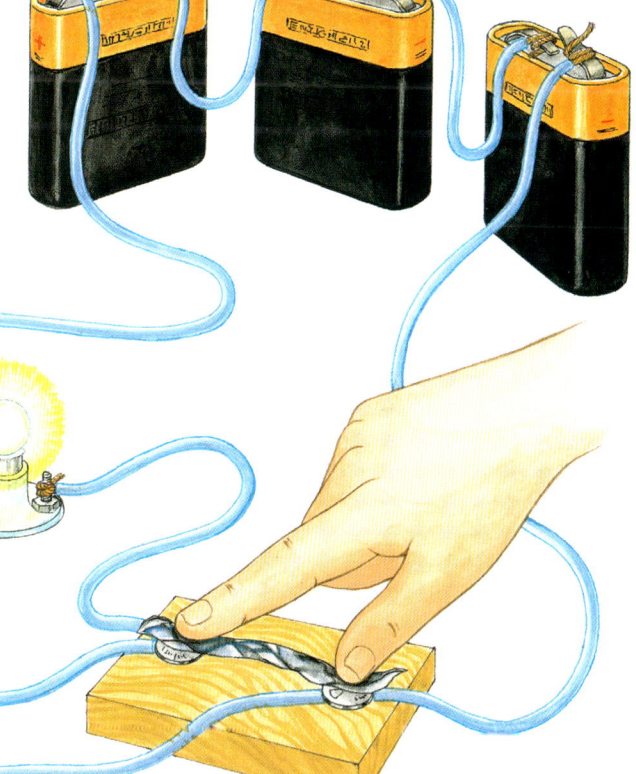

Die Lichtstärke hängt vom Druck ab, mit dem die elektrischen Ladungen die Leiter durchfließen.

Hat Strom eine magnetische Wirkung?

EINWIRKUNG VON AUSSEN

Was du brauchst

- eine Polystyrolschale
- Schaltdraht (mit freigelegten Enden)
- einen Kompass
- eine 4,5-Volt-Batterie
- Klebeband

Wie du vorgehst

1 Wickle den Draht fünf- oder sechsmal um die Schale und befestige ihn mit Klebeband.

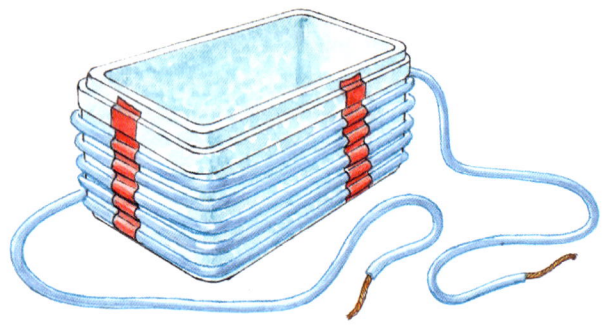

2 Befestige ein Ende des Drahtes an der Batterie.

3 Lege den Kompass in die Schale und warte, bis die Nadel stillsteht.

4 Berühre den freien Pol der Batterie mit dem anderen Drahtende.

Was passiert?

Die Kompassnadel schlägt sichtbar aus.

5 Unterbrich den Stromkreis, indem du den Draht von der Batterie entfernst.

Was passiert?

Die Kompassnadel bleibt unbeweglich.

Weil...

... die Kompassnadel ein kleiner Magnet ist, der sich nach den Polen des Magnetfelds der Erde ausrichtet. Der elektrische Strom, der bei geschlossenem Stromkreis fließt, erzeugt ebenfalls ein Magnetfeld, das die Kompassnadel bewegt. Du würdest ein ähnliches Ergebnis erhalten, wenn du einen Magneten an den Kompass halten würdest.

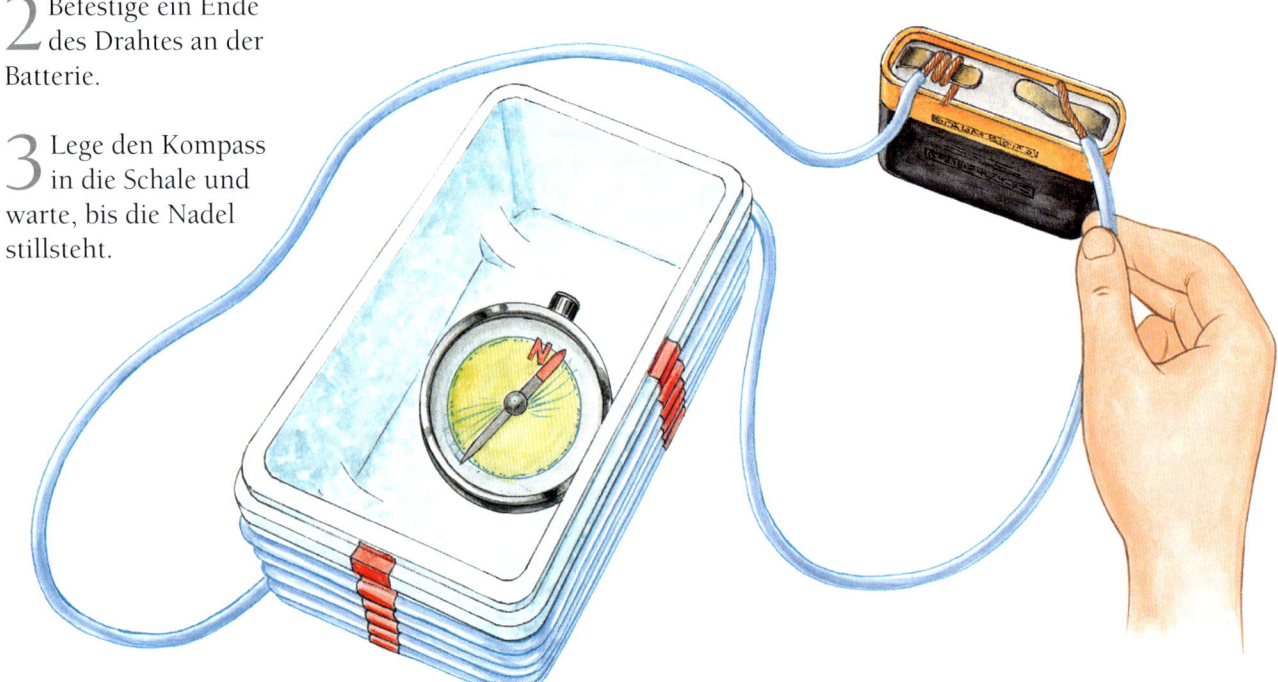

WIE EIN MAGNET

Was du brauchst

- eine Polystyrolplatte
- Schaltdraht (mit freigelegten Enden)
- eine 4,5-Volt-Batterie
- Eisenspäne (die du erhältst, wenn du ein Stück Eisen etwas feilst)
- ein Messer

Wie du vorgehst

1 Schneide mit dem Messer zwei parallele Schlitze in die Polystyrolplatte; lasse dir dabei von einem Erwachsenen helfen.

2 Wickle den Draht so um das Mittelstück zwischen den Schlitzen, dass sich eine Spirale wie in der Abbildung ergibt.

3 Streue die Eisenspäne gleichmäßig über die Polystyrolplatte.

4 Verbinde die beiden Enden des Drahtes mit der Batterie.

Was passiert?

Die Eisenspäne ordnen sich um die Schlitze in der Platte an.

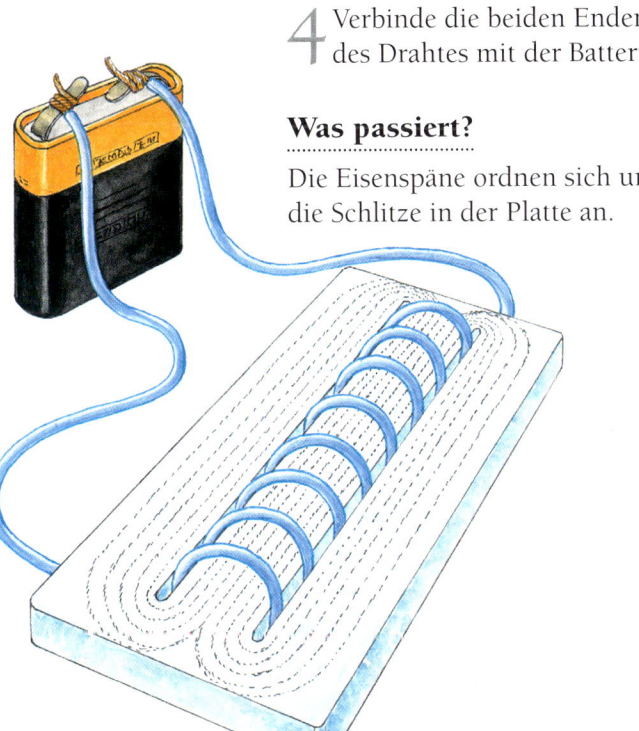

Weil...

... das elektrische Feld ein Magnetfeld erzeugt hat: Die Eisenspäne werden davon angezogen, als wäre ein Magnet in der Nähe, und ordnen sich entsprechend des Verlaufs der Drähte an. Wäre die Platte statt aus Polystyrol aus Eisen, hätten wir ein *Solenoid*, das heißt einen *Elektromagneten*, der sich wie ein echter Magnet verhalten könnte und dazu noch den Vorteil hätte, dass man ihn nach Bedarf an- und abschalten könnte, indem der Stromkreis unterbrochen wird.

Für Elektromagnete gibt es zahlreiche Einsatzgebiete, und sie sind die Grundlage großer und kleiner Motoren im täglichen Gebrauch (Haushaltsgeräte, Spielsachen, elektrische Klingeln) und der Industrie (in Wasserkraftwerken, Autos, Hochgeschwindigkeitszügen).

Elektrischer Strom erzeugt immer ein Magnetfeld: Elektrizität und Magnetismus stehen miteinander in Verbindung.

193

Welche Wirkung hat Elektrizität im Wasser?

CHEMISCHE REAKTIONEN

Was du brauchst

- Schaltdraht mit freigelegten Enden
- zwei 4,5-Volt-Batterien
- zwei große Schrauben
- ein Glas
- Wasser
- Salz
- Pappe

Wie du vorgehst

1 Schalte die Batterien hintereinander.

2 Verbinde die freien Drahtenden mit den Schrauben.

3 Fülle das Glas mit Wasser und gib Salz dazu.

4 Lege die Pappe auf das Glas und stecke die Schrauben von oben hindurch.

5 Lasse die Schrauben einige Minuten im Wasser.

Was passiert?

Das Wasser um die Schraube mit den Blasen wird gelblich, das um die andere Schraube dunkler.

6 Nimm die Schrauben aus dem Wasser.

Was passiert?

Auf dem Boden des Glases setzt sich eine grüne Substanz ab.

Weil...

... das, was du beobachten konntest, chemische Reaktionen sind: Der Strom verwandelt das Wasser (die Bläschen sind voller Wasserstoff, einem Bestandteil von Wasser), das Salz und das Eisen der Schrauben in andere Substanzen, die das Wasser färben oder sich am Boden absetzen, so dass du sie sehen kannst.

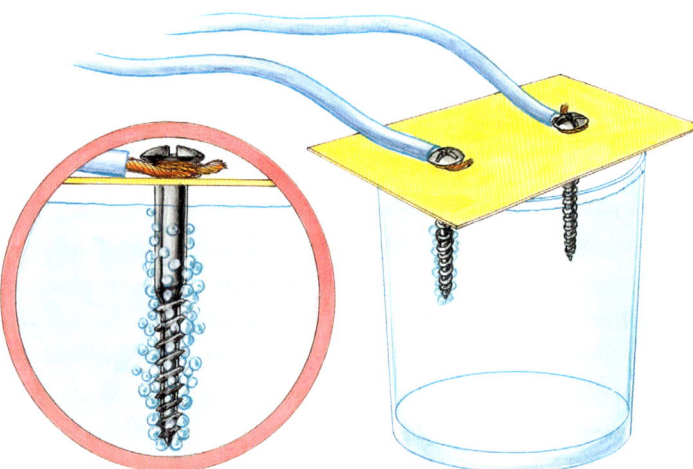

Was passiert?

Um eine der Schrauben herum entstehen Bläschen.

Die Elektrolyse

Die *Elektrolyse* ist ein Verfahren, mit dem die Elemente einer chemischen Zusammensetzung durch elektrischen Strom getrennt werden können.
In der Industrie wird die Elektrolyse beispielsweise angewendet, um Objekte aus Metall zum Schutz oder zur Zierde mit einer dünnen Schicht eines anderen Metalls zu überziehen, wie etwa Gold, Silber oder Chrom. Der Gegenstand, der überzogen werden soll, zum Beispiel ein Löffel, der versilbert werden soll, wird an eine Elektrode angeschlossen (das heißt an ein Ende des Stromkreislaufs) und in eine flüssige Lösung getaucht, die Silber enthält. Dann wird in die Flüssigkeit auch die andere Elektrode getaucht, und durch den Stromfluss trennen sich die Silberteilchen von der Lösung und bleiben am Löffel haften.
Das Phänomen der Elektrolyse nutzt man auch, um Aluminium aus Gestein zu extrahieren oder reine Metalle zu erhalten, indem andere Metallteilchen entfernt werden. In der Autobatterie ermöglicht die Elektrolyse eine Umformung von elektrischer Energie in chemische Energie.

Die Stahlkarosserien von Autos werden häufig mit einer dünnen Metallschicht, zum Beispiel Zink, überzogen, um sie gegen Rost zu schützen.

Wenn Strom durch Wasser fließt, kann er es chemisch zersetzen und die darin enthaltenen Substanzen verändern.

195

WISSENSWERTES

Wie ist eine Batterie aufgebaut?

Ein einfaches Trockenelement funktioniert nach dem gleichen Prinzip wie die von Volt erfundene Batterie, auch wenn sie sich sehr voneinander unterscheiden. Die Säure, die das Funktionieren einer Volt-Batterie ermöglicht, wird ersetzt durch eine natürliche chemische Substanz in fester Form (Mangandioxyd), die Elektrolyt heißt. Die Ummantelung der Batterie besteht aus Zink und stellt einen der beiden Pole dar: den negativen Pol. In der Mitte des Trockenelements ist ein Kohlenstoffstäbchen, das als positiver Pol fungiert und mit dem Knopf am oberen Ende der Batterie verbunden ist.

Wird die Batterie in einen Stromkreis eingebunden, reagieren die chemischen Substanzen in ihrem Inneren miteinander und bewirken die Trennung der negativen Ladungen von den positiven, so dass ein Stromfluss entstehen kann.

Wenn die Substanzen im Inneren einer Batterie aufgebraucht sind, ist sie nicht mehr zu gebrauchen, es sei denn sie ist wiederaufladbar.

Elektrische Ladungen im Meer

Der Marmelzitterrochen ist ein Fisch mit einer besonderen Waffe: Er verteilt elektrische Stromstöße. An den Seiten seines Körpers hat er zwei Organe aus speziellen Muskelfasern, die in der Lage sind, bei Bedarf eine beachtliche elektrische Ladung zu speichern und abzugeben, mit der er andere Fische betäuben oder töten kann. Der Marmelzitterrochen ist nicht der einzige „elektrische" Fisch: auch der Zitteraal und einige andere Fischarten haben Organe, die elektrische Stromstöße zu erzeugen. Die Stromstöße des Zitteraals sind so stark, dass sie einen Menschen töten können.

Das Innere eines Steckers

Stecker von Elektrogeräten sind mit Isoliergummi ummantelt, doch die Spitzen aus Metall ermöglichen den Stromfluss durch das Kabel bis hin zum Gerät, das betrieben werden soll.

Das Freilegen der Drahtenden

In den vorhergegangenen Experimenten musstest du immer die Enden des Schaltdrahts von der Isolierung befreien, um sie mit einer Batterie oder einer Glühlampe zu verbinden. Schaltdrähte bestehen aus einem isolierenden Plastikmantel, in dessen Innerem dünne Kupferfäden verlaufen, die den Strom leiten. Würdest du die Enden nicht von der Isolierung befreien, käme das Kupfer mit den Polen der Batterie oder dem Metallteil der Birne nicht in Kontakt, und der Stromfluss wäre blockiert.

Einige Ratschläge:
– wenn du die Kupferfäden zusammendrehst, erhältst du ein festes Ende, das leichter zu handhaben ist;
– wenn du den Draht nur kurzzeitig mit der Batterie verbinden willst, kannst du die zusammengedrehten Kupferfäden zu einem kleinen Ring biegen, den du über den Pol der Batterie schieben kannst.

Chemie

Verändern sich Stoffe durch Wärme? Wann gehen zwei Stoffe eine Verbindung ein? Warum rosten Nägel? Wozu sind chemische Analysen nötig? Wie verdaut der Magen die Nahrung? Die Antworten auf diese und viele andere Fragen findest du mit Hilfe der Experimente der folgenden Seiten zu diesen Themen:

Festkörper, Flüssigkeiten und Gase • Gemische, Lösungen
Verbindungen• Chemische Reaktionen • Stoffe analysieren
Chemie im Alltag

Festkörper, Flüssigkeiten und Gase

Alles um uns herum bestehen aus *Atomen*, winzigen Materieteilchen, die in Verbindung mit Teilchen des gleichen oder eines anderen Typs die Moleküle bilden. Doch was unterscheidet die festen von den flüssigen und von den gasförmigen Stoffen? Der Aggregatzustand der Materie, das heißt ihr Auftreten als Feststoff, Flüssigkeit oder Gas, hängt von der Bewegung der Moleküle ab. Bei festen Stoffen ist die Kraft, die die Moleküle zusammenhält, die so genannte Kohäsionskraft, sehr stark, und daher vibrieren die Moleküle nur, ohne ihre Position zu verändern. Die Moleküle von Flüssigkeiten sind in ständiger Bewegung , bleiben dabei aber dicht beeinander. In Gasen schließlich ist die Kraft, die die Moleküle untereinander verbindet, nur sehr schwach. Die Moleküle bewegen sich in alle Richtungen, und der Abstand zwischen ihnen ist sehr groß (weshalb man Gase auch komprimieren kann).

Die folgenden Experimente zeigen dir die Auswirkungen von Wärme auf Moleküle, und wie ein Stoff seinen Aggregatzustand ändern kann.

198

Kann Wärme Stoffe verändern?

FLÜSSIGKEITEN AUSDEHNEN

Was du brauchst

- drei gleiche Einmachgläser mit Deckel
- eine Schere
- drei dünne Glasröhrchen von 20 cm Länge
- Knetmasse und Klebeband
- Wasser, Speiseöl, Alkohol
- eine rechteckige feuerfeste Form
- einen kleinen Kocher

Wie du vorgehst

1 Bohre Löcher in die Deckel, stecke die Glasröhrchen hinein, befestige sie mit Knetmasse.

2 Fülle die Gläser mit Wasser, Öl und Alkohol, schließe sie und versiegele sie mit dem Klebeband. Die Röhrchen müssen alle gleich weit herausstehen, ohne den Glasboden zu berühren.

3 Fülle die feuerfeste Form mit Wasser und stelle die Gläser hinein; stelle die Form mit Hilfe eines Erwachsenen auf den brennenden Kocher.

Was passiert?

Kurz darauf steigt der Pegel in den Gläsern, jedoch je nach Flüssigkeit verschieden.

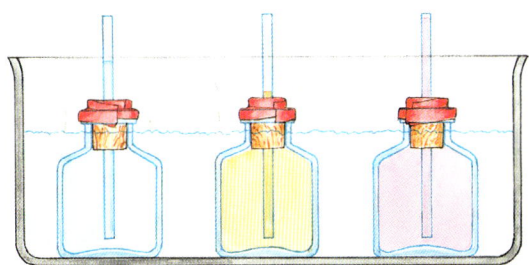

Weil...

... die Wärme des Wassers, in dem die Gläser stehen, eine Ausdehnung der Flüssigkeiten bewirkt (die je nach Dichte der Flüssigkeiten unterschiedlich ist) da in den Gläsern kein Platz mehr ist, steigen sie in den Glasröhrchen nach oben.

EINEN FESTEN STOFF ERWÄRMEN

Was du brauchst

- eine Münze
- ein Stück Eisendraht
- eine Wäscheklammer
- eine brennende Kerze

Wie du vorgehst

1 Forme aus dem Eisendraht einen Ring mit dem Durchmesser der Münze, so dass diese quer genau hineinpasst.

2 Nimm die Münze heraus und halte sie mit der Klammer einige Minuten über die Flamme der Kerze.

3 Stecke die Münze wieder in den Ring.

Was passiert?

Die Münze passt nicht mehr hinein.

Weil...

... die Wärme die Münze vorübergehend ausgedehnt hat. Wenn du sie abkühlen lässt, passt sie wieder in den Drahtring.

Auch die Eisenbahngleise dehnen sich im Sommer an warmen Tagen aus. Aus diesem Grund sind zwischen den einzelnen Schienenteilen Spalte, die sich verengen, wenn sich die Gleise durch die Wärme ausdehnen.

Unter Wärmeeinwirkung dehnen sich feste Stoffe, Flüssigkeiten und Gase aus.

Wie reagiert die Materie auf Abkühlung?

LUFT, DIE SICH ZUSAMMENZIEHT

Was du brauchst

• eine Glasflasche
• einen Luftballon
• ein Waschbecken

Wie du vorgehst

1 Fülle mit Hilfe eines Erwachsenen sehr heißes Wasser in die Flasche.

2 Leere die Flasche nach einigen Minuten aus, stülpe sofort den Luftballon über ihren Hals.

3 Lasse sehr kaltes Wasser über die Flasche laufen.

Was passiert?

Der Ballon verschwindet im Inneren der Flasche.

Weil...

... die warme Luft im Inneren der Flasche sich zusammenzieht, wenn sie abkühlt. Das heißt, ihr Volumen reduziert sich; die Luft von außen dringt in die Flasche, um den freigewordenen Platz einzunehmen und drückt dabei den Luftballon in die Flasche.
Das Zusammenziehen der Luft ist darauf zurückzuführen, dass sich die Geschwindigkeit ihrer Moleküle als Folge des Temperaturabfalls verringert.

Ein besonderes Verhalten

Du hast sicher schon festgestellt, dass Wasser, wenn es zu Eis wird, mehr Platz einnimmt als im flüssigen Zustand: Eine volle Wasserflasche, die im Gefrierschrank vergessen wird, platzt.
Dieses Verhalten von Eis hängt mit der speziellen Struktur zusammen, die die Wassermoleküle bei Temperaturen unter 4° C einnehmen: Dies ist eine Hexagonalstruktur, die sehr viel Platz braucht.
Daher ist im Winter das Versickern von Wasser in Rissen im Teerbelag der Straßen auch gefährlich. Wenn es zu Eis gefriert, kann es sein, dass der Straßenbelag aufplatzt.

PLÖTZLICHE DEFORMATION

Was du brauchst

- einige Eiswürfel
- einen Fleischklopfer
- eine Serviette
- eine Plastikflasche mit Deckel

Wie du vorgehst

1 Wickle die Eiswürfel in die Serviette und bitte einen Erwachsenen, sie mit dem Fleischklopfer zu zertrümmern.

2 Fülle das zerkleinerte Eis in die Flasche und schraube den Deckel darauf.

3 Schüttle die Flasche gut, so dass die Wände abkühlen, und lege sie dann hin.

Was passiert?

Die Flasche zieht sich zusammen.

Weil…

… das Eis in der Flasche einen plötzlichen Temperaturabfall der Luft bewirkt und damit eine Reduzierung ihres Volumens. Die Luft außerhalb der Flasche drückt auf ihre Wände und verformt sie.

Mit Ausnahme von Wasser ziehen sich Körper zusammen, wenn sie sich abkühlen.

201

Können Stoffe ihren Aggregatzustand verändern?

MOLEKÜLE IN BEWEGUNG

Was du brauchst

- Wasser
- einen Eiswürfel
- eine halbe Tafel Schokolade
- einen Heizkörper
- einen Herd
- einen kleinen Topf
- zwei kleine Teller

Wie du vorgehst

1 Gib etwas Wasser auf den einen Teller und lege auf den anderen den Eiswürfel.

2 Stelle die Teller auf die Heizung.

3 Gib die Schokolade in den Topf und erwärme sie mit Hilfe eines Erwachsenen auf dem Herd.

Was passiert?

Das Wasser ist nach einigen Stunden verschwunden, aus dem Eis wird Wasser, die Schokolade auf dem Herd schmilzt und wird zu einer dicken Flüssigkeit.

Weil…

… die Wärme der Heizung das Wasser verdunsten lässt, dessen Moleküle sich schneller bewegen und sich weiter voneinander entfernen, bis sie sich in Form von Wasserdampf in der Luft verteilen. Die Wärme des Heizkörpers verwandelt auch das Eis in Wasser im flüssigen Zustand, wie auch durch die Wärme des Herds aus fester Schokolade flüssige Schokolade wird.

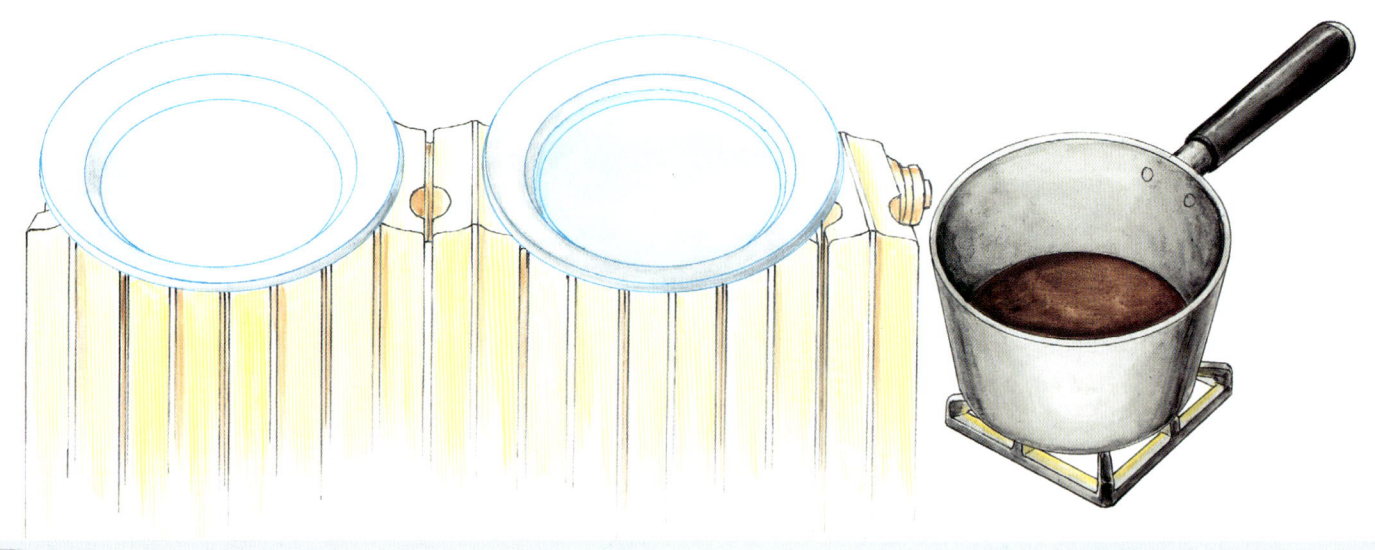

Veränderung des Zustands

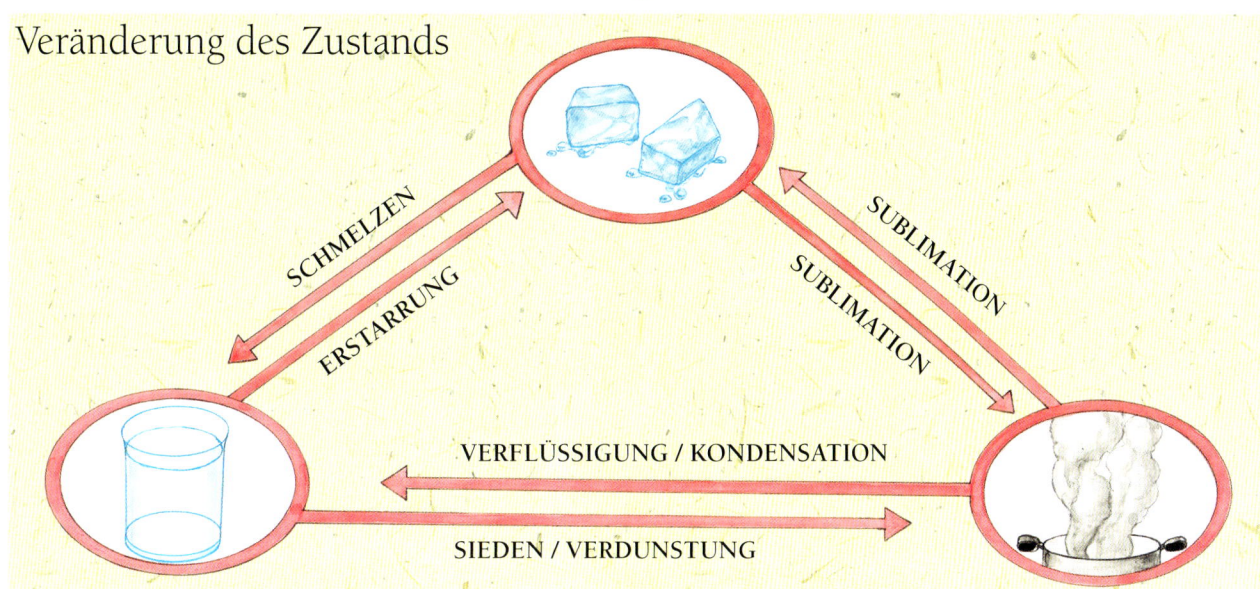

SCHMELZEN

ERSTARRUNG

SUBLIMATION

SUBLIMATION

VERFLÜSSIGUNG / KONDENSATION

SIEDEN / VERDUNSTUNG

Am Übergang vom flüssigen in den gasförmigen Zustand (oder Dampf) durch *Sieden* ist die gesamte Flüssigkeit beteiligt, während bei der *Verdunstung*, die ein langsamer Prozess ist, nur die oberste Schicht der Flüssigkeit betroffen ist.

Du hast sicher schon einmal gesehen, dass aus Wasserdampf, wenn er auf eine kalte Oberfläche trifft, winzige Wassertropfen werden (diesen Prozess nennt man *Kondensation*); aber vielleicht weißt du noch nicht, dass sich alle Gase in Flüssigkeiten verwandeln können. Sie *verflüssigen* sich, wenn sie sehr stark abgekühlt (Luft wird bei −195° C flüssig) oder aber stark zusammengepresst werden (Spraydosen enthalten Gase in flüssigem Zustand, die unter ständigem Druck stehen).

Eis schmilzt bei einer Erwärmung der Umgebung, während die Lava – das Gestein, das bei einem Vulkanausbruch ausgespien wird – nur durch besonders hohe Temperaturen in den flüssigen Zustand übergeht. Wenn die Lava abkühlt, geht sie wieder in den festen Zustand über (*Erstarrung*), während Wasser erst bei Temperaturen unter 0° C gefriert.

Trockeneis ist Kohlendioxid in festem Zustand. Wenn es mit Luft oder Wasser in Kontakt kommt, lässt der Temperaturanstieg es sofort in den gasförmigen Zustand übergehen. Den Übergang eines Stoffes direkt vom festen in den gasförmigen Zustand oder umgekehrt heißt *Sublimation*. Dies ist auch der Fall bei Reif, der entsteht, wenn der in der Luft enthaltene Wasserdampf gefriert.

Die Auswirkungen von Druck

Abgesehen von Temperaturveränderungen wirken sich auch die Druckverhältnisse auf die Veränderung von Aggregatzuständen aus. Ist der Druck stark, ist der Abstand zwischen den Molekülen gezwungenermaßen sehr klein, und sie bleiben fest miteinander verbunden. Bei Dampfkochtöpfen drückt der Dampf auf die Wasseroberfläche, die daraufhin eine höhere Temperatur erreicht und zu sieden beginnt, so dass das Essen darin schneller zubereitet ist.

Veränderungen der Temperatur oder des Drucks können den Übergang eines Stoffes in einen anderen Aggregatzustand bewirken.

Gemische, Lösungen, Verbindungen

Beim Studium der Materie konnten Wissenschaftler 109 reine Stoffe bestimmen, die *Elemente*. Jedes Element besteht aus ganz gleichen Atomen, es gibt also 109 verschiedene Atomtypen. Miteinander verbundene Atome bilden die Moleküle; es gibt unendlich viele mögliche Kombinationen und dadurch eine ungeheuere Stoffvielfalt im Universum.
Lass uns zusammen versuchen, herauszufinden, wie Stoffe miteinander verbunden sind. Reicht es, zwei Elemente zu mischen, um einen neuen Stoff zu erhalten? Was ist der Unterschied zwischen einem Gemisch, wie den Sandkörnern, einer Lösung aus Wasser und Salz und einer chemischen Verbindung, wie zum Beispiel dem Rost?

Werden die Stoffe in einem Gemisch umgewandelt?

VEREINIGUNG UND TRENNUNG

Was du brauchst

- feines Salz
- weißes Mehl
- einen Löffel
- Wasser
- einen Bogen Löschpapier
- einen Trichter
- einen Krug und eine große Schüssel, beide durchsichtig

Wie du vorgehst

1 Mische mit dem Löffel in dem Krug Salz und Mehl zu gleichen Teilen.

Was passiert?

In dem Gemisch sind die beiden Stoffe nicht voneinander zu unterscheiden.

2 Gieße Wasser in den Krug, rühre gut um und warte.

Was passiert?

Nach einigen Minuten setzt sich das Mehl am Boden des Kruges ab.

3 Falte das Löschpapier auf ein Viertel und forme daraus einen unten geschlossenen Filter (siehe Abbildung), den du in dem Trichter platzierst.

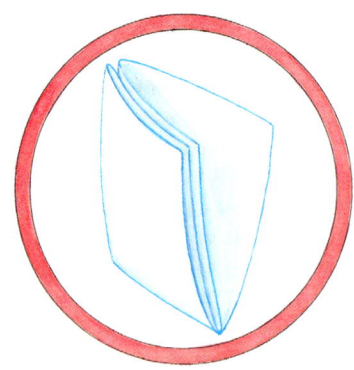

204

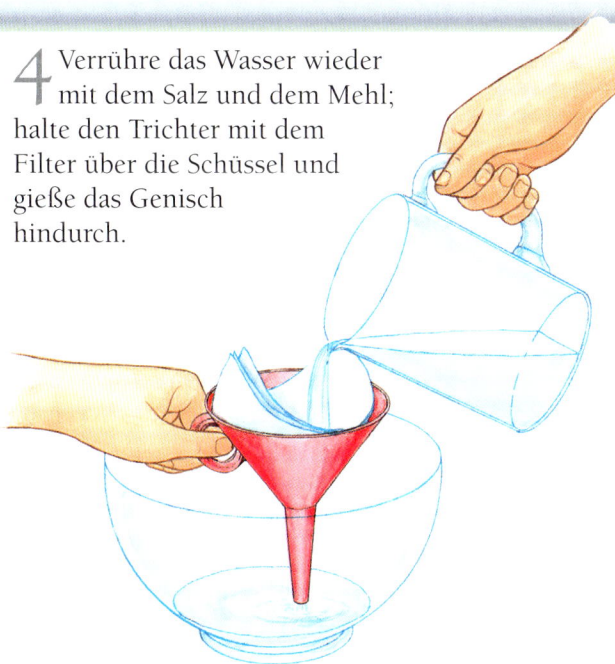

4 Verrühre das Wasser wieder mit dem Salz und dem Mehl; halte den Trichter mit dem Filter über die Schüssel und gieße das Gemisch hindurch.

5 Nimm den Filter aus dem Trichter und lasse ihn trocknen.

6 Stelle die Schüssel, an einen warmen Ort und warte, bis das Wasser verdunstet.

Was passiert?

Das Mehl hat sich in dem Filter gesammelt; in der Schüssel bleibt nach der Verdunstung des Wassers eine Salzkristallschicht.

Weil…

… das Mehl sich im Wasser nicht löst, sich von ihm trennt und am Boden absetzt. Man spricht hier von *Dekantierung*.

Die Mehlmoleküle sind zu groß, um das Löschpapier durchdringen zu können, daher sammeln sie sich im Filter. Dieses System der Trennung von Stoffen nennt man *Filtration*.

Das Salz hat sich im Wasser gelöst und bleibt es auch, bis das Wasser durch die Wärmeeinwirkung verdampft. Dann geht das Salz in Form von Kristallen wieder in den festen Zustand über. Dieses Trennungsverfahren der Bestandteile einer Lösung heißt *Kristallisation*.

Die Stoffe eines Gemisches werden nicht umgewandelt und können leicht wieder voneinander getrennt werden.

205

Kann man die Stoffe einer Lösung trennen?

REINES WASSER AUS KAFFEE

Was du brauchst

- ein Reagenzglas
- Wasser
- lösliches Kaffeepulver
- ein Taschentuch
- ein Blatt Papier
- einen Kocher

Wie du vorgehst

1 Gib etwas Wasser und ein wenig Kaffeepulver in das Reagenzglas.

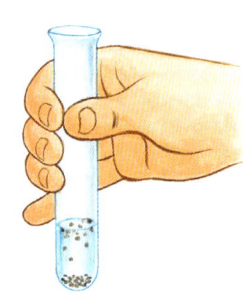

2 Schüttle das Glas, damit der Kaffee sich löst.

3 Trockne mit dem Taschentuch die Innenseite des Reagenzglases oberhalb der Flüssigkeit ab.

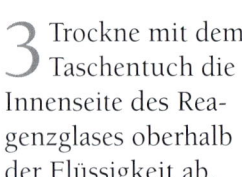

4 Falte aus dem Blatt Papier eine Halterung für das Reagenzglas. Bitte einen Erwachsenen, es über die Flamme des Kochers zu halten, bis der Kaffee kocht.

Was passiert?

An der Öffnung des Reagenzglases bilden sich farblose Tröpfchen. Warte, bis sie abgekühlt sind und lecke sie ab: Es ist reines Wasser.

Weil…

… der Kaffee sich im Wasser auflöst und eine *Lösung* entsteht. Wenn diese kocht, verdunstet ein Teil des Wassers, während der Kaffee in der Lösung bleibt. Das verdunstete Wasser kondensiert und geht wieder in den flüssigen Zustand über, wenn es im oberen Teil des Reagenzglases mit den kalten Wänden in Berührung kommt.
Dieses Verfahren zur Trennung von Stoffen heißt *Destillation* und wird in der Industrie häufig angewandt. Es basiert auf der Tatsache, dass die Stoffe in einer Lösung bei verschiedenen Temperaturen verdunsten, so dass man sie nacheinander verdunsten und wieder kondensieren lassen kann.

Lösungen

Wasser und Salz, Wasser und Wein: Das sind zwei weit verbreitete Lösungen. Lösungen können flüssige, feste und gasförmige Bestandteile haben, die nicht mehr voneinander zu unterscheiden sind: Sie sind gelöst. Schauen wir einmal, was in einer Lösung aus Wasser und Zucker passiert:
- die Zuckermoleküle nähern sich denen des Wassers;

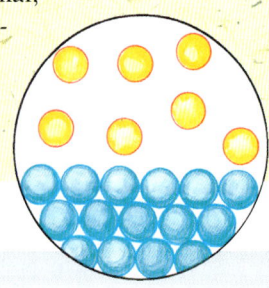

206

KRISTALLZUCKER

Was du brauchst

- eine Tasse
- ein Glas
- heißes Wasser
- Zucker
- einen Teelöffel
- eine etwa 10 cm lange Baumwollschnur
- eine Büroklammer
- einen Bleistift

Wie du vorgehst

1 Schütte heißes Wasser in die Tasse und gib unter Rühren so lange Zucker dazu, bis er sich nicht mehr löst. Führe diesen Schritt möglichst schnell aus, so lange das Wasser heiß ist und viel Zucker aufnimmt.

2 Gieße die Lösung in das Glas.

3 Binde an ein Ende des Fadens den Bleistift, an das andere Ende die Büroklammer.

4 Lege den Bleistift über das Glas, so dass der Faden in die Lösung eintaucht, dabei aber gespannt bleibt.

5 Stelle das Glas an einen kalten Ort und lasse es dort mindestens einen Tag lang stehen.

Was passiert?

Am Faden haben sich Zuckerkristalle gebildet.

Weil…

… du mit dem warmen Wasser eine *übersättigte* Lösung hergestellt hast.

Als das Wasser abgekühlt ist, konnte es nicht mehr dieselbe Menge an Zucker aufnehmen, und der überschüssige Teil hat sich in Form von Kristallen abgesetzt.

Wenn eine übersättigte Lösung abkühlt, trennt sich ein Teil des gelösten Stoffes (Zucker) von dem Lösungsmittel (Wasser) in Form von Kristallen.

- die Zuckermoleküle dringen zwischen die Wassermoleküle und verschwinden: Der Zucker ist aufgelöst.

Wenn man mehr Zucker dazu gibt, erhält man eine *gesättigte* Lösung. Zwischen den Wassermolekülen ist kein Platz mehr, und der Zucker setzt sich demzufolge am Boden ab.

Wenn das Wasser erwärmt wird, wird die Geschwindigkeit und der Abstand der Moleküle zueinander größer, so dass neuer Platz entsteht, der den Zucker aufnehmen kann.

Nun ist die Lösung *übersättigt*: Wenn sie abkühlt, setzt sich der überschüssige Zucker in Kristallform am Boden des Gefäßes ab. Das Wasser ist das Lösungsmittel schlechthin, doch es gibt auch viele Lösungen, in denen Alkohol als Lösungsmittel dient: Parfum, einige Lacke, einige Kleber. Diese Produkte verdanken ihre Eigenschaften der Tatsache, dass Alkohol in Kontakt mit der Luft schnell verdunstet und nur die anderen Bestandteile der Lösung übrig bleiben.

Destillation, Verdustung und Kristallisation ermöglichen die Trennung der Bestandteile einer Lösung.

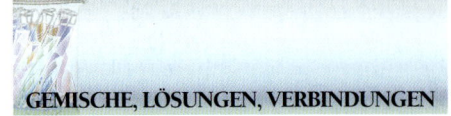

Wann bilden zwei Stoffe eine Verbindung?

FÜR IMMER VEREINT

Was du brauchst

- Eisenspäne
- Schwefelpulver
- einen Teelöffel
- einen kleinen Teller
- einen Magneten
- einen kleinen Topf
- einen Kocher

Wie du vorgehst

1 Mische auf dem Teller zwei Teelöffel Eisenspäne mit vier Teelöffeln Schwefelpulver.

2 Halte den Magneten an die Mischung.

Was passiert?

Die Eisenspäne werden von dem Magneten angezogen und setzen sich vom Schwefelpulver ab.

3 Mische die beiden Stoffe wieder, gib sie in den Topf und erwärme sie mit Hilfe eines Erwachsenen über dem Feuer.

Was passiert?

Unter der Wärmeeinwirkung bildet sich eine dunkle Substanz, in der man das Eisen und den Schwefel nicht voneinander unterscheiden kann.

4 Gieße die Substanz auf den Teller und halte den Magneten daran.

Was passiert?

Der dunkle Stoff wird von dem Magneten nicht angezogen.

Weil…

… die Wärme eine *chemische Reaktion* hervorgerufen hat, die aus dem Eisen und dem Schwefel eine *Verbindung* gemacht hat: das Schwefeleisen, das völlig andere Eigenschaften besitzt als das Eisen oder der Schwefel.

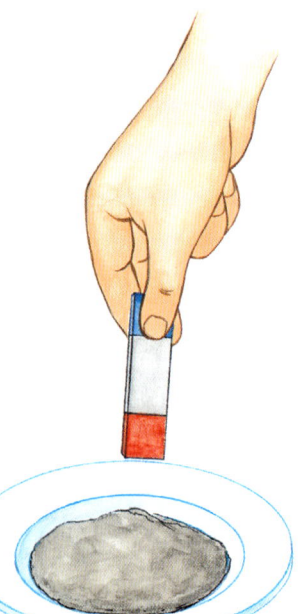

Ein Blick auf die Atome

Alle Atome haben dieselbe Struktur: einen Kern aus *Protonen* (mit positiver elektrischer Ladung) und Neutronen, um den eine bestimmte Anzahl (nämlich dieselbe Anzahl wie bei den Protonen) von *Elektronen* (mit negativer Ladung) kreisen. Das, was Atome voneinander unterscheidet, ist die Anzahl der Protonen (und damit auch die der Elektronen), die *Kernladungszahl* genannt wird. Kohlenstoff hat 6 Protonen, Sauerstoff hat 8, Kupfer 29, Schwefel 16 usw. Die Umlaufbahnen der Elektronen sind wie Schalen angeordnet (in etwa wie bei einer Zwiebel), die jeweils nur eine bestimmte Anzahl von Elektronen enthalten können. Die erste Schale, die dem Kern am nächsten ist, kann zwei Elektronen enthalten, die zweite acht, die dritte bis zu 18 usw. So sind also je nach Kernladungszahl der Atome bei manchen alle Schalen komplett besetzt, bei anderen bleiben in der äußersten Schale Plätze frei, so dass sie instabil sind. Instabile Atome können leicht Elektronen an andere Atome abgeben oder von ihnen aufnehmen. Diejenigen Atome, die Elektronen aufnehmen, erhalten damit eine negative Ladung (da nun die Elektronen überwiegen), diejenigen, die Elektronen abgeben, sind positiv geladen (weil die Protonen überwiegen). Atome mit entgegengesetzter Ladung ziehen sich an. Aus diesen Atomverbindungen, den *chemischen Bindungen*, entstehen die Moleküle und die Verbindungen.

Diese Abbildung zeigt in vereinfachter Form die Struktur eines Kohlenstoffatoms.
Die Elektronen verteilen sich auf die Schalen, ausgehend von der Schale, die dem Kern am nächsten ist.
Wenn diese voll ist, belegen sie automatisch die nächste, bis diese voll ist, dann die nächste, und so weiter.

Das Natriumatom stabilisiert sich, indem es sein Elektron der äußersten Schicht an das Fluoratom abgibt (das in der äußersten Schale 7 Atome hat), weil auf diese Weise die nächste Schicht, die komplett besetzt ist, zur äußersten Schicht wird.

Das Sauerstoffatom hat in der äußersten Schale 6 Atome. Da die Schicht erst mit 8 Atomen komplett ist, verbindet es sich mit einem Atom, das in der äußersten Schale 2 Elektronen hat, oder mit zwei Atomen, die je 1 Atom in der äußersten Schale haben.

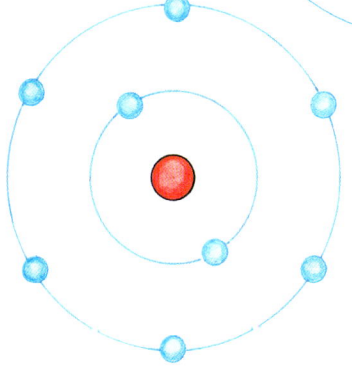

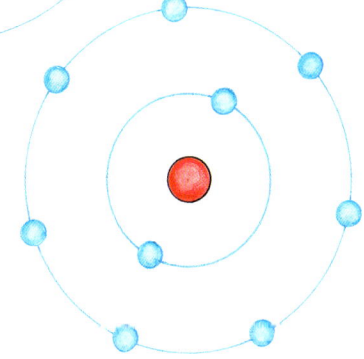

In einer Verbindung reagieren die Stoffe chemisch miteinander und bilden einen neuen Stoff mit neuen Eigenschaften.

209

Chemische Reaktionen

Die Ausgangselemente oder -verbindungen bei *chemischen Reaktionen* nennt man *Reagenzien;* was man erhält, sind die *Endprodukte.* Bei der chemischen *Synthese* gehen die Reagenzien eine neue Verbindung ein, bei der chemischen *Analyse* werden Verbindungen in ihre Bestandteile zerlegt; bei der *Substitution* werden ein oder mehrere Bestandteile einer Verbindung ausgetauscht.

In den folgenden Experimenten kannst du selbst verschiedene chemische Reaktionen ausprobieren, bei denen auch Luft, Wärme und Elektrizität eine Rolle spielen, zum Teil mit spektakulären Ergebnissen.

210

Warum rosten Nägel?

DAS EISEN OXIDIERT

Was du brauchst

- Eisenspäne
- ein Reagenzglas
- eine durchsichtige Schale
- einen Stift, der auf Glas schreibt
- Wasser

Wie du vorgehst

1 Befeuchte die Innenwände des Reagenzglases und lasse die Eisenspäne daran haften.

2 Fülle die Schale bis auf eine Höhe von 3 cm mit Wasser.

3 Drehe das Reagenzglas um und stelle es auf dem Kopf in die Schale, so dass der Wasserpegel innerhalb und außerhalb des Reagenzglases gleich ist (neige dazu das Röhrchen etwas, damit Wasser einströmen kann).

4 Markiere auf der Schale und auf dem Reagenzglas den Wasserstand und lasse das Ganze zwei Tage lang so stehen.

Was passiert?

Die Eisenspäne sind braun geworden, der Wasserstand im Reagenzglas ist gestiegen, der in der Schale ist gefallen.

Weil…

… das Eisen mit dem Sauerstoff eine Verbindung eingegangen ist und Rost gebildet hat, dessen chemischer Name *Eisenoxid* ist. Bei dieser chemischen Reaktion, der *Oxidation*, verlässt der Sauerstoff die Luft und verbindet sich mit dem Eisen, so dass die Luft im Reagenzglas ein geringeres Volumen hat. Die Luft von außen drückt auf die Wasseroberfläche in der Schale und drückt das Wasser in das Reagenzglas, wo es den Platz der Luft einnimmt.

Die Oxidation

Rost entsteht auf Gegenständen aus Eisen und zersetzt sie, wodurch sie weniger stabil sind. Hat sich erst einmal Rost gebildet, löst er sich in kleinen Stücken von dem Gegenstand ab und setzt dadurch die darunterliegenden Metallschichten der Luft aus, die ihrerseits wieder oxidieren und neuen Rost bilden.
Auch ein in Schnitze geschnittener Apfel oxidiert. Die Oberfläche der Schnitze wird dunkler, weil die Stoffe im Apfel sich mit dem Sauerstoff in der Luft verbinden.
Auch dass Gegenstände aus Silber schwarz anlaufen, ist auf Oxidation zurückzuführen.

Der Mars unterscheidet sich von den anderen Himmelskörpern in der Farbe: Er ist rotbraun, da seine Oberfläche zum Großteil aus Eisenoxid besteht.

Bei der Oxidation verbindet sich Sauerstoff mit Eisen, wodurch ein neuer Stoff entsteht – das Eisenoxid, auch Rost genannt.

Verändern chemische Reaktionen Verbindungen?

EINE KLEINE EXPLOSION

Was du brauchst

- Eisenspäne
- Kupfersulfat
- zwei Reagenzgläser
- warmes Wasser
- Essig
- ein Streichholz

Wie du vorgehst

1 Gib warmes Wasser und ein wenig Kupfersulfat in ein Reagenzglas und schüttle dieses.

2 In das zweite Reagenzglas gibst du Eisenspäne, gießt es halbvoll mit Wasser und fügst zwei Tropfen der eben hergestellten Lösung dazu.

3 Halte das Reagenzglas mit dem Daumen zu, sobald du siehst, dass sich Bläschen bilden.

4 Bitte einen Erwachsenen, ein brennendes Streichholz an die Öffnung des Reagenzglases zu halten.

5 Nimm den Daumen weg, wenn du den Druck des Gases im Reagenzglas spürst.

Was passiert?

Das Streichholz verursacht eine kleine Explosion.

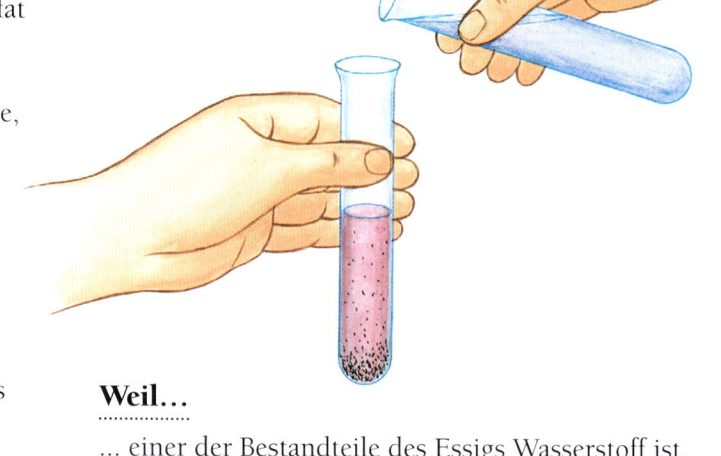

Weil…

… einer der Bestandteile des Essigs Wasserstoff ist, ein Gas, das durch die Reaktion von Eisen, Essig und Kupfersulfat freigesetzt wird und allein bleibt. Wenn er aus dem Reagenzglas austritt, entzündet sich der Wasserstoff an dem Streichholz, und die Flamme vergrößert sich plötzlich.

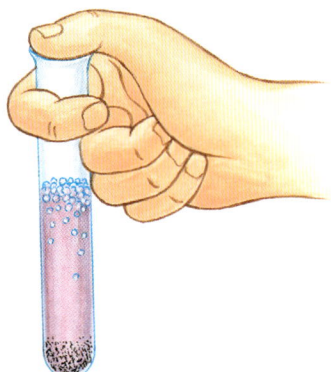

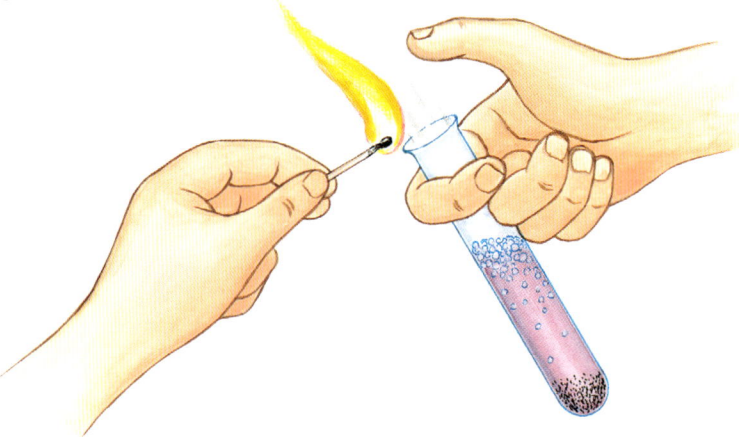

EIN GAS FREISETZEN

Was du brauchst

- doppelt kohlensaures Natrium
- einen Teelöffel
- Essig
- Wasser
- ein möglichst schmales, hohes Glas
- ein Streichholz

Wie du vorgehst

1 Gieße einen Finger hoch Wasser in das Glas.

2 Gib einen Teelöffel doppelt kohlensaures Natrium und etwas Essig dazu.

3 Bitte einen Erwachsenen, ein brennendes Streichholz in das Glas zu halten.

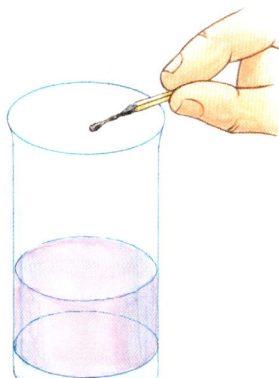

Was passiert?

Die Flamme geht aus.

Weil…

… doppelt kohlensaure Natrium eine Verbindung aus Natrium, Wasserstoff, Kohlenstoff und Sauerstoff ist. Bei der chemischen Reaktion, die durch den Kontakt mit dem Essig ausgelöst wird, trennen sich Kohlenstoff und Sauerstoff von den anderen Elementen und bilden ein Gas, das Kohlendioxid, das die Flamme löscht.

AUSTAUSCH VON ELEMENTEN

Was du brauchst

- ein Reagenzglas
- Wasser
- Kupfersulfat
- Eisenspäne

Wie du vorgehst

1 Fülle das Reagenzglas zu zwei Dritteln mit Wasser.

2 Gib Kupfersulfat dazu.

Was passiert?

Du erhältst eine blaue Lösung.

3 Gib Eisenspäne dazu, halte das Reagenzglas mit dem Daumen zu und schüttle es.

Was passiert?

Ein rötlicher Stoff setzt sich am Boden ab, und die Lösung wird leuchtend grün.

Weil…

… das Kupfersulfat Schwefel und Kupfer enthält. Wenn du das Eisen dazugibst, tauschen Eisen und Kupfer die Plätze: Das Eisen verbindet sich mit dem Schwefel zu Eisensulfat, das der Lösung die grüne Farbe gibt, das Kupfer setzt sich allein am Boden ab.

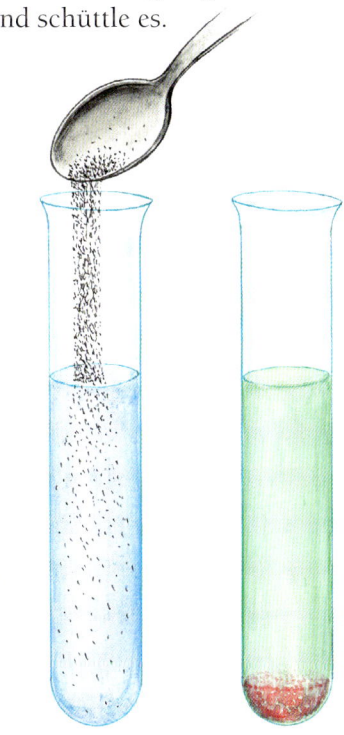

Chemische Reaktionen können die Elemente von Verbindungen trennen, verbinden oder neu anordnen.

Ist Verbrennung eine chemische Reaktion?

EINE KERZE ERZEUGT NICHT NUR LICHT

Was du brauchst

- eine Kerze
- einen Kerzenständer
- ein Streichholz oder ein Feuerzeug
- ein Messer
- ein Objektglas
- eine Wäscheklammer

Wie du vorgehst

1 Stelle die Kerze in den Kerzenständer und bitte einen Erwachsenen, sie anzuzünden.

2 Halte die Schneide des Messers für einige Sekunden über die Flamme.

Was passiert?

Die Schneide wird schwarz.

Weil…

… die Schneide mit Ruß bedeckt ist, das heißt mit winzigen Kohlenstoffteilchen. Diese befinden sich im inneren Teil der Flamme und entstehen durch die Zerlegung des Paraffins, aus dem die Kerze besteht.

3 Halte das Objektglas mit Hilfe der Wäscheklammer für 10–15 Sekunden direkt über den Docht der Kerze und lasse es dann abkühlen.

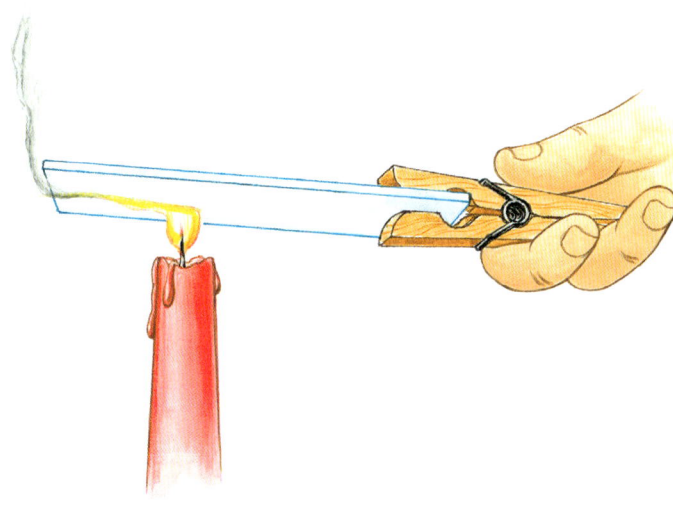

Was passiert?

Auf dem Glas sind Wachsspuren zu sehen.

Weil…

… sich nicht das ganze Wachs zersetzt, wenn die Kerze brennt. Einige Teilchen steigen durch die Wärme nach oben. Durch den Kontakt mit dem Glas gerinnen sie wieder.

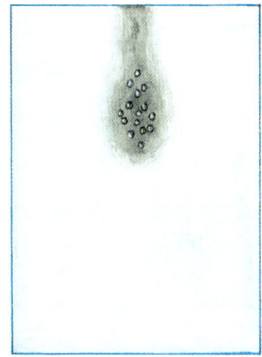

Die Geheimnisse einer Kerze

Eine Kerze besteht aus festem Paraffin, das sich aus Wasserstoff und Kohlenstoff zusammensetzt, sowie dem in das Paraffin eingelassenen Docht. Die Flamme, die entsteht, wenn wir den Docht anzünden, ist nicht überall gleich. In der äußeren Zone findet durch den Kontakt mit dem Sauerstoff der Luft die Verbrennung des Paraffins statt, und Wärme wird frei gesetzt; in der inneren Zone dagegen, wo es keinen Sauerstoff gibt, trennt sich das Paraffin in Wasserstoff und Kohlenstoff. Der Kohlenstoff glüht durch Wärmeeinwirkung und ist für die Leuchtkraft der Flamme verantwortlich.

Die Wärme der Verbrennung lässt einen Teil des Wachses schmelzen, das an den Seiten der Kerze hinunterläuft und dann wieder fest wird.

Das Feuer

Die *Verbrennung* ist eine chemische Reaktion, die immer mit einer Flamme verbunden ist.

Während der Verbrennung verbindet sich durch die *Wärme* ein *Verbrennungsmittel* (zum Beispiel der Schwefel eines Streichholzes) mit einem *Brennstoff* (zum Beispiel Sauerstoff). Um eine Verbrennung zu erzeugen, braucht man eine Flamme oder einen Funken, um den brennbaren Stoff zu entzünden. Danach ist es die durch die Verbrennung erzeugte Wärme, die die Verbrennung nährt.

Die oben genannten drei Faktoren sind für die Verbrennung unerlässlich. Fehlt einer von ihnen, geht die Flamme aus.

Der Rauch, die Asche und der Ruß sind mögliche Produkte der chemischen Transformation, die stattfindet, wenn etwas brennt.

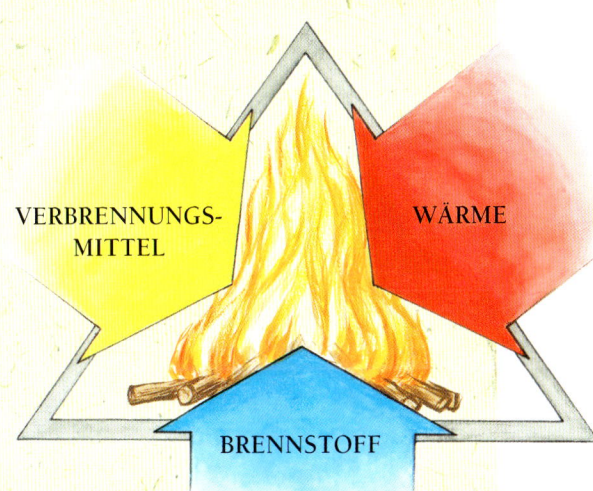

VERBRENNUNGS-MITTEL

WÄRME

BRENNSTOFF

Die Verbrennung ist eine chemische Reaktion: Wenn ein Stoff brennt, wird er umgewandelt und erzeugt neue Stoffe.

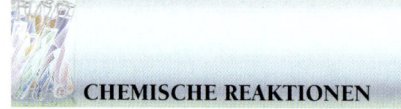

Kann Elektrizität chemische Reaktionen auslösen?

WASSER ZERLEGEN

Was du brauchst

- eine 4,5-Volt-Batterie
- isolierter Schaltdraht mit freien Enden (das heißt ohne Plastikumhüllung)
- eine Bleistiftmine
- Klebeband
- zwei Reagenzgläser
- Essig
- Wasser
- ein durchsichtiges Glasgefäß
- zwei Wäscheklammern
- Streichhölzer

Wie du vorgehst

1 Teile die Bleistiftmine in der Mitte und verbinde mit dem Schaltdraht die Pole der Batterie mit den beiden Minenstücken. Benutze zum Befestigen Klebeband: Du hast nun zwei *Elektroden*.

2 Fülle das Gefäß mit Wasser und tauche die beiden Elektroden so hinein, dass sie den Boden berühren. Befestige den Schaltdraht mit den Klammern am Rand des Gefäßes.

3 Fülle ein Reagenzglas mit Wasser, halte es mit dem Finger zu, tauche es umgekehrt in das Gefäß, nimm den Finger weg und stülpe es über eine Elektrode. Wiederhole den Vorgang mit dem zweiten Reagenzglas und der zweiten Elektrode.

4 Gieße etwas Essig in das Gefäß und warte einige Stunden.

Was passiert?

In den Reagenzgläsern bilden sich Bläschen; nach einigen Stunden ist der Wasserpegel in den Reagenzgläsern gefallen.

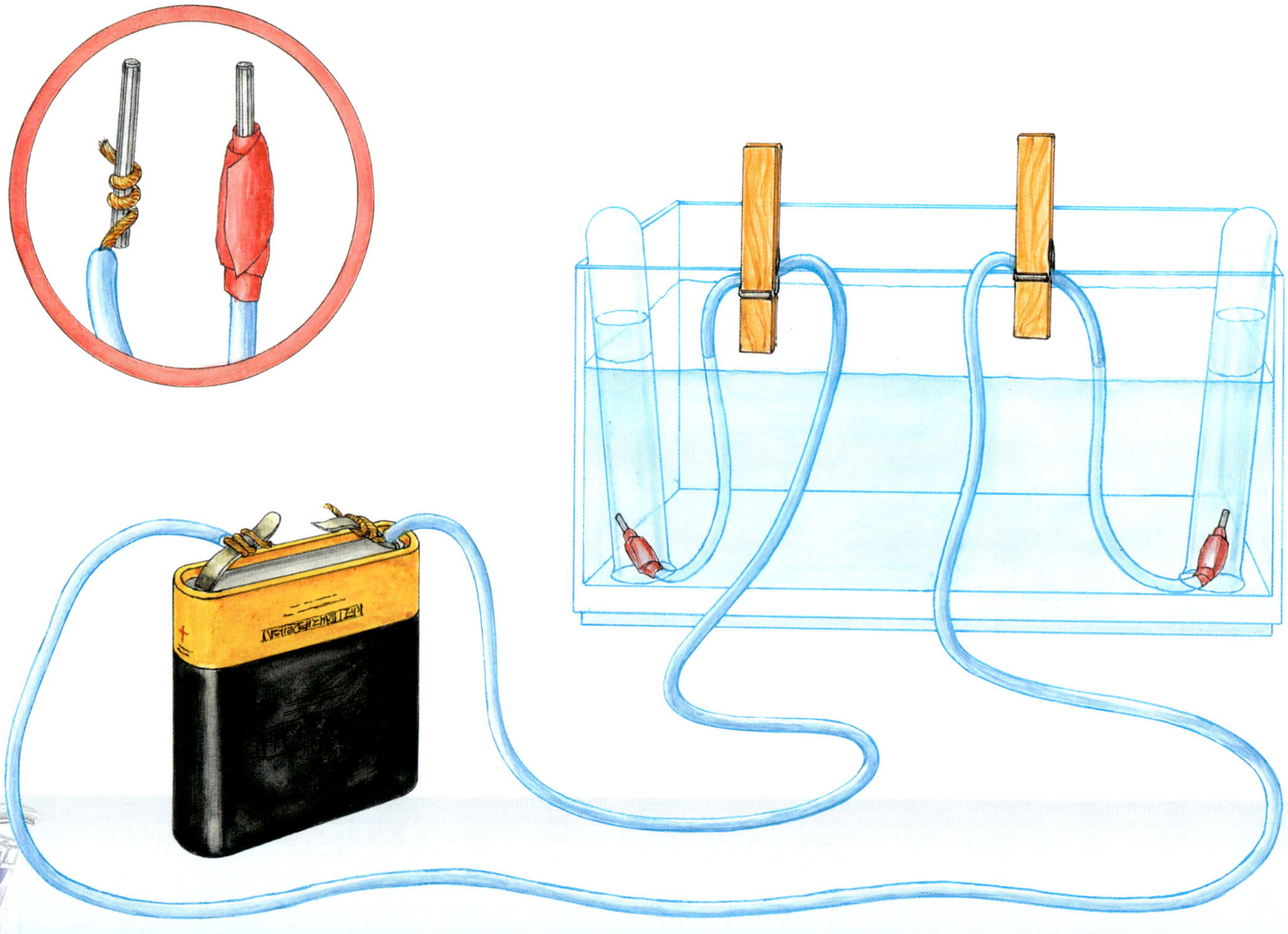

216

5 Entferne die Drähte von der Batterie.

6 Halte das Reagenzglas, das weniger Wasser und mehr Gas enthält, mit dem Daumen zu und nimm es aus dem Wasser.

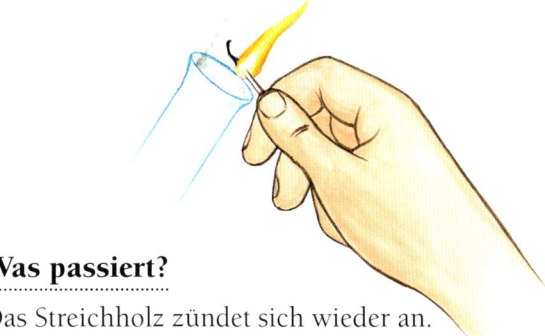

7 Drehe das Reagenzglas um und bitte einen Erwachsenen, ein brennendes Streichholz an seine Öffnung zu halten; ziehe dann den Daumen weg.

Was passiert?

Es gibt eine kleine Explosion.

8 Nimm das zweite Reagenzglas mit der gleichen Methode aus dem Wasser und bitte einen Erwachsenen, ein Streichholz anzuzünden, auszublasen und genau in dem Moment in das Reagenzglas zu halten, in dem du deinen Finger wegziehst.

Was passiert?

Das Streichholz zündet sich wieder an.

Weil…

… das erste Reagenzglas Wasserstoff enthält, der durch die Hitze der Flamme explodiert, das zweite dagegen enthält Sauerstoff, der die Verbrennung des Streichholzes wieder aktivieren kann. Der Stromfluss (der von der Batterie ausgeht) hat eine chemische Reaktion hervorgerufen, bei der sich die Bestandteile des Wassers, nämlich Wasserstoff und Sauerstoff, getrennt haben. Dieses Verfahren nennt man *Elektrolyse*, und es wird auch angewendet, um in Wasser gelöste Verbindungen zu trennen.

Chemische Reaktionen können Strom erzeugen

In den Batterien, die wir für Spielzeug oder elektrische Apparate nutzen, wird die Energie durch chemische Substanzen erzeugt, die sich im Inneren der Batterie befinden. Wenn die Pole der Batterie mit den Metallzungen in Verbindung kommen, die sich normalerweise in Batteriefächern befinden, beginnt in der Batterie eine chemische Reaktion, die Strom erzeugt. Dabei werden nach und nach die chemischen Stoffe in der Batterie aufgebraucht, bis sie leer und unbrauchbar ist.

Stromfluss kann Wasser und darin gelöste Stoffe zerlegen.

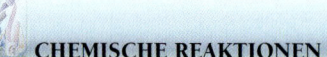
Erzeugen chemische Reaktionen Wärme?

WÄRME AUS DEM NICHTS

Was du brauchst

- Gips
- Wasser
- eine Platikschale
- einen Löffel

Wie du vorgehst

1 Schütte den Gips in die Schale und gib unter Rühren Wasser dazu, bis du eine zähe Masse erhältst.

2 Lasse die Masse eine Stunde ruhen.

Was passiert?

Der Gips wird hart, und die Wände der Schale werden warm.

Weil…

… der Gips nicht aufgrund der Verdunstung des Wassers hart wird, sondern wegen einer chemischen Rektion des Gipses mit den Bestandteilen des Wassers. Eines der daraus entstehenden Produkte ist Wärme.

Die Stofferhaltung

Der französische Chemiker Antoine Lavoisier, der im 18. Jahrhundert lebte, begriff als erster, dass bei einer chemischen Reaktion nichts neu geschaffen wird und nichts verloren geht, sondern sich nur alles verändert.

Er wies nach, dass die Masse der Ausgangsstoffe gleich der Masse der Verbindung ist, die sich durch die chemische Reaktion ergeben, und dass die Anzahl der beteiligten Atome sich während der Reaktion nicht verändert: Sie verändern lediglich ihre Anordnung und die Bindungen untereinander. Mittlerweile weiß man, dass dieses Stofferhaltungsprinzip nicht für Kernreaktionen gilt, bei denen der Stoff zerstört und in Energie umgewandelt wird. Es liegt jedoch allen anderen chemischen Reaktionen zugrunde, auch denen, bei denen Wärme entsteht. Die Menge des Stoffes, die zerstört und in Wärmeenergie umgewandelt wird, ist so gering, dass sie nicht messbar ist.

Links: ein Portrait von Lavoisier

Oben: eine Rekonstruktion seines Labors

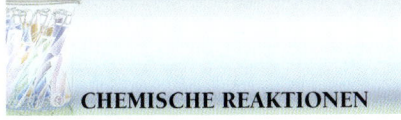

FREI GESETZTE WÄRME

Was du brauchst

- Kupfersulfatkristalle
- ein Reagenzglas
- Wasser
- einen Kocher
- einen Tropfenzähler
- ein Blatt Papier

Wie du vorgehst

1 Falte aus dem Papier eine Halterung für das Reagenzglas.

2 Gib einige Kupfersulfatkristalle in das Reagenzglas und bitte einen Erwachsenen, seinen Boden mit Hilfe der Papierhalterung über dem Kocher zu erhitzen.

3 Füge zwei Tropfen Wasser hinzu, sobald das Reagenzglas abgekühlt ist.

Was passiert?

Die Kristalle werden blau, und das Reagenzglas erwärmt sich.

Weil...

... die Kupfersulfatkristalle Wassermoleküle enthalten, die durch Wärmeeinwirkung verdunsten, wodurch die Kristalle ihre blaue Farbe verlieren. Wenn du erneut Wasser dazugibst, verbinden sich dessen Moleküle mit den Kristallen. Bei dieser chemische Reaktion wird dieselbe Menge an Wärme abgegeben, die zuvor absorbiert wurde.

Was passiert?

Die Kristalle werden weiß, und am oberen Teil des Reagenzglases bilden sich Wassertropfen.

Foto: Kupfersulfatkristalle

Bei einigen chemischen Reaktionen wird die in den Reagenzien enthaltene Energie in Form von Wärme frei gesetzt.

219

Stoffe analysieren

Einige Eigenschaften der Stoffe, mit denen wir jeden Tag in Kontakt kommen, nehmen wir direkt über unsere Sinne auf. Der Geschmack, die Gerüche, die Farben, die Konsistenz von Materialien oder von Nahrung ermöglichen uns, sie voneinander zu unterscheiden, einzuordnen, zu nutzen oder zu vermeiden. Doch bei manchen Stoffen können wir die Eigenschaften nicht mit unseren Sinnen erfassen, und es könnte sogar gefährlich sein, sie zu kosten oder zu berühren.
Es gibt verschiedene Methoden, um die chemische Natur von Stoffen herauszufinden; auf den folgenden Seiten wirst du einige der einfacheren kennen lernen.

Kann man einen Stoff in einem anderen erkennen?

ES GIBT LUFT UND LUFT

Was du brauchst

- Kalkwasser (gibt es in der Apotheke oder Geschäften, die chemische Erzeugnisse führen)
- einen Trinkhalm
- ein Glas
- eine Fahrradpumpe

Wie du vorgehst

1 Gieße Kalkwasser in das Glas.

2 Tauche den biegsamen vorderen Teil der Luftpumpe in das Glas und blase etwas Luft hinein.

3 Tauche den Trinkhalm ins Glas und blase ins Wasser.

Was passiert?

Wenn du mit der Pumpe Luft ins Glas pumpst, entstehen Blasen, doch das Kalkwasser bleibt klar: Wenn du in das Kalkwasser bläst, wird es dagegen trübe.

Weil…

… Kalkwasser sich trübt, wenn es mit Kohlendioxid in Berührung kommt. Das beweist, dass diese Verbindung in deinem Atem enthalten ist, aber nicht in der Luft aus der Fahrradpumpe. Es ist tatsächlich so, dass man reine Luft einatmet und Kohlendioxid ausatmet.

AUF DER SUCHE NACH STÄRKE

Was du brauchst

- einige Lebensmitel: Brot, Reis, Nudeln, Fleisch, einen Apfel, eine Kartoffel, weißes Mehl
- Jodtinktur
- Wasser
- ein Glas
- einen Tropfenzähler
- Stärkepulver
- sieben Tellerchen

Wie du vorgehst

1 Fülle das Glas zu einem Drittel mit Wasser und gib sechs Tropfen Jodtinktur dazu.

2 Gib mit dem Tropfenzähler einige Tropfen der hergestellten Lösung auf das Stärkepulver.

Was passiert?

Die Stärke färbt sich blau.

3 Zerkleinere die Lebensmittel, verteile sie auf die Teller, feuchte sie mit Wasser an und gib einige Tropfen der Lösung aus Wasser und Jod darüber.

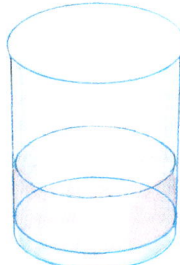
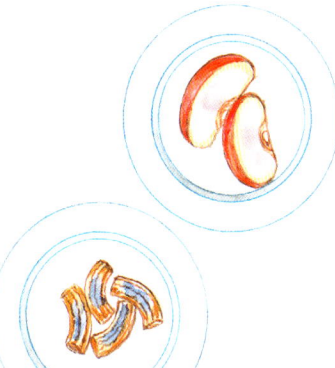

Was passiert?

Dort, wo die Tropfen auftreffen, werden einige Lebensmittel blau.

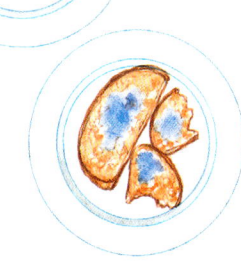

Weil…

… die Blaufärbung bedeutet, dass in diesen Lebensmitteln Stärke enthalten ist: ein Zucker, der in Gemüsesorten sehr verbreitet ist, die ihn produzieren und in den Samen und den Wurzeln speichern.

Manche Stoffe ändern ihre Farbe, wenn sie mit anderen Stoffen in Kontakt kommen, wodurch man ihre Anwesenheit bestimmen kann.

221

Wozu dienen chemische Analysen?

ZERSETZENDER ESSIG

Was du brauchst

- eine Eierschale
- Stückchen einer Mauer
- Essig
- zwei Gläser

Wie du vorgehst

1 Gib in ein Glas die zerstoßene Eierschale, in das andere die Mauerstückchen.

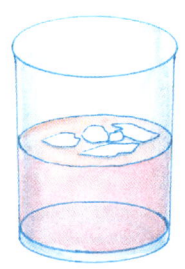

2 Fülle die beiden Gläser bis zur Hälfte mit Essig und kontrolliere ihren Inhalt alle 12 Stunden.

Was passiert?

Erst löst sich die Eierschale, dann auch das Mauerwerk im Essig auf.

Weil…

… Essig eine *Säure* ist. Er hat die Eigenschaft, einige Stoffe zu zersetzen, darunter auch Kalk, der Bestandteil sowohl der Eierschale als auch des Mauerwerks ist.

Säuren und Basen

Säuren und *Basen* sind zwei wichtige Arten von chemischen Substanzen. Man muss wissen, ob ein Stoff eine Säure oder eine Base ist, um sein Verhalten und seine Wirkung auf andere Stoffe vorhersagen zu können. Einige Säuren haben einen sauren Geschmack (wie etwa Zitronen oder Essig) und sind harmlos. Stärkere Säuren sind gefährlich: Wenn sie mit der Haut in Kontakt kommen, wird diese verätzt.
Basen sind Stoffe, die z. B. in Putzmitteln enthalten sind; auch starke Basen können gefährlich sein, weil sie eine zersetzende Wirkung haben.
Reines Wasser ist weder eine Säure noch eine Base, es

ist neutral. Du hast gesehen, dass neben der Unterscheidung in Säuren und Basen auch der Säuregehalt und der Basengehalt von Stoffen wichtig sind. Zu diesem Zweck wurde eine *pH-Skala* eingerichtet, anhand derer ausgehend vom pH-Wert 7, der neutrale Stoffe kennzeichnet, Stoffe klassifiziert werden. Der pH-Wert von Säuren ist geringer als 7; je niedriger der pH-Wert, desto stärker die Säure. Bei Basen ist der Wert höher als 7; je höher der ph-Wert, desto stärker die Base. Auch im menschlichen Körper sind Stoffe mit verschiedenen pH-Werten enthalten: Der Wert der Magensäfte liegt unter 3, der des Blutes ein wenig über 7.

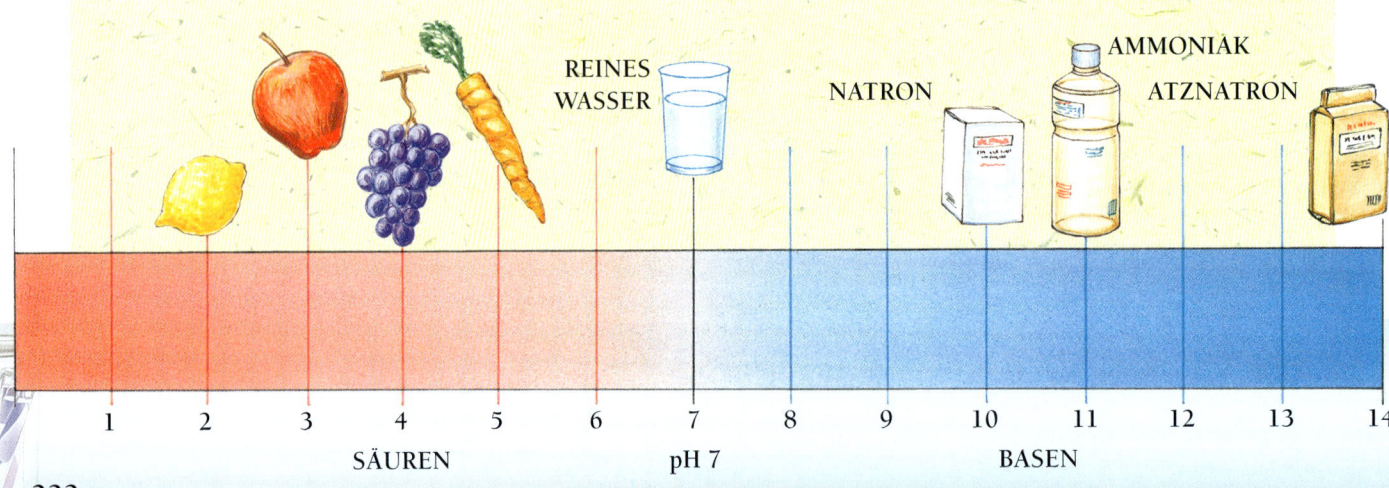

REINES WASSER — NATRON — AMMONIAK — ÄTZNATRON

| 1 | 2 | 3 | 4 | 5 | 6 | 7 | 8 | 9 | 10 | 11 | 12 | 13 | 14 |

SÄUREN — pH 7 — BASEN

EINE INDIKATORFLÜSSIGKEIT

Was du brauchst

- einen halben Rotkohl
- ein Messer
- einen kleinen Topf
- einen Herd
- Wasser
- ein Sieb
- ein Einmachglas
- drei Gläser
- eine Zitrone
- Natron
- einen Esslöffel

Wie du vorgehst

1 Bitte einen Erwachsenen, den Kohl in dünne Scheiben zu schneiden und ihn mit Wasser bedeckt in dem Topf aufzukochen.

2 Wenn das Wasser kocht, nimmst du den Topf vom Feuer, rührst um und lässt alles 30 Minuten ruhen.

3 Gieße den Kohl in das Sieb und fange das Wasser mit dem Einmachglas auf: Nun hast du eine Indikatorflüssigkeit.

4 Gib in ein Glas Wasser und Zitronensaft, in das Zweite Wasser und Natron und in das Dritte nur Wasser.

5 Gib in jedes Glas einen Löffel der Indikatorflüssigkeit.

Was passiert?

Das Wasser mit Zitrone färbt sich rosa, das mit Natron wird blaugrün, und das Wasser ändert die Farbe der Indikatorflüssigkeit nicht.

Weil...

... die Flüssigkeit, die du durch das Kochen des Kohls erhalten hast, ein *Indikator* ist, das heißt ein Stoff, der eine andere Farbe annimmt, je nachdem ob er mit einer Säure (dann wird er rosa) oder einer Base (dann wird er blau oder grün) in Kontakt kommt.
Der Indikator zeigt dir also, dass Zitronensaft eine Säure ist, Natron eine Base und Wasser keines von beidem, sondern neutral, da hier der Indikator seine Farbe nicht verändert.

Das internationale Symbol für Säuren.

In Chemielabors benutzt man verschiedene Indikatoren, darunter Lackmuspapier. Das sind Papierstreifen, die mit einer bestimmten Substanz getränkt wurden und ihre Farbe ändern, wenn sie mit einer Säure oder Base in Kontakt kommen, sowie Phenolphtalein, das sich in Kontakt mit Basen rot färbt.

Bei der chemischen Analyse enthüllen Indikatoren Eigenschaften von Stoffen, die nicht offensichtlich sind.

223

Chemie im Alltag

Sehr viele chemische Reaktionen laufen in unserer unmittelbaren Umgebung oder sogar in uns ab. Immer wenn wir ein Ei kochen oder einen Kuchen backen, wenn wir atmen, kauen oder verdauen, ist Chemie im Spiel. Auf den folgenden Seiten, mit denen deine Reise durch die Welt der Chemie zu Ende geht, findest du einige einfache Experimente, die dir verraten, was mit den Speisen passiert, wenn sie zubereitet oder gekostet werden.

Warum lässt Hefe Brot aufquellen?

DIE KRAFT DER BLÄSCHEN

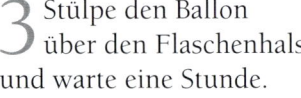

Was du brauchst

- eine Plastikflasche
- etwa 150 ml warmes Wasser
- Hefe
- Zucker
- einen Teelöffel
- einen Luftballon

Wie du vorgehst

1 Gib drei Löffel Hefe und zwei Löffel Zucker in die Flasche.

2 Gieße langsam das warme Wasser darüber.

3 Stülpe den Ballon über den Flaschenhals und warte eine Stunde.

Was passiert?

Die Flüssigkeit schäumt, und der Luftballon bläst sich auf.

Weil…

… Hefe ein winziger Pilz ist, der sich von Zucker ernährt und ein Gas produziert: Kohlendioxid. Dieses bildet viele Bläschen, die nach oben steigen, (darum schäumt die Flüssigkeit) und an der Luft frei gesetzt werden, wodurch sie den Ballon aufblasen.

Die Gärung von Brot

Bei der Gärung des Brotes nährt sich die Hefe vom Zucker, der im Mehl enthalten ist, und erzeugt Kohlendioxid, das den Teig aufquellen lässt. Während des Backens wird das Kohlendioxid frei gesetzt und lässt im Brot die charakteristischen kleinen Löcher zurück.

Chemische Substanzen im Essen

Die Lebensmittel, von denen wir uns ernähren, bestehen im Normalfall aus natürlichen chemischen Substanzen, da sie von Tieren oder Pflanzen kommen.

Die Stoffe, die in unserer Ernährung enthalten sein müssen, damit wir gesund bleiben, können in drei Hauptgruppen unterteilt werden:
- Kohlenhydrate (die in Nudeln, Brot, Zucker, Obst und Gemüse enthalten sind), die sofort Energie liefern, weil sie vom Organismus schnell verbrannt werden;
- Fette (wie Öl, Butter oder Margarine), die ebenfalls Energielieferanten sind, wenn auch langsamere;
- Eiweiß (in Fleisch, Fisch, Eiern und Käse enthalten), das wichtig ist für das Wachstum und die „Instandhaltung" des Körpers.

Unsere Nahrung liefert uns auch noch andere unverzichtbare Stoffe: Vitamine, Mineralien und einen Teil des Wassers, das wir benötigen.

Bei der Gärung von Hefe wird ein Gas frei gesetzt: das Kohlendioxid, das den Teig aufquellen lässt.

Wie zerlegt der Magen die Nahrung?

ENZYME BEI DER ARBEIT

Was du brauchst

- zwei Einmachgläser
- zwei gekochte Eier
- normales Putzmittel
- biologisches Putzmittel mit Enzymen
- lauwarmes Wasser
- einen Löffel
- einen Filzstift
- zwei Etiketten

Wie du vorgehst

1 Gib in ein Glas einen Löffel von dem normalen Putzmittel, in das andere einen Löffel von dem biologischen Putzmittel.

2 Beschrifte die Gläser mit den Etiketten.

3 Gib lauwarmes Wasser in beide Gläser und rühre kräftig um, damit das Putzmittel sich auflöst.

4 Lege in jedes der Gläser ein gepelltes gekochtes Ei und lasse alles bei Zimmerwärme einen Tag ruhen, es darf jedoch keine Wärmequelle in unmittelbarer Nähe sein.

Die Biochemie

Im Inneren des menschlichen Körpers, wie auch in allen anderen lebenden Organismen, laufen unzählige chemische Reaktionen ab. Die Wissenschaft, die diese Phänomene erforscht, heißt *Biochemie* und versucht zu verstehen, wie die Moleküle unbelebter Stoffe untereinander reagieren und damit einen Organismus am Leben erhalten.

Die Biochemie ist besonders wichtig auf dem Gebiet der Medizin. Indem man herausgefunden hat, wie Atmung, Verdauung und die Impulsübertragung funktionieren, konnten Mittel gegen viele Krankheiten entwickelt werden.

Auch die Lebensmittelindustrie profitiert von der Biochemie, besonders was die Konservierung von Nahrungsmitteln und die Herstellung von Kindernahrung angeht.

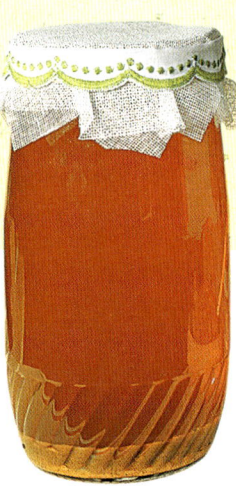

Was passiert?

Das Ei in dem normalen Putzmittel hat sich nicht verändert, das in dem biologischen Putzmittel dagegen wurde zersetzt.

Weil…

… das biologische Putzmittel Enzyme enthält, das heißt besondere chemische Substanzen, die bestimmte Reaktionen fördern. Dank der Enzyme reagiert das biologische Putzmittel auf das Ei ebenso wie auf Schmutzflecken: Es trennt dessen Moleküle und löst den Schmutz im Wasser auf. Auch unser Organismus produziert Enzyme zur Zersetzung der Nahrung, die in winzige und damit brauchbare Teilchen zerlegt wird.

226

DIE FUNKTION DES SPEICHELS

Was brauchst du

- Jodlösung (du kannst die aus dem Experiment „Auf der Suche nach Stärke" benutzen)
- weißes Mehl
- kaltes, lauwarmes und kochendes Wasser
- einen Esslöffel
- einen Teelöffel
- eine Tasse
- ein Reagenzglas
- ein Einmachglas
- einen Tropfenzähler
- einen Teller

Wie du vorgehst

1 Verrühre in der Tasse einen Esslöffel Mehl mit wenig kaltem Wasser und fülle mit heißem Wasser auf.

2 Wenn die Mischung abgekühlt ist, gibst du einen Teelöffel davon auf den Teller und gibst einige Tropfen der Jodlösung darauf.

Was passiert?

Die Mischung aus Mehl und Wasser färbt sich blau, was verrät, dass sie Stärke enthält.

3 Sammle in einem Reagenzglas so viel Speichel wie möglich, gib einen Esslöffel der Mischung aus Wasser und Mehl dazu, halte das Röhrchen mit einem Finger zu und schüttle es kräftig.

4 Schütte lauwarmes Wasser in das Einmachglas und tauche das Reagenzglas hinein (Achte darauf, dass kein Wasser eindringt).

5 Gib jede halbe Stunde mit dem Tropfenzähler ein wenig von der Mischung im Reagenzglas auf den Teller (der jedesmal sauber sein muss) und tropfe Jodlösung darauf.

Was passiert?

Die Mischung aus Mehl und Wasser verfärbt sich durch die Jodlösung mit der Zeit immer weniger, bis sie schließlich ihre Farbe gar nicht mehr ändert.

Weil…

… der Speichel ein Enzym enthält: das *Ptyalin*, das in der Lage ist, Stärke in Maltose umzuwandeln, einen Zucker, der vom Organismus gut verwertet werden kann.

Versuche einmal, ein Stück Brot ganz langsam zu kauen: Erst schmeckt es salzig, dann süß; diese Geschmacksveränderung wird durch das Ptyalin verursacht!

Unser Organismus produziert Enzyme, die Nahrungsmittel in gut verwertbare Stoffe umwandeln.

Was sind Gemische?

Gemische erhält man, indem man Stoffe mischt, die dabei ihre Eigenschaften beibehalten (sich also nicht verändern) und daher leicht wieder trennbar sind. Diese sind zum Teil mit bloßem Auge zu erkennen, in anderen Fällen dagegen kann man die Bestand-teile nur mit speziellen Mikroskopen voneinander unterscheiden.

In der Natur gibt es verschiedene Arten von Gemischen, die aus festen oder flüssigen Stoffen oder Gasen bestehen. Hier einige Beispiele:

feste Stoffe und feste Stoffe
– Metalllegierungen wie Bronze (bestehend aus Kupfer und Zinn) und Messing (Kupfer und Zink) sind Gemische, die man erhält, indem man die beiden Metalle jeweils bei hohen Temperaturen miteinander schmilzt und sie dann hart werden lässt;
– Sand ist ein Gemisch aus verschiedenen Metallkörnchen;

fester Stoff und Flüssigkeit
– das bei einem Sturm von Sand getrübte Wasser ist ein Gemisch;

fester Stoff und Gas
– der Rauch von Kerzen ist eine Mischung aus Luft und winzigen Teilchen des brennenden Wachses;

Flüssigkeit und Flüssigkeit
– mit Wasser gemischtes Öl ergibt eine Mischung, die Emulsion genannt wird: Die beiden Flüssigkeiten lösen sich nicht vollständig ineinander auf;
– Milch ist eine Emulsion aus Wasser und Fett;

Flüssigkeit und Gas
– Nebel besteht aus winzigen Wassermolekülen in Verbindung mit der Luft.

Metalle und Nichtmetalle

Die chemischen Elemente, die in der Natur vorkommen, können in je nach ihren Eigenschaften in verschiedene Kategorien eingeteilt werden. Eine wichtige Unterscheidung ist die in Metalle und Nichtmetalle. Metalle sind normalerweise feste Stoffe, mit Ausnahme von Quecksilber, das flüssig ist. Sie haben einen charakteristischen Glanz; sie sind meist silberfarben, abgesehen von Kupfer, das rot ist, und Gold, das gelb ist. Sie sind gute Strom- und Wärmeleiter; sie können leicht verarbeitet werden (das heißt, sie sind nachgiebig und geschmeidig). Weitere Beispiele für Metalle sind Eisen, Aluminium, Uran und Kalzium.

Die Eigenschaften von Nichtmetallen sind sehr vielfältig. Sie können Gase sein, wie Sauerstoff, Stickstoff und Helium, oder feste Stoffe wie Schwefel und Kohlenstoff. Sie haben nicht den typischen Glanz wie Metalle und leiten weder Strom noch Wärme. Feste Nichtmetalle sind zerbrechlich und weder nachgiebig noch geschmeidig.

Die Sinne

Wie funktionieren unsere Augen? Was nehmen wir über den Tastsinn wahr? Wie kommt der Schall in unsere Ohren? Wie viele Geschmacksrichtungen erkennt die Zunge? Spürt die Nase Düfte? Die Antworten auf diese und viele andere Fragen findest du mit Hilfe der Experimente der folgenden Seiten zu diesen Themen:

Das Sehen • Der Tastsinn • Das Gehör
Geschmack und Geruchssinn

Das Sehen

Wie viel kannst du durch das Sehen lernen, wie viele Naturschauspiele genießen? Von wie vielen Filmen oder Kunstwerken kannst du dich beeindrucken lassen?

Du erfährst alles über die Farbe, die Form, die Dichte, die Entfernung, die Größe, die Oberfläche und das Material von allem, das dich umgibt, du kannst sehen, ob und wie es sich bewegt.

All diese Eindrücke werden von sehr wichtigen Sinnesorganen erfasst, den Augen, und vom Gehirn verarbeitet, das sie sortiert, sie mit vorher gegangenen vergleicht und sie speichert. Dadurch erkennst du die Bedeutung dessen, was dich umgibt!

Durch die folgenden Experimente wirst du die Voraussetzungen zum Sehen und die wunderbaren Möglichkeiten des Sehens kennenlernen, darunter auch die der Sinnestäuschung!

Unter welchen Voraussetzungen kann man sehen?

KEINE FARBEN BEI DUNKELHEIT

Was du brauchst

- einige farbige Gegenstände (Stifte, Bausteine)
- ein dunklesZimer

Wie du vorgehst

1 Bringe die Gegenstände in ein dunkles Zimmer, in das kein Licht dringt, und betrachte sie.

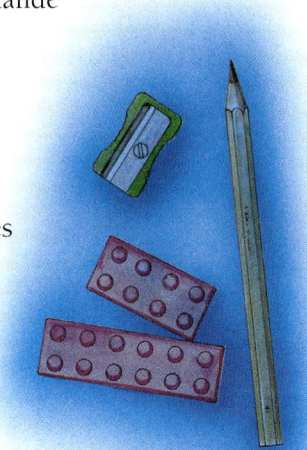

2 Lasse etwas Licht herein und sieh sie dir noch einmal an.

Was passiert?

In der Dunkelheit könne die Augen gerade einmal die Formen der Dinge unterscheiden, im Halbdunkel auch die Farben, aber nicht so gut wie im Licht.

Weil…

… unsere Augen die Umgebung und die Farben von Dingen nur sehen, wenn sie beleuchtet sind.

In der Dunkelheit sehen

Einige Tiere, zum Beispiel Katzen, können in der Dunkelheit besser sehen als bei Tag. In ihren Augen befinden sich viele Zellen, die Lichtimpulse auffangen können. Außerdem sehen ihre Augen bei Nacht wie kleine Spiegel aus, weil sie mit einer „Glanzschicht" versehen sind, einer äußeren Zellschicht, die jeden noch so schwachen Lichtstrahl reflektiert oder ihn wieder an die Netzhaut schickt und damit die Sicht verbessert.

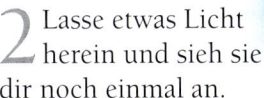

DEINE PUPILLEN

Was du brauchst

- einen Spiegel
- eine Lampe
- ein Zimmer mit wenig Licht

Wie du vorgehst

1 Schalte die Lampe an und halte sie neben deinen Kopf, so dass das Licht nicht direkt in deine Augen leuchtet. Beobachte im Spiegel die Größe deiner Pupillen, das sind die schwarzen Punkte in der Mitte deiner Augen.

2 Schalte die Lampe aus und betrachte deine Pupillen.

Was passiert?

Wenn das Licht stark ist, sind die Pupillen klein, bei wenig Licht vergrößern sie sich.

Weil…

… unsere Augen zum Sehen Licht brauchen. Wenn nur wenig Licht vorhanden ist, weitet sich die Pupille, damit so viel Licht wie möglich eindringen kann; ist das Licht stark, wird die Pupille klein, weil zu viel Licht dem Auge schaden kann.

Infrarotsehen

Die Kobra hat ein besonderes System, um nachts sehen zu können: zwischen den Augen und den Nasenlöchern hat sie kleine Grübchen aus Zellen, die in der Lage sind, Infrarotstrahlen aufzufangen, das heißt Strahlen, die durch Wärme entstehen. So kann die Kobra in der Dunkelheit ihre Beute aufgrund der Wärme, die von ihr ausgeht, orten. Infrarotsysteme nutzt man auch im Militärbereich: es gibt besondere Apparate (Brillen, Ferngläser), die in der Dunkelheit Wärmestrahlen auffangen, die von Körpern oder Gegenständen ausgehen.

Unsere Augen können nur das sehen, was beleuchtet ist.

231

Wie funktionieren unsere Augen?

EINE MAGISCHE SCHACHTEL

Was du brauchst

- einen Pappbecher
- eine Nadel
- einen Bogen Pauspapier
- Klebeband
- einen Pinsel
- schwarze Temperafarbe
- eine Kerze
- ein Streichholz
- einen verdunkelbaren Raum

Wie du vorgehst

1 Male das Innere des Bechers schwarz an.

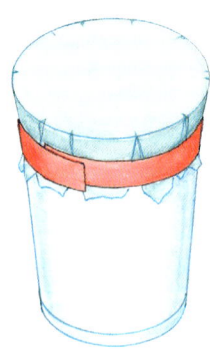

2 Bohre mit der Nadel ein kleines Loch in die Mitte des Becherbodens.

3 Spanne das Pauspapier über die Öffnung des Bechers und befestige es mit Klebeband.

4 Lasse dir von einem Erwachsenen die Kerze anzünden und verdunkle das Zimmer.

5 Halte den Becher waagerecht vor dich, so dass das Loch im Boden des Bechers auf die Kerze gerichtet ist (etwa einen halben Meter davon entfernt) und das Pauspapier zu dir.

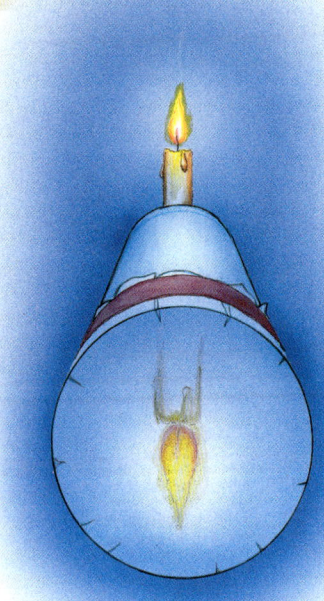

Was passiert?

Auf dem Pauspapier entsteht das auf dem Kopf stehende Bild der Kerze.

Weil…

… die Lichtstrahlen, die von der Kerze ausgehen, durch das Loch im Becherboden dringen und am Deckel des Bechers aufgehalten werden, wo sie dann das Bild der Kerze rekonstruieren. Dieses steht auf dem Kopf, weil Lichtstrahlen sich geradlinig bewegen. Diejenigen, die vom oberen Teil der Flamme kommen, treffen den unteren Teil des Pauspapiers, während die von unten kommenden es oben treffen. Wenn du die Kerze ausbläst, verschwindet auch das Bild.

Das Auge

Das von Objekten reflektierte Licht dringt durch die *Pupille* ins Auge ein, eine schwarze Scheibe in der Mitte der *Iris* (der farbige Teil des Auges). Dann treffen die Lichtstrahlen auf den Glaskörper, ein durchsichtiges elastisches Gebilde, das als Linse fungiert und in der Lage ist, das Bild, das auf der *Netzhaut* entsteht, scharf zu stellen, indem sie sich zusammenzieht oder ausdehnt. Die Netzhaut im hinteren Teil des Auges

Netzhaut — Sehnerv — Iris — Glaskörper

ist eine Art Leinwand, auf der das Bild auf dem Kopf stehend zusammengesetzt wird. Ihre Zellen sind mit dem *Sehnerv* verbunden, der das Bild in Form von Nervenimpulsen an das *Gehirn* weiterleitet, das es richtig herum dreht und speichert.

Im Auge sind Rezeptoren, die das Gesehene an das Gehirn weiterleiten.

Kann die Netzhaut ermüden?

BILDER AUS DEM NICHTS

Was du brauchst

• die hier abgedruckten Bilder

Wie du vorgehst

1 Halte das Buch im Abstand von etwa 30 cm vor deine Augen und fixiere die Hexe etwa 30 Sekunden lang.

2 Schaue sofort danach konzentriert auf den Eingang der Burg und zähle bis zehn.

Was passiert?

Die Hexe erscheint auf grauem Hintergrund.

Weil…

… das erste Bild auf sehr intensive Weise den Teil der Netzhaut beansprucht, der dem Hintergrund des Bildes (der leuchtender ist) entspricht, und den Teil der Netzhaut, der der Hexe entspricht (die schwarz ist), dagegen nur schwach. Wenn du dann den Blick verlagerst, gibt die Netzhaut das Bild des weißen Hintergrundes, auf dem zuvor die Hexe erschien (welche dem ausgeruhten Teil der Netzhaut entspricht), sofort an das Gehirn weiter. Auf das Weiß der Umgebung reagiert die Netzhaut jedoch nur langsam, da sie ermüdet ist, so dass dieses Grau erscheint.

Die Netzhaut

Um zu verstehen, wie die Netzhaut funktioniert, kann man sie mit den Leuchtreklametafeln vergleichen, auf denen unzählige Leuchtpunkte ständig wechselnde Bilder produzieren. Die Netzhaut besteht aus besonderen Zellen, den *Zapfen* und den *Stäbchen*, die unsere Sehrezeptoren sind. Die Zapfen sind zuständig für die Farbempfindung, werden bei wenig Licht jedoch nicht aktiviert; die Stäbchen sind empfindlicher und ermöglichen uns das Sehen auch bei schlechten Lichtverhältnissen. Diese beiden Zellarten reagieren auf Lichtreize und setzen die Bilder, die wir sehen im Auge wieder zusammen, um sie an das Gehirn weiterzuleiten.

Jedesmal, wenn ein Zapfen oder ein Stäbchen auf einen Lichtreiz reagiert, entladen sie sich, und um sich wieder aufzuladen, brauchen sie den Bruchteil einer Sekunde. Während dieser kurzen Zeitspanne funktionieren die Zellen nicht. Dennoch wird unser Sehen aber nicht unterbrochen, da das Bild gespeichert bleibt: Während die Zellen sich wieder aufladen, verschwindet das Bild ganz langsam von der Netzhaut und wird so mit dem folgenden Bild verbunden, so dass keine Unterbrechungen entstehen.

Die Zellen der Netzhaut entladen sich jedesmal, wenn sie einen Impuls an das Gehirn übertragen.

233

Sehen zwei Augen besser als eines?

EINGESCHRÄNKTE SICHT

Was du brauchst

- ein Blatt Papier
- einen Bleistift
- einen Stift mit Deckel

Wie du vorgehst

1 Male einen Punkt auf das Papier.

2 Setze dich in etwa 75 cm Abstand vor das Papier.

3 Schließe ein Auge und versuche, den Punkt mit der Bleistiftspitze zu treffen.

Was passiert?

Beim ersten Versuch trifft die Bleistiftspitze weit daneben.

4 Halte den Stift und seinen Deckel vor deine Nase, schließe ein Auge und versuche, den Deckel über den Stift zu stülpen.

Was passiert?

Beim ersten Versuch führst du Stift und Deckel aneinander vorbei.

Das Schielen

Das Schielen ist auf eine Fehlfunktion der Augenmuskeln zurückzuführen, die die Augen in verschiedene Richtungen lenken. Das Gehirn gewöhnt sich daran und berücksichtigt nur eines der übermittelten Bilder, das andere Auge bleibt ungenutzt. Bei schielenden Kindern wird oft das funktionierende Auge abgedeckt, um das andere wieder zu aktivieren.

Weil...

... unsere Augen zwei leicht verschiedene Bilder desselben Gegenstandes an das Gehirn weiterleiten, was an dem Winkel liegt, aus dem sie ihn betrachten. Das Gehirn verarbeitet die beiden Bilder und setzt sie zu einem zusammen. Durch dieses so genannte *stereoskopische Sehen* ist das Gehirn in der Lage, die Entfernung des Gegenstandes zu bestimmen. Ist ein Auge geschlossen, ist es für das Gehirn viel mühsamer, die Entfernung zu bemessen und unsere Bewegungen zu koordinieren, um den Punkt auf dem Papier zu treffen, oder dem Stift den Deckel aufzusetzen.

GETRENNTE BILDER

Was du brauchst

- ein Glas
- Wasser
- einen Filzstift, der selbst stehen kann
- einen Tisch

Wie du vorgehst

1 Stelle das mit Wasser gefüllte Glas auf den Tisch.

2 Stelle den Stift im Abstand von 40 cm hinter das Glas.

3 Setze dich im Abstand von 20 cm auf die andere Seite des Glases und betrachte den Stift durch das Wasser.

Was passiert?

Du siehst zwei Stifte.

4 Schließe erst das eine, dann das andere Auge.

Was passiert?

Mit einem Auge siehst du nur einen Stift.

Weil…

…die gebogenen Wände des Glases bewirken, dass die Augen den Stift aus zwei sehr verschiedenen Winkeln sehen, so dass das Gehirn statt einem zwei Bilder registriert. Das Glas trennt also das, was die Augen normalerweise zusammensetzen, um gegenstände einheitlich zu sehen. Natürlich siehst du mit einem Auge nur ein Bild, da es von nur einem Winkel aus gesehen wird.

Unterschiedliche Augen

Beim Menschen überlagern sich die von beiden Augen übertragenen Bilder, so dass ein dreidimensionales, stereoskopisches Bild entsteht. Ebenso ist bei Raubtieren, für die es wichtig ist, Entfernungen einschätzen zu können, während es für Pflanzenfresser zur Verteidigung wichtiger ist, einen Überblick über die Umgebung zu bekommen. Da ihre Augen an der Seite des Kopfes sind, sehen sie weniger scharf, dafür aber mehr.

Die Augen des Löwen sind für das Erspähen von Beute nach vorne gerichtet; die des Kaninchens sind an der Seite des Kopfes, um Gefahren von allen Seiten rechtzeitig erkennen zu können.

Durch das Sehen mit zwei Augen können wir die Entfernung und die Ausmaße von Körpern erkennen.

Haben unsere Augen immer recht?

OPTISCHE TÄUSCHUNGEN

Was du brauchst

• die hier abgedruckten Bilder
• ein Lineal

Wie du vorgehst

1 Betrachte die Bilder nacheinander aufmerksam und beantworte die Fragen.

2 Überprüfe deine Antworten mit Hilfe des Lineals.

Sind die roten Linien gleich lang?

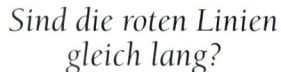
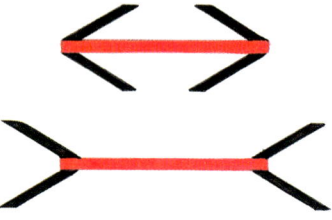

Welche der farbigen Linien ist länger?

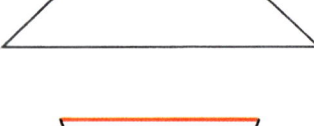

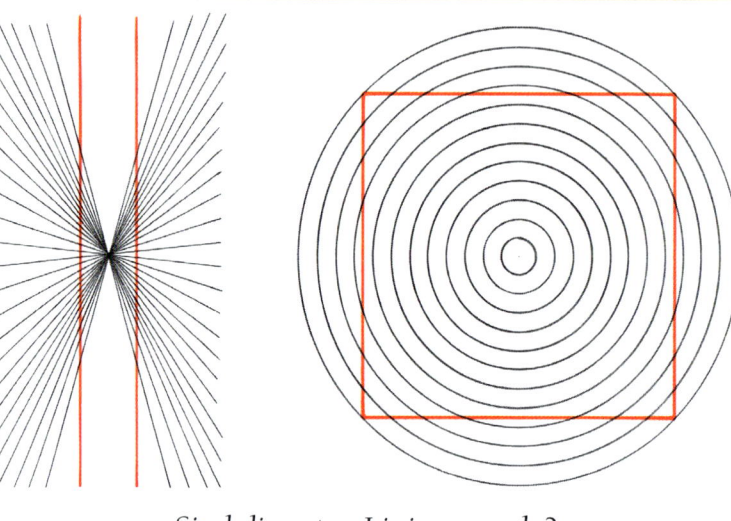

Sind die roten Linien gerade?

Welche Giraffe ist am größten?

Was passiert?

Die Kontrolle mit dem Lineal bringt so manche Überraschung mit sich: Die gebogen aussehenden Linien sind ganz gerade, die roten Linien sind genau gleich lang, und die drei Giraffen sind genau gleich groß.

Weil...

... das Gehirn manchmal falsche Schlüsse aus den Bildern zieht, die ihm übermittelt werden, da es vom Gedächtnis und von den Farben und Formen eines Bildes beeinflusst wird. Wir haben es hier mit optischen Täuschungen zu tun.

PHANTASIEBILDER

Was du brauchst

• eine etwa 30 cm lange Pappröhre

Wie du vorgehst

1 Halte die Rolle vor dein rechtes Auge.

2 Halte eine Hand mit der Handfläche zu dir vor dein linkes Auge.

3 Schaue mit dem rechten Auge durch die Röhre und lasse das linke dabei geöffnet.

Was passiert?

Die Hand scheint ein Loch zu haben.

Weil…

… deine Augen zwei verschiedene Dinge sehen, das Ende der Rolle und deine Hand, aus denen dein Gehirn aber ein illusorisches Bild macht.

EINE BRÜCKE REPARIEREN

Was du brauchst

• das unten abgedruckte Bild

Wie du vorgehst

1 Halte die Lücke zwischen den Brückenteilen mit offenen Augen direkt vor deine Nase.

2 Warte einige Sekunden.

Was passiert?

Die Brückenteile nähern sich einander.

Weil…

… das Gehirn die unterschiedlichen Bilder, die ihm die Augen übermitteln, zu einem Bild zusammenfasst, so dass die Brücke intakt erscheint.

Manchmal interpretiert das Gehirn die Informationen, die es von den Augen übermittelt bekommt, so, dass sie nicht der Realität entsprechen.

237

Sieht man Farben und Formen immer gleich?

DUNKEL UND KLAR

Was du brauchst

- die hier abgedruckten Bilder
- dünne weiße Pappe
- einen Bleistift
- ein Teppichmesser

Wie du vorgehst

1 Betrachte die drei roten Quadrate.

Was passiert?

Sie scheinen alle unterschiedlich rot zu sein.

2 Zeichne drei Quadrate der gleichen Größe und im gleichen Abstand wie die roten Quadrate.

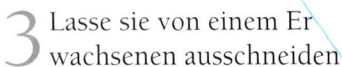

3 Lasse sie von einem Erwachsenen ausschneiden.

4 Lege die Pappe nun so über die oben abgebildeten Quadrate, dass du nur noch die kleinen roten Quadrate siehst.

Was passiert?

Die Quadrate haben alle denselben roten Farbton.

Weil…

… die Wahrnehmung einer Farbe durch die Hintergrundfarbe beinflusst wird. Man kann Farben hervorheben, indem man sie mit stark kontrastierenden Farben kombiniert, oder sie durch Kombination mit ähnlichen Farben abschwächen.

Kontrastwirkung

Farben können in Primär-, Sekundär- und Komplementärfarben unterteilt werden.
Die *Primärfarben* (Magentarot, Zitronengelb und Zyanblau) heißen so, weil aus ihnen alle anderen Farben gmischt werden können.
Die *Sekundärfarben* entstehen durch die Mischung von zwei Primärfarben: Aus Gelb und Blau erhält man zum Beispiel Grün.
Die *Komplemetärfarben* sind Farben, die den größtmöglichen Kontrast bilden, wenn man sie einander gegenüberstellt. Die Komplementärfarbe einer Primärfarbe erhält man, wenn man die anderen beiden Primärfarben miteinander mischt: Zum Beispiel gibt Blau und Gelb Grün, das die Komplementärfarbe von Rot ist. Solche Kombinationen können die Wahrnehmung des Gehirns beeinflussen und werden genutzt, um Schriften oder Bilder hervorzuheben oder in der Werbung, um die Aufmerksamkeit auf ein bestimmtes Produkt zu lenken.

DIE FORM, DIE NICHT DA IST

Was du brauchst

• die unten abgedruckten Bilder

Wie du vorgehst

1 Betrachte dieses Bild und zähle, wie viele Dreiecke du siehst.

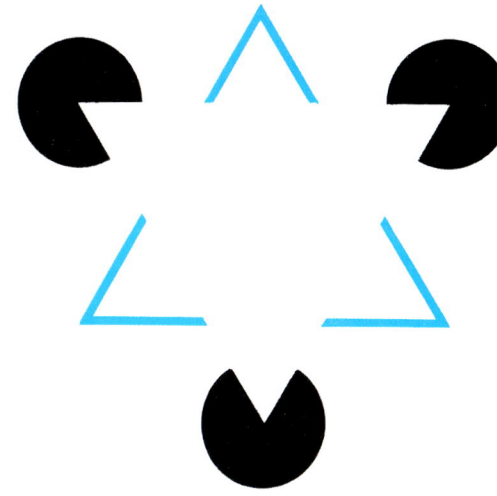

2 Betrachte dieses Bild und lies die Buchstaben, die du erkennst.

Was passiert?

Im ersten Bild siehst du zwei Dreiecke und im zweiten erkennst du die Buchstaben A und R.

Weil…

… das Gehirn seine früheren Erfahrungen nutzt, um Formen zu bilden, die in Wirklichkeit gar nicht existieren, das heißt, die gar nicht gemalt wurden. Das Gehirn fasst verschiedene Zeichen zu einer Form zusammen.

Die Funktion des Gehirns

Wenn wir etwas betrachten, empfängt das Gehirn nicht nur das Bild, sondern verarbeitet es auch. Es berichtigt es, vergleicht es mit anderen, die es zuvor gesehen hat und gibt ihnen eine Bedeutung. Bei diesen Vorgängen wird das Gehirn vom Geschmack, den Interessen, den Erfahrungen und den Gefühlen des jeweiligen Menschen beeinflusst. Psychologische Studien haben ergeben, dass der Betrachter Bilder sucht, die er bereits kennt, offene Linien zu Formen schließt, die nicht vorhanden sind, Farben Bedeutung zumisst und entweder den Hintergrund oder den Vordergrund eines Bildes genau betrachtet. Letzteres wird deutlich in Bildern wie dem hier abgedruckten. Hier kannst du entweder eine Vase oder zwei Gesichter von der Seite erkennen, je nachdem, ob dein Gehirn dem Vorder- oder dem Hintergrund mehr Aufmerksamkeit schenkt. In dem Bild unten kannst du entweder Fische oder Vögel sehen.

Die Wahrnehmung von Farben und Formen wird durch benachbarte Farben und Erfahrungen beeinflusst.

Der Tastsinn

Weißt du, warum sich deine Hand vorsichtig bewegt, wenn sie ein Ei aufheben soll? Weißt du, warum sich deine Finger unterschiedlich bewegen, wenn sie ein Blatt Papier oder einen Stein aufheben? Weil sie durch Tasten die Stabilität oder die Stärke von Gegenständen erkennen können, und weil sie dank des Tastsinns viel Erfahrung beim Berühren von Dingen entwickeln konnten. Der Tastsinn ermöglicht uns jedesmal, wenn wir in direkten Kontakt mit Gegenständen, Stoffen, Personen und Tieren kommen, wichtige Informationen zu gewinnen und sie zu speichern.

Lass uns auf den nächsten Seiten zusammen herausfinden, wie der Tastsinn an allen Oberflächen unseres Körpers und sogar in seinem Inneren aktiv ist, wie man manchmal das Sehen durch den Tastsinn ersetzen kann, und wieso es wichtig ist, Schmerz zu empfinden.

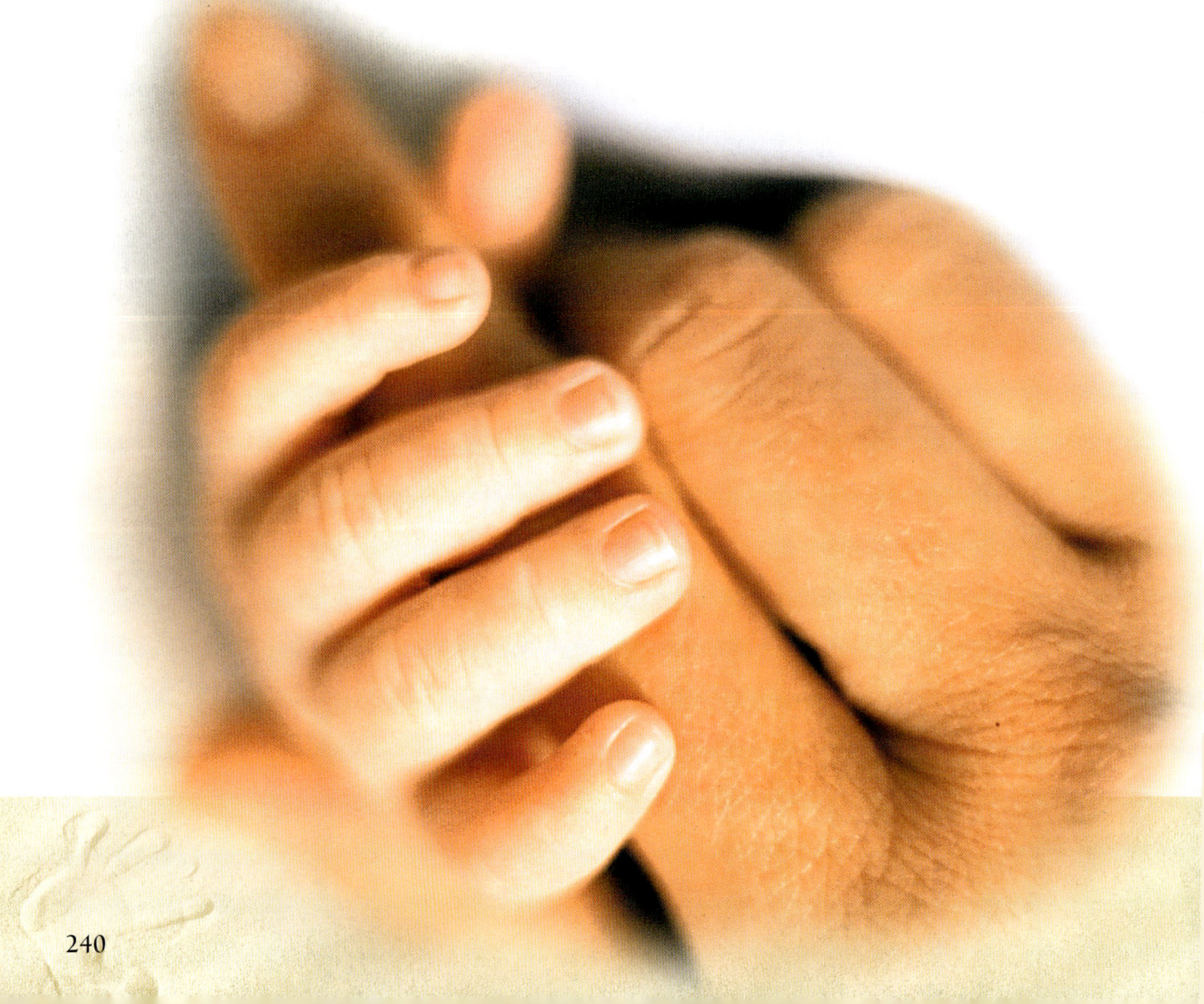

Spüren nur die Hände das, was wir berühren?

DIE HAUT IM TEST

Was du brauchst

- einen Wattebausch
- einen Teelöffel

Wie du vorgehst

1 Berühre mit dem Wattebausch erst deinen Handrücken, dann die Handfläche.

2 Berühre mit dem Bausch verschiedene Stellen des Körpers: Gesicht, Kopf, Arm, Bein, Bauch, Rücken.

3 Berühre mit dem Teelöffel deine Zunge, die Innenseiten der Wangen und das Zahnfleisch.

Was passiert??

An allen Stellen spürst du die Berührung durch den Wattebausch oder den Löffel.

Weil?

... sich am ganzen Körper Rezeptoren in der Haut befinden, das heißt kleine Teilchen, die die Berührungen an das Gehirn weiterleiten.

Wer erkennt die Reize?

Die Rezeptoren und die Nervenenden, die Reize von außen wahrnehmen, sind mit dem Rückenmark in der Wirbelsäule verbunden. Wenn sie einen Reiz empfangen, verwandeln sie ihn in einen Nervenimpuls und senden ihn an das Rückenmark, das ihn wiederum an das Gehirn weiterleitet. Dort wird der Reiz analysiert und erkannt, und von dort aus werden dann auch etwaige Reaktionen gesteuert (das Zurückziehen eines Körperteils von einem heißen Gegenstand, das vorsichtige Greifen eines zerbrechlichen Gegenstands ...).
Beim Erkennen des Reizes wird das Gehirn durch andere Sinne, vor allem durch das Sehen, unterstützt.

Der Tastsinn befindet sich im ganzen Körper unter der Haut.

Was nehmen wir mit dem Tastsinn wahr?

SCHMERZ UND DRUCK

Was du brauchst

- zwei Stückchen Pappe
- ein dünnes Gummiband
- ein dickeres Gummiband
- eine Schere

Wie du vorgehst

1 Bohre mit der Schere zwei Löcher im Abstand von 2 cm in die eine Pappe, schneide das dünne Gummi durch, stecke seine Enden durch die Löcher und knote sie fest, so dass das Gummi auf der Vorderseite der Pappe einen kleinen Bogen bildet.

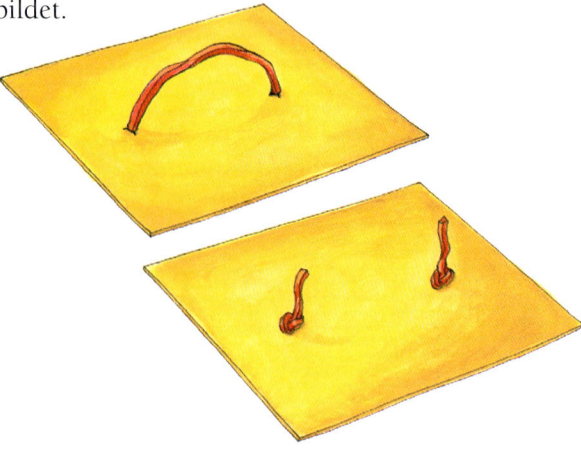

2 Mache in die andere Pappe zwei Einschnitte im Abstand von 2 cm, die so breit sind wie das dicke Gummiband; stecke die Enden des Gummibands in die Einschnitte, so dass das Band flach auf der Pappe aufliegt, und befestige es mit zwei Knoten.

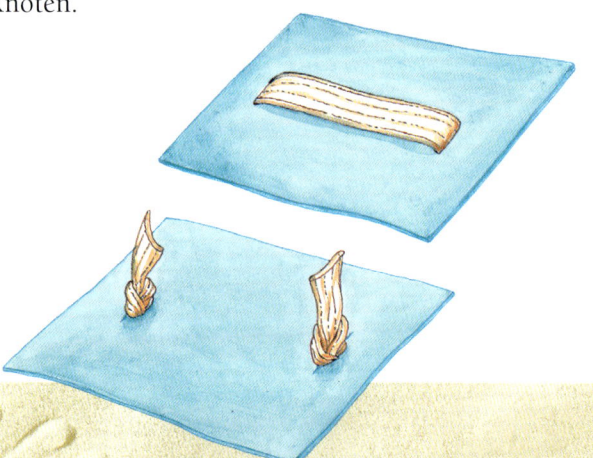

3 Stecke einen Finger unter das Gummi der ersten Pappe, hebe das Gummi mit der anderen Hand an und lasse es wieder los.

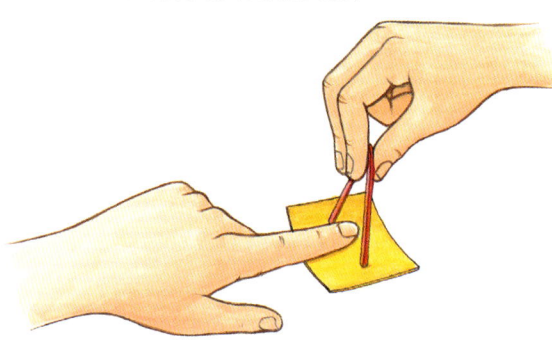

Was passiert?

Du verspürst einen Schmerz.

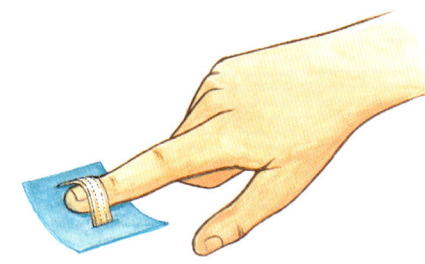

4 Hebe das dicke Gummiband an, schiebe einen Finger darunter und lass das Band wieder los.

Was passiert?

Du spürst, wie der Finger zusammengedrückt wird.

Weil...

... die Tastrezeptoren nicht alle gleich sind. Einige reagieren auf Druckunterschiede und ermöglichen uns, das Gewicht und die Art der Oberfläche eines Körpers zu erkennen, mit dem der Körper in Kontakt kommt; andere dagegen nehmen Schmerz wahr und warnen dadurch das Gehirn vor Gefahren und Schäden.

WARM UND KALT

Was du brauchst

• ein Glas

Wie du vorgehst

1 Nimm das Glas in die Hand.

2 Hauche auf deine Handfläche.

Was passiert?

Deine Hand spürt Kälte (in Kontakt mit dem Glas) und Wärme (wenn du sie anhauchst).

Weil...

... einige Rezeptoren auf Temperaturveränderungen reagieren, so dass wir Kälte und Wärme wahrnehmen können.

Die Rezeptoren

Bei den Rezeptoren unterscheidet man zwei Hauptgruppen: die *Tastkörperchen* und die *freien Nervenenden*. Die Tastkörperchen haben verschiedene Formen, sind auf bestimmte Wahrnehmungen spezialisiert und auf verschidedene Ort verteilt.

Die freien Nervenendensind zuständig für die Schmerzübertragung. Sie befinden sich auch in den inneren Organen (Muskeln, Knochen, Gelenken ...).

Die freien Nervenenden informieren uns durch Schmerz darüber, dass etwas nicht in Ordnung ist (Zahnschmerzen, Stiche).

Die Meißner-Rezeptoren befinden sich in der obersten Hautschicht und reagieren auf den geringsten Kontakt zwischen der Haut und einem Gegenstand.

Die Pacini-Rezeptoren liegen tiefer in der Haut und reagieren auf Druck. Diese Tastkörperchen können sich an leichte Reize gewöhnen, wie zum Beispiel an das Gewicht einer Armbanduhr oder der Kleidung, die wir tragen.

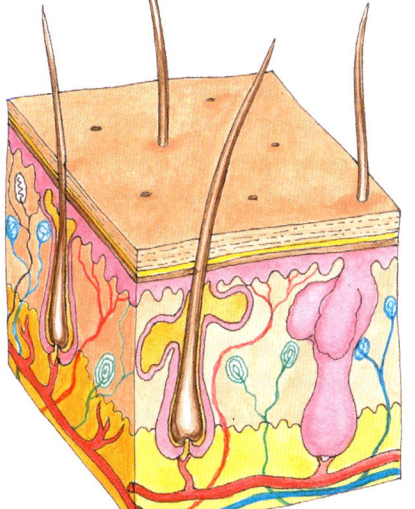

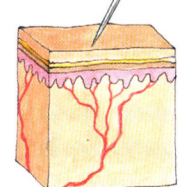

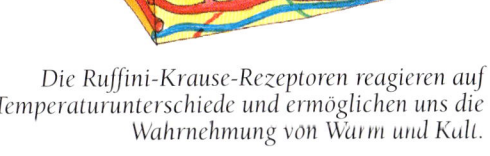

Die Ruffini-Krause-Rezeptoren reagieren auf Temperaturunterschiede und ermöglichen uns die Wahrnehmung von Warm und Kalt.

Durch den Tastsinn können wir mit Hilfe verschiedener Rezeptoren Schmerz, Druck, Kälte und Wärme wahrnehmen.

Ist der Tastsinn am ganzen Körper gleich?

EINE ODER ZWEI SPITZEN?

Was du brauchst

- zwei Bleistifte
- Klebeband

Wie du vorgehst

1 Klebe die Bleistifte mit dem Klebeband so zusammen, dass die Spitzen auf gleicher Höhe sind.

2 Bitte einen Freund, die Augen zu schließen, berühre mit den Spitzen seinen Arm und lass ihn raten, ob du ihn gerade mit einer oder mit beiden Spitzen berührst.

3 Versuche das Gleiche immer mit einer oder mit beiden Spitzen am Bein, am Fuß, auf der Handfläche, am Finger, an der Lippe, am Ellenbogen, am Rücken und am Kopf.

Was passiert?

Dein Freund wird nicht immer die richtige Antwort geben, aber an der Hand und der Lippe kann er die zwei Spitzen klar unterscheiden.

Weil...

... die Rezeptoren, die für die Empfindung von Schmerz und Druck zuständig sind, sich in besonders großer Anzahl dort befinden, wo ein gutes Tastvermögen wichtig ist, wie an den Fingerspitzen und an den Fußsohlen. Am Rücken sind die Rezeptoren am weitesten voneinander entfernt, so dass dort die Empfindlichkeit geringer ist.

Die Verteilung der Rezeptoren

Wird ein gewisser Mindestabstand unterschritten, werden zwei verschiedene und gleichzeitige Reize wie ein einziger empfunden. Der Mindestabstand variiert je nach Körperteil, da er von der Anzahl der vorhandenen Rezeptoren abhängt. Die Zunge ist zum Beispiel reich an Rezeptoren und kann zwei Reize unterscheiden, wenn sie einen Abstand von weniger als 1 mm haben. An den Fingerspitzen beträgt der Mindestabstand 2 oder 3 mm. Am Rücken, wo die Rezeptoren weiter auseinander liegen, muss der Abstand mindestens 6 oder 7 mm betragen.

Einige Säugetiere haben um das Maul herum wichtige Tastorgane: die Schnurrhaare.

Die Rezeptoren sind unterschiedlich auf die verschiedenen Körperteile verteilt.

Liefert der Tastsinn immer richtige Informationen?

VERSCHIDENE EMPFINDUNGEN

Was du brauchst

- ein Glas kaltes Wasser
- ein Glas warmes Wasser
- ein Glas lauwarmes Wasser

Wie du vorgehst

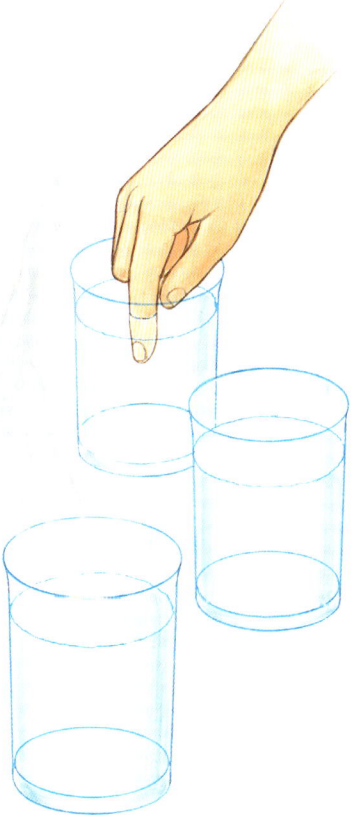

1 Tauche einen Finger in das Glas mit warmem Wasser.

2 Tauche ihn sofort danach in das lauwarme Wasser.

Was passiert?

Das lauwarme Wasser erscheint dir kalt.

3 Warte, bis der Finger seine normale Temperatur erreicht und tauche ihn in das kalte und sofort danach in das lauwarme Wasser.

Was passiert?

Das lauwarme Wasser erscheint dir warm.

Weil…

… die Wärme- und Kälterezeptoren Temperaturunterschiede wahrnehmen. Beim Übergang von warmem zu lauwarmem Wasser oder vom kalten zu lauwarmen Wasser können daher durch den Temperatursprung falsche Informationen entstehen. Aus diesem Grund nimmt unser Körper im Winter mehr Kälte wahr, wenn wir aus der Wärme nach draußen kommen.

UNSENSIBLE HÄNDE

Was du brauchst

- eine Schüssel
- einige Eiswürfel
- Wasser
- einige Nadeln

Wie du vorgehst

1 Gib die Eiswürfel zusammen mit dem Wasser in die Schüssel.

2 Tauche eine Hand 20 oder 30 Sekunden lang hinein.

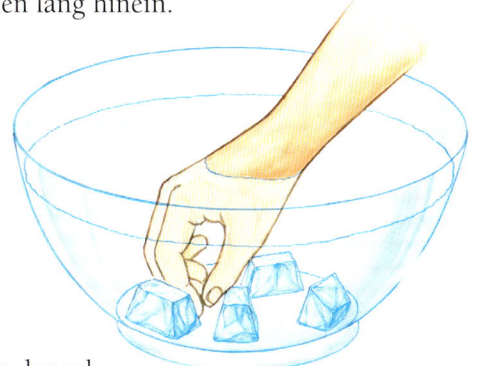

3 Trockne sie danach schnell ab.

4 Versuche, eine Nadel nach der anderen aufzuheben.

Was passiert?

Die Finger haben große Schwierigkeiten beim Aufheben der Nadeln, als wären sie eingeschlafen.

Weil…

… die Kälte die Sensibilität der Rezeptoren stark schwächt und die Finger den Gegenstand, den sie aufheben sollen, nicht spüren können. Deshalb ist es bei Kälte auch schwer, mit den Händen genaue Bewegungen durchzuführen, wie eine Zeitung umblättern oder einen Knopf zu schließen.

Manchmal liefert uns der Tastsinn Informationen, die nicht objektiv sind, da die Sensibilität der Rezeptoren verändert werden kann.

245

Kann man mit dem Tastsinn „sehen"?

DURCH TASTEN ERKUNDEN

Was du brauchst

- eine Pappschachtel mit Deckel
- eine Schere
- Gegenstände aus verschiedenen Materialien, Obst, Gemüse

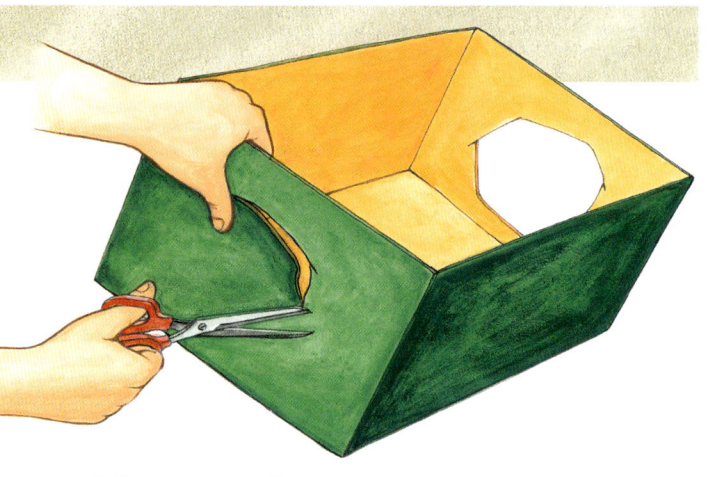

Wie du vorgehst

1 Schneide mit der Schere zwei große Löcher in gegenüber liegende Seiten der Schachtel.

2 Schließe die Schachtel mit dem Deckel, so dass man nicht hinein sehen kann und stelle sie zwischen dich und einen Freund; lege durch das Loch auf deiner Seite einen Gegenstand hinein, ohne dass er ihn sehen kann.

3 Bitte ihn, durch das Loch auf seiner Seite die Hand in die Schachtel zu stecken und zu raten, um welchen Gegenstand es sich handelt. Versuche ihn beim Tasten zu beeinflussen, indem du ihm zum Beispiel bei Baumwollfäden sagst, dass es sich um Spinnweben handelt.

4 Bitte ihn bei jedem Gegenstand zu raten, worum es sich handelt.

Was passiert?

Durch den Tastsinn kann dein Freund die Gegenstände in der Schachtel fast immer „sehen".

Weil…

… unser Gehirn von den den ersten Lebensmonaten an die Daten speichert, die es von den Sinnesorganen durch alltägliche Erfahrungen übermittelt bekommt. So kann es Gegenstände und Personen ohne Mithilfe der Augen erkennen. Die Dicke, die Art der Oberfläche und die Form dessen, was die Fingerspitzen fühlen, werden an das Gehirn weitergeleitet, das sie mit den gespeicherten Daten vergleicht.

Blinde lesen mit Hilfe der Finger Texte, die in Braille-Schrift geschrieben sind.

Lesen mit dem Tastsinn

Es gibt eine spezielle Schrift, das Braille, das Blinden ermöglicht, mit Hilfe des Tastsinns zu lesen. Die Buchstaben des Braille-Alphabets bestehen aus hervorstehenden Punkten, die die Fingerspitzen einzeln ertasten können, da zwischen ihnen der Mindestabstand gewahrt wird.
Heute findet man auch auf manchen Geldscheinen oder neben den Knöpfen eines Aufzugs Informationen in Braille-Schrift, so dass Blinde besser ohne fremde Hilfe zurechtkommen.

EIN LABYRINTH

Was du brauchst

• festes Zeichenpapier
• eine große Nadel
• einen Bleistift
• Farbstifte
• einen Lappen
• eine Stoppuhr
• Klebeband

Wie du vorgehst

1 Zeichne das Labyrinth, das du hier rechts siehst, auf das Papier.

2 Bitte einen Freund, nur mit Hilfe der Augen den Ausgang zu finden und stoppe die Zeit, die er dafür braucht.

3 Drehe das Papier um, befestige es an einem Fenster und male auf der Rückseite den Weg durch das Labyrinth nach.

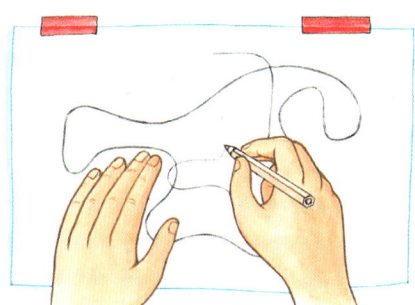

4 Lege das Papier auf den Lappen und perforiere mit der Nadel den Weg auf der Rückseite des Papiers.

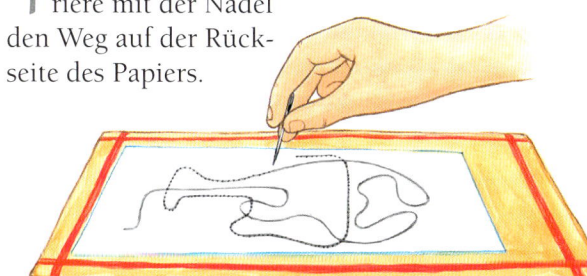

5 Drehe das Papier um und bitte deinen Freund, den Ausgang mit geschlossenen Augen zu suchen, indem er ihn mit den Fingerspitzen ertastet.

6 Stoppe, wie lange er braucht.

Was passiert?

Der Finger findet den Weg schneller als die Augen.

Weil…

… der Tastsinn durch die hohe Sensibilität der Fingerspitzen schneller ist als die Augen. Beim Sehen muss das Gehirn viel mehr Daten analysieren und vergleichen, um zu verstehen, welches der Ausweg ist.

Der Tastsinn kann dem Gehirn Informationen liefern, die fehlendes Sehvermögen ersetzen können.

Das Gehör

Unser Gehör funktioniert ununterbrochen, auch wenn wir schlafen, und hält uns in ständigem Kontakt mit der Außenwelt, auch wenn die anderen Sinne gerade ausgeschaltet sind. Es ermöglicht uns die Kommunikation mit anderen, sorgt dafür, dass uns das Geschehen um uns herum nicht erschreckt, ermöglicht uns den Genuss von Musik und der Geräusche der Natur sowie das Verstehen von Filmen.

Die nächsten Experimente erklären dir die Fähigkeiten deines Gehörs, wie es aufgebaut ist und wie die Ohren funktionieren, warum wir zwei davon haben und wie man besser hören kann.

Welche Töne hört das menschliche Ohr?

TÖNE UNTERSCHEIDEN

Was du brauchst

• zwei unterschiedlich lange Lineale
• Klebeband
• einen Tisch

Wie du vorgehst

1 Klebe die Lineale mit Klebeband so an die Tischkante, dass sie ein Stück überstehen.

2 Lasse erst das kürzere, dann das längere durch Anstoßen vibrieren.

Was passiert?

Das längere Lineal vibriert stark und erzeugt einen dunklen Ton; das kurze Lineal vibriert schneller, und der Ton, der dabei entsteht, ist höher.

Weil…

… Töne durch die Vibrationen der Luft bestimmt werden, die wiederum durch Schwingungen elastischer Körper entstehen. Die Vibrationen sind nicht alle gleich und erzeugen unterschiedliche Töne. Töne unterscheiden sich in ihrer *Frequenz* voneinander, das heißt in der Anzahl der Schwingungen pro Sekunde. Hohe Töne entstehen bei vielen Schwingungen pro Sekunde, dunklere und tiefere Töne entstehen durch wenige Schwingungen pro Sekunde. Die Töne der beiden Lineale unterscheiden sich auch in der *Intensität*, also der Länge der Schallwellen.

248

Schall, Infraschall und Ultraschall

Das menschliche Ohr kann nur eine Art von Schall wahrnehmen: den Schall, der eine Frequenz von 20 bis 20.000 Schwingungen pro Sekunde; tiefere und höhere Töne können wir nicht hören. Einer der tiefsten Töne, die wir wahrnehmen können, ist der der Trommel, zu den höchsten gehört der Gesang einiger Vögel. Töne mit einer Frequenz unter 20 Schwingungen pro Sekunde heißen *Infraschalltöne* (die zum Beispiel bei Erdbeben entstehen), Töne mit einer Frequenz über 20.000 Schwingungen pro Sekunde heißen *Ultraschalltöne* (die zum Beispiel von einer Fledermaus auf der Jagd ausgestoßen werden). Die Frequenz wird in *Hertz* (Hz) gemessen: 1 Hz entspricht einer Schwingung pro Sekunde.

Delphine und Schwertwale haben ein besonders ausgeprägtes Gehör: sie nehmen Ultraschalltöne bis zu 200.000 Hz wahr.

Der Hund kann Ultraschalltöne bis zu 40.000 Hz hören; zum Abrichten von Hunden benutzt man daher besondere Ultraschallpfeifen, die einen für uns unhörbaren Ton erzeugen.

Die Fledermaus stößt mit dem Kehlkopf Ultraschalltöne aus und ortet Hindernisse und Beute, indem sie die Geschwindigkeit des Echos dieser Töne misst, die von Bäumen oder Nachtfaltern zurückgeworfen werden.

Das menschliche Ohr nimmt Töne mit einer Frequenz von 20 bis 20.000 Schwingungen pro Sekunde wahr.

249

Wie erreichen die Töne unser Ohr?

WIE WELLEN

Was du brauchst

• eine Stimmgabel
• eine Schüssel
• Wasser
• einen Tisch

Wie du vorgehst

1 Schlage mit einem Arm der Stimmgabel gegen die Tischkante.

Was passiert?

Die Stimmgabel klingt.

2 Tauche die Stimmgabel sofort ins Wasser.

Was passiert?

Das Wasser bewegt sich und bildet Wellen und Strudel.

Weil…

… die Stimmgabel einen Ton erzeugt, weil sie durch den Schlag auf den Tisch zu vibrieren beginnt. Den Beweis für die unsichtbaren Schwingungen erhältst du, wenn du die Stimmgabel ins Wasser tauchst und dieses sich bewegt. Wenn die Stimmgabel schwingt, versetzt sie die Luft in der Umgebung ebenso in Bewegung wie das Wasser. Die schwingende Luft gibt die Bewegung weiter an die angrenzende Luft und so weiter, bis die Schwingung unser Ohr erreicht, wo sie gesammelt und an das Gehirn weitergeleitet wird.

Schallwellen breiten sich in der Luft auf die gleiche Weise aus wie die Wellen auf einer Wasseroberfläche, die von einem Stein oder einem Ball getroffen wird.

250

MIT EINEM TON AUSBLASEN

Was du brauchst

- eine Papprolle
- Frischhaltefolie
- eine Schere
- Klebeband
- eine Kerze
- ein Streichholz
- einen Kerzenhalter

Wie du vorgehst

1 Spanne über beide Enden der Papprolle Frischhaltefolie und befestige diese mit dem Klebeband.

2 Bohre an einem Ende mit der Schere in der Mitte ein Loch in die Folie.

3 Stelle die Kerze in den Kerzenhalter und bitte einen Erwachsenen, sie anzuzünden.

4 Halte das Ende der Papprolle mit dem Loch im Abstand von 2-3 cm neben die Flamme.

5 Klopfe mit den Fingern auf die Folie am anderen Ende.

Was passiert?

Die Flamme geht aus.

Weil…

… das Klopfen der Finger auf die Folie einen Ton erzeugt, der die Luft in der Rolle in Schwingung versetzt. Diese tritt durch das Loch aus und bewegt die Luft dort zur Kerze hin, die daraufhin ausgeht.

Das Hörorgan: das Ohr

Die von außen eintreffenden Töne werden in der *Ohrmuschel* gesammelt und durch den *Gehörgang* ins Innere des Ohrs geleitet. Am Ende des Gehörgangs befindet sich das *Trommelfell*, eine Membran, die beim Eintreffen der Töne zu schwingen beginnt. Die Schwingungen werden dann an *Hammer*, *Amboss* und *Steigbügel* weitergeleitet, die kleinsten Knochen im menschlichen Körper, die ihrerseits die Schwingung weiterleiten zur Flüssigkeit, die sich in der *Schnecke* befindet. Dort wird der Ton von einigen speziellen Zellen in einen Nervenimpuls umgewandelt, der an das Gehirn weitergeleitet wird.

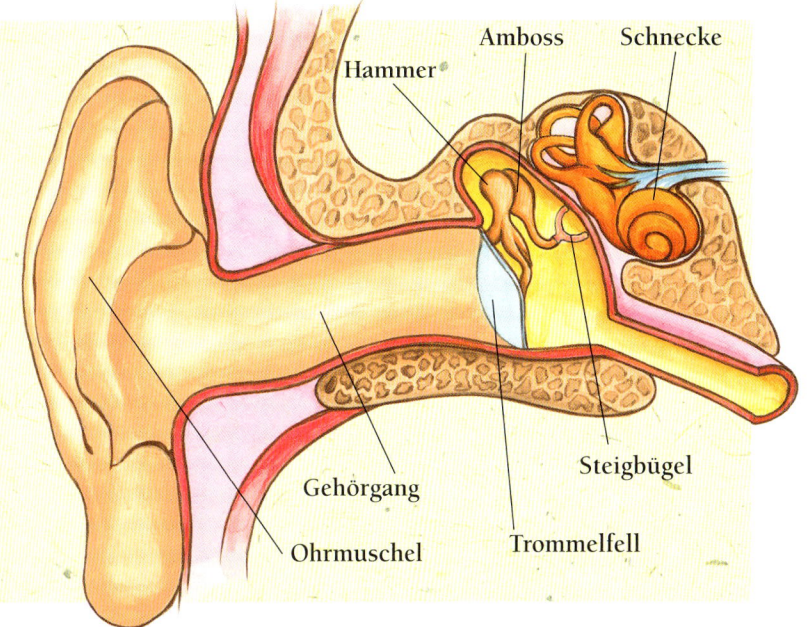

Die Töne erreichen unser Ohr mit Hilfe von Schwingungen der Luft.

Kann man dem Ohr helfen, besser zu hören?

DIE LAUTSTÄRKE ERHÖHEN

Was du brauchst

- ein Stück festes Papier von 70 x 50 cm
- Klebeband
- ein Radio

Wie du vorgehst

1 Drehe das Papier zu einer Tüte und klebe es mit dem Klebeband fest.

2 Schalte das Radio an und drehe die Lautstärke so leise wie möglich.

3 Halte das schmale Ende der Papiertüte an dein Ohr und halte das andere Ende an das Radio.

Was passiert?

Du kannst die Töne besser hören.

4 Halte den schmalen Teil der Tüte an deinen Mund und sage etwas.

Was passiert?

Deine Stimme wird lauter und kann auch von jemandem gehört werden, der sich in einiger Entfernung befindet.

Weil...

... das, was du dir gebastelt hast ein sehr einfaches Hörgerät oder ein einfaches Megafon ist. Es kann Töne sammeln und sie zu deinem Ohr leiten (so dass du auch leise Töne hörst) oder den Klang deiner Stimme verstärken, indem es verhindert, dass sie sich zerstreut und sie stattdessen in Richtung deiner Zuhörer konzentriert.

Ohren zum Sammeln von Tönen

Bei vielen Tieren ist die Ohrmuschel besser ausgebildet als beim Menschen und außerdem noch beweglich. Besonders für Pflanzenfresser sind die Ohren zur Verteidigung sehr wichtig. Die Ohren einer Gazelle oder eines Kaninchens zum Beispiel sind beweglich, so dass sie auch das geringste Geräusch aufnehmen können.

Mit zwei Ohren kann man außerdem genau den Ort lokalisieren, von dem ein Geräusch ausgeht. Das Gehirn kann den Zeitunterschied feststellen, in dem der Schall die beiden Ohren erreicht, und nutzt diese Information, um die Schallquelle zu orten.

252

TÖNE VERSTÄRKEN

Was du brauchst

- zwei Trichter
- einen Gummischlauch von etwa 2 m Länge
- einen mechanischen Wecker
- Klebeband
- eine Schere

Wie du vorgehst

1 Befestige die beiden Trichter mit Klebeband an den Enden des Schlauches.

2 Befestige einen der Trichter an dem Wecker.

3 Halte den anderen Trichter an dein Ohr und entferne dich von dem Wecker so weit, wie es der Schlauch zulässt.

Was passiert?

Das Ticken des Weckers erreicht dein Ohr ganz klar.

4 Nimm den Trichter vom Ohr und entferne den anderen vom Wecker.

Was passiert?

Du hörst das Ticken des Weckers nicht mehr.

Weil…

… schwache Töne sich leicht zerstreuen, noch bevor sie unsere Ohren erreichen. Der Trichter über dem Wecker sammelt dessen Geräusch und leitet es durch den Schlauch an das Ohr weiter. Der zweite Trichter verstärkt das Geräusch noch. Das Stethoskop, das der Arzt zum Abhören des Herzen oder der Lunge benutzt, funktioniert nach demselben Prinzip: Es verstärkt schwache Töne so, dass das Ohr sie hören kann.

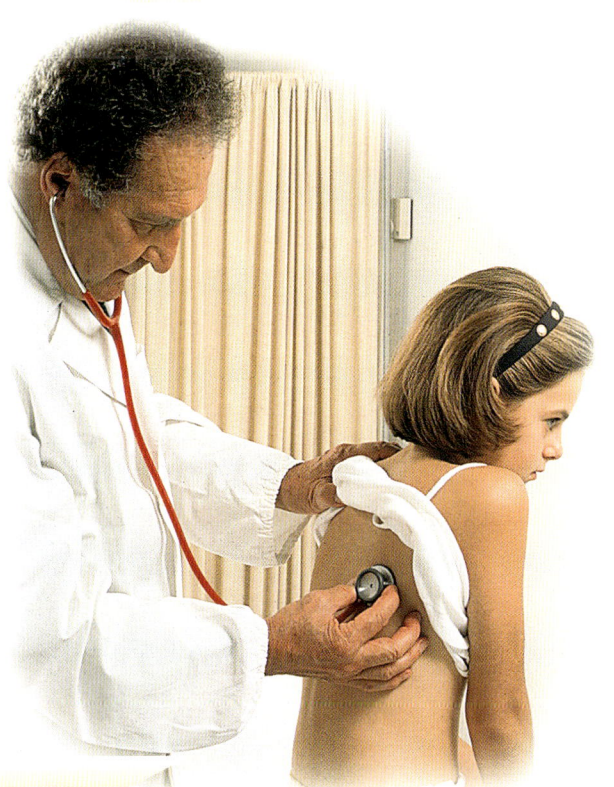

Es gibt Instrumente, die es dem Ohr ermöglichen, auch schwache oder weit entfernte Geräusche zu hören.

253

Geschmack und Geruchssinn

Wir werden nun zusammen zwei Chemielabors in unserem Körper erforschen. Es handelt sich um die Zunge, das Geschmacksorgan, und die Nase, das Geruchsorgan. Dort finden Analysen statt, um die Stoffe, die wir Essen oder riechen zu erkennen.

Wusstest du, dass die Zunge nur einige Geschmäcke erkennt, und es die Nase ist, die uns die verschiedenen Geschmäcke der Speisen wahrnehmen lässt? Wenn wir essen, arbeiten Geschmacks- und Geruchssinn zusammen! Die Experimente und Informationen auf den folgenden Seiten werden dir die Geheimnisse der Zellen enthüllen, mit denen die Zunge bedeckt ist, und der Zellen, die in der Nase die Gerüche aufnehmen. Wir werden diese beiden Sinne des Menschen außerdem mit denen der Tiere vergleichen.

Wie viele Geschmäcker erkennt die Zunge?

ALLES AM RICHTIGEN PLATZ

Was du brauchst

- einen Tropfenzähler
- Salz
- Honig
- Zitronensaft
- Kaffee
- Wasser
- Brot
- ein Blatt Papier
- einen Bleistift
- Buntstifte

Wie du vorgehst

1 Male die Abbildung der Zunge, die du hier siehst, auf das Papier und unterteile sie auf die gleiche Weise.

2 Versuche, mit dem Tropfenzähler jeweils eine der Substanzen, die du zur Verfügung hast, auf einen bestimmten Bereich deiner Zunge (Richte dich dabei nach der Zeichnung.) zu tropfen (Salz und Honig musst du in etwas Wasser auflösen); lass dir dabei von einem Freund helfen.

3 Spüle den Tropfenzähler nach jeder Probe aus und iss ein Stück Brot oder trinke Wasser.

4 Wenn du den Bereich findest, wo du Süßes am besten schmeckst, male diesen auf dem Bild rot an. Der Bereich, wo du den sauren Zitronensaft am stärksten schmeckst, wird gelb, der Bereich, wo du den bitteren Kaffee schmeckst, wird violett, und der, wo du das Salz schmeckst, wird grün.

Was passiert?

Nicht alle Bereiche der Zunge nehmen alle Geschmacksrichtungen gleich stark wahr. Jeder Bereich ist für einen Geschmack zuständig. Dein Bild müsste etwa so aussehen wie dieses.

Weil…

… die *Geschmacksknospen*, also die Rezeptoren auf der Zunge, nicht alle gleich sind. Die an der Zungenspitze reagieren auf Süßes, andere nehmen Bitteres besser wahr, sie sind im hintersten Bereich der Zunge. An den Seiten liegen die Rezeptoren, die am stärksten auf Saures oder Salziges reagieren.

Die Zunge

Die Zunge wirkt wie ein Chemielabor, in dem die Speisen analysiert werden, um sie wiederzuerkennen. Auf der Zunge befinden sich zahlreiche Geschmacksknospen in verschiedenen Formen, die unterschiedliche Aufgaben haben.
Die *fadenförmigen Geschmacksknospen* sind Tastrezeptoren, mit denen wir zum Beispiel den Geschmack eines duftenden Kuchens oder von frischem Brot oder allem anderen, womit die Zunge in Kontakt kommt, erkennen können. Die *pilzförmigen* und die *wallförmigen Geschmacksknospen* dagegen sind darauf spezialisiert, den Geschmack von aufgelösten Stoffen zu erkennen. Bevor eine Substanz die Geschmacksknospen erreicht, muss sie in Wasser oder Speichel aufgelöst werden. Die Zunge kann nur vier Geschmacksrichtungen unterscheiden: süß, sauer, bitter und salzig. Dass wir unzählige andere Geschmäcker wahrnehmen können, verdanken wir dem Eingreifen des Geruchssinns, wie wir später noch sehen werden.

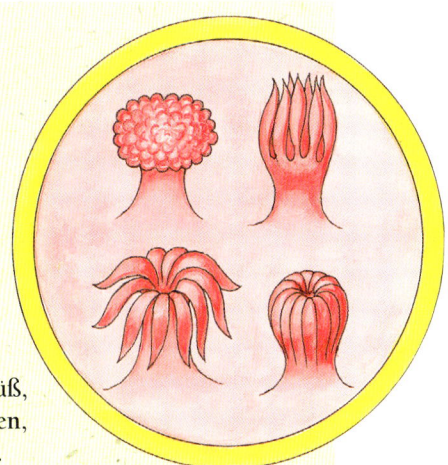

Die Zunge kann vier Geschmacksrichtungen unterscheiden: süß, salzig, sauer und bitter.

255

Riecht die Nase Geschmäcker?

MIT ZUGEHALTENER NASE

Was du brauchst

- einen Pürierstab
- einen Apfel
- eine gekochte Kartoffel
- eine gekochte Möhre
- einen Teelöffel
- ein Halstuch
- drei Gläser

Wie du vorgehst

1 Püriere mit Hilfe eines Erwachsenen die Möhre, den Apfel und die Kartoffel getrennt und gib das Püree in die Gläser.

2 Verbinde einem Freund mit dem Tuch die Augen und bitte ihn, sich die Nase zuzuhalten.

3 Lasse ihn mit dem Teelöffel die drei Pürees probieren und lasse ihn raten, worum es sich handelt.

Was passiert?

Dein Freund erkennt nur mühsam oder gar nicht, worum es sich handelt.

Weil…

… wir Geschmacksrichtungen über den Geruchssinn unterscheiden. Wenn dieser nicht funktioniert, scheint alles gleich zu schmecken; wir können süß, sauer, salzig und bitter unterscheiden, aber alle anderen Geschmacksrichtungen eines leckeren Gerichts erkennen wir nur schwer. Aus diesem Grund schmeckt das Essen bei Schnupfen mit verstopfter Nase auch nicht so gut wie sonst!

Der Geschmackssinn von Tieren

256

Geruch und Geschmackssinn zum Wahrnehmen aller Geschmäcke

Der Geschmacks- und der Geruchssinn sind „chemische" Sinne und arbeiten eng zusammen. Sie führen chemische Analysen winziger Teilchen (der Moleküle) der Stoffe durch, mit denen sie in Kontakt kommen. Die Zunge führt diese Analyse in den Geschmacksknospen durch, die Nase in einem kleinen Bereich, der sich oberhalb der Nasenhöhle, in Augenhöhe befindet. Dort gibt es viele Geruchszellen, die mit Härchen versehen sind, zwischen denen sich die Geruchsstoffe sammeln. Der Kontakt mit Gerüchen bewirkt eine chemische Reaktion, durch die ein Nervenimpuls direkt zu m Gehirn geleitet wird, das die Aufgabe hat, den Geruch zu identifizieren. Die Nasenhöhle ist durch den Rachen mit der Mundhöhle verbunden. Beim Kauen steigen Geruchsmoleküle der Nahrung durch diesen Kanal nach oben zu den Geruchszellen, wo sie analysiert werden.

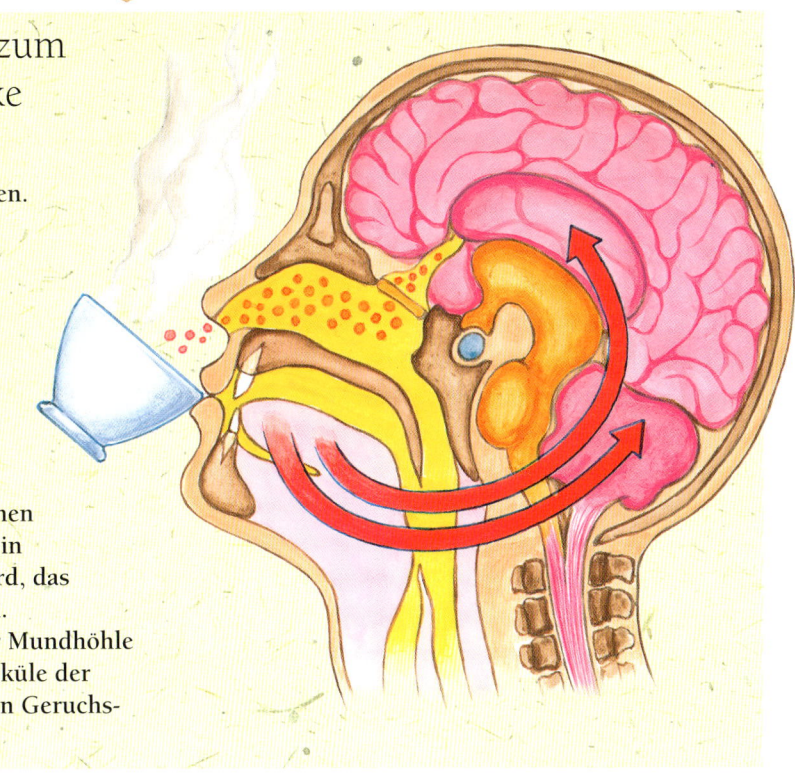

Bienen und Schmetterlinge haben zum Prüfen der Nahrung Geschmackshärchen an den Füßen.

Schlangen nutzen ihre Zunge, um die Spur ihrer Beute zu verfolgen: Sie strecken sie ständig aus dem Mund, um Duftspuren aus der Luft aufzunehmen, die sie analysieren.

Einige Fische nehmen Geschmäcker mit dem ganzen Körper wahr.

Die Wahrnehmung von Geschmäcken erfolgt durch unser Geruchsorgan, die Nase.

257

Wie erreichen Gerüche die Nase?

GERÜCHE AUF DER REISE

Was du brauchst

- eine Basilikumpflanze
- einen Plastikbeutel

Wie du vorgehst

1 Gib das Basilikum in den Beutel.

2 Knote den Beutel zu.

3 Gehe in ein anderes Zimmer und bitte einen Freund, 2 m Abstand von dir zu halten und dir zu sagen, wann er das Basilikum riecht.

4 Schüttle den Beutel.

Was passiert?

Dein Freund riecht das Basilikum nicht.

5 Nimm das Basilikum aus dem Beutel und schüttle es.

Was passiert?

Wenn das Basilikum außerhalb des Beutels ist, kann dein Freund es in der Entfernung riechen.

Weil…

… Gerüche die Nase über die Luft erreichen. Tatsächlich setzen Duftstoffe an der Luft Moleküle frei. Wenn diese den oberen Bereich der Nasenhöhle erreichen, werden sie von den feinen Härchen aufgehalten und analysiert. Es gibt aber auch Stoffe, wie Mineralien, die keine Moleküle freisetzen und daher keinen Geruch haben.

Ein starker oder schwacher Sinn?

Beim Menschen ist besonders in der zivilisierten Welt der Geruchssinn viel schwächer geworden und hat zugunsten des Sehens und Hörens an Bedeutung verloren; dennoch ist er immer noch sehr leistungsfähig: er kann 2.000 bis 4.000 verschiedene Gerüche wahrnehmen. Manche Menschen haben einen sehr guten Geruchssinn und nutzen ihn als wertvolles „Arbeitsgerät". Denke zum Beispiel an einen Weinexperten oder einen Parfumhersteller, die bei ihrer Arbeit mehr Gerüche unterscheiden müssen, als normale Menschen es können.

Ein Weinkenner prüft erst aufmerksam den Geruch eines Weins, bevor er ihn kostet.

258

SICHTBARE GERÜCHE

Was du brauchst

- eine Zwiebel
- ein Messer
- einen Teller
- Wasser
- ganz feines Puder

Wie du vorgehst

1 Gieße etwas Wasser auf den Teller.

2 Streue eine dünne Puderschicht auf die Oberfläche, wenn das Wasser sich nicht mehr bewegt (Das Experiment gelingt nur, wenn das Puder sehr fein ist).

3 Bitte einen Erwachsenen, von der Zwiebel ein Stück abzuschneiden, und nähere es der Puderfläche.

Was passiert?

Das Puder beginnt sich langsam zu bewegen, und es entstehen Löcher in der Oberfläche.

Weil…

… die Zwiebel einen sehr starken Geruch hat, da sie an der Luft viele Moleküle freisetzt. Diese sind es, die das Puder in Bewegung versetzen.

Sich mit der Nase orientieren

Verschiedene Studien haben ergeben, dass Brieftauben sich hauptsächlich durch ihren Geruchssinn orientieren. Sie können sich die Gerüche ihrer Ausgangsstation und bestimmter Gegenden merken, die sie auf ihrer Reise durchfliegen. Sie haben also eine „Geruchslandkarte". Zwar konnten auch Tauben ohne die Möglichkeit, ihren Geruchssinn zu nutzen, den Heimweg finden, doch mit großer Mühe und erst nach langer Zeit.

Ein Spezialist: der Hund

Der Geruchssinn des Hundes ist 10.000 Mal besser als der des Menschen, was aber nicht für alle Gerüche gilt. Den Duft von Blumen riecht er kaum besser als wir, doch für den Geruch von Tierfetten und Schweiß ist er sehr empfindlich. Deshalb wird er auch für die Jagd und bei Polizeifahndungen eingesetzt. Dank seines Geruchssinns kann man den Hund auch bei der Suche nach Überlebenden nach Naturkatastrophen (Lawinen, Erdbeben …), bei der Drogenfahndung oder zur Trüffelsuche einsetzen.

Die Nase atmet durch die Nasenlöcher Geruchsmoleküle ein, die in der Luft transportiert werden.

Die Augen werden geschützt

Die Natur hat die Augen mit einigen Schutzmechanismen ausgestatte. Die Augenbrauen verhindern, dass Schweiß von der Stirn in die Augen gelangt und sie reizt; die Wimpern, Härchen am Augenlid, verhindern durch ihre Bewegung, dass Staub oder andere Fremdkörper dem Auge zu nahe kommen; die Augenlider ermöglichen den Augen, sich im Schlaf zu erholen, und halten sie im Wachzustand durch das Öffnen und Schließen feucht (weil so die Tränenflüssigkeit verteilt wird) und sauber.
Auch wir müssen an die Sicherheit unserer Augen denken und Dinge vermeiden, die sie unwiderruflich schädigen könnten. Wir dürfen nicht direkt in die Sonne schauen und nicht bei unzureichendem Licht lesen oder schreiben. Wir sollten vermeiden, dass unsere Augen mit schädlichen Stoffen in Kontakt kommen und müssen sie mit einer Sonnenbrille gegen übermäßiges Sonnenlicht schützen.

Bewegte Bilder

Du hast sicher schon einmal gesehen, wie ein Film aussieht. Es ist ein langer Streifen, der in kleine Rechtecke unterteilt ist, auf denen sehr ähnliche Bilder zu sehen sind, die verschiedene Bewegungsphasen eines Gegenstands, eines Tiers oder eines Menschen zeigen.
Wenn wir uns einen Film ansehen, nehmen wir jedoch nicht wahr, dass es sich dabei um viele verschiedene Bilder handelt. Wenn nämlich mehr als 12 davon pro Sekunde gezeigt werden, nimmt das Auge sie als ein ständiges Bild eines sich bewegenden Gegenstands, Tieres oder Menschen wahr. Eine Biene kann bis zu 400 Bilder pro Sekunde getrennt wahrnehmen. Würde die Biene einen unserer Zeichentrickfilme sehen, würde sie die Bilder alle einzeln sehen wie bei einer Diashow.

Eine weitere Funktion des Ohrs

Das Ohr ist unser Gleichgewichtsorgan. In seinem Inneren befinden sich drei halbkreisförmige Kanäle, die mit der Schnecke verbunden sind. Sie sind angeordnet wie die drei Achsen des Raums: links-rechts, oben-unten und vorne-hinten. Sie sind mit einer Flüssigkeit gefüllt und mit Härchen ausgestattet, die die Bewegungen des Körpers aufnehmen und sie an das Gehirn weiterleiten, so dass dieses uns im Gleichgewicht halten kann.

Die Funktion der Zunge

Die Zunge ist ein ganz besonderer Muskel. Sie ist der einzige Muskel im Körper, der nur an einem Ende befestigt ist, was sie besonders beweglich macht, wofür unter anderem 15 verschiedene Muskeln zuständig sind! Dadurch, dass die Zunge sich nach vorne, nach hinten, nach oben und nach unten und zur Seite oder sogar nur teilweise bewegen kann, ist sie nicht nur das wichtigste Geschmacksorgan, sondern auch ein Tastorgan. Sie ermöglicht es uns, die Nahrung beim Kauen in Brei zu verwandeln und sie zu schlucken. Sie ermöglicht uns auch das deutliche Sprechen.

Glossar

Aerodynamik Lehre von der Bewegung der Körper in der Luft.

Aggregatzustände Zustände, in denen die Materie auftreten kann (flüssig, fest, gasförmig). Sie hängen von der Geschwindigkeit der Moleküle ab, aus denen die Materie besteht.

Ampere Einheit der elektrischen Stromstärke (Abkürzung A).

Atmosphäre Gasförmige Hülle, die die Erde umgibt.

Atmung Biologische Funktion, durch die Sauerstoff aufgenommen wird und Abfallstoffe wie Kohlendioxid ausgestoßen werden.

Atom Kleinstes Teilchen eines chemischen Teilchens, das aufgrund seiner Struktur für dessen chemische und physikalische Eigenschaften verantwortlich ist. Es besteht aus einem Kern aus Neutronen (nicht geladen) und Protonen (positiv geladen), um den die Elektronen (negativ geladen) kreisen.

Auftrieb 1) Kraft, die ein Flugzeug in der Luft hält, da der Luftdruck unter den Tragflächen stärker ist als der Druck der Luft über den Tragflächen, die sich bewegen. 2) Druck nach oben, der einen Körper im Wasser schwimmen lässt.

Ausdehnung Veränderung der Größenverhältnisse eines Körpers durch Temperaturveränderung.

Barometer Instrument zur Messung des Luftdrucks.

Blitz Phänomen in der Atmosphäre durch elektrische Entladung zwischen zwei Wolken oder einer Wolke und der Erde.

Bogen Architektonische Struktur zur Überbrückung leerer Räume.

Brechung Ablenkung eines Lichtstrahls beim Durchtritt von einem Medium in ein anderes.

Chemie Lehre der Eigenschaften von Stoffen, ihrer Zusammensetzung, ihren möglichen Umformungen, ihrer Struktur.

Chemische Reaktion Umwandlung, bei der sich eine oder mehrere Substanzen (Reagenzien) nach der Auflösung oder Bildung chemischer Bildungen in andere Substanzen umwandeln (Produkt).

Chemisches Element Stoff, der aus Atomen desselben Typs besteht.

Dampf Gasförmiger Zustand eines Stoffs, der durch Sublimation eines Feststoffs oder Verdunstung oder Sieden einer Flüssigkeit entsteht.

Dichte Verhältnis der Masse eines Körpers zu seinem Volumen.

Dynamo Generator, der durch Drehbewegungen elektrischen Strom erzeugt.

Dynamometer Instrument zum Messen von physikalischen Kräften.

Einfache Maschinen Vorrichtungen, die dazu beitragen, dass eine Arbeit leichter verrichtet werden kann, zum Beispiel Hebel, Rollen, Getriebe und schiefe Ebenen.

Eis Wasser im festen Zustand.

Elastizität Eigenschaft von Körpern, nach Deformationen durch Einwirkung von Kräften ihre ursprüngliche Form wieder anzunehmen.

Elektrische Ladung Die Elektrizitätsmenge, die ein Körper besitzt.

Elektrischer Strom Der Fluss elektrischer Ladungen durch leitende Materialien (zum Beispiel Stromkabel).

Elektromagnetismus Lehre der Beziehungen zwischen Elektrizität und Magnetismus.

Elektroskop Gerät, das die elektrische Ladung anzeigt.

Elektrostatik Phänomen, das auf ruhenden elektrischen Ladungen in einem Körper beruht.

Energie Das Vermögen, eine Arbeit zu verrichten und Kräfte zu erzeugen.

Erdanziehungskraft Kraft, die Körper zum Mittelpunkt der Erde zieht.

Erdmagnetismus Magnetfeld der Erde.

Erstarrung Übergang eines Stoffes vom flüssigen in den festen Zustand.

Fernglas Instrument zur Beobachtung weit entfernter Gegenstände, das mit mehreren Linsen arbeitet.

Fester Stoff Aggregatzustand, bei dem die Moleküle fest miteinander verbunden sind; feste Stoffe haben eine eigene Form und ein Volumen.

Feuchtigkeit Menge von Wasser in der Luft.

Flamme Brennender Gasstrom, der Licht und Wärme produziert.

Flüssigkeit Aggregatzustand der Materie, bei dem die Moleküle untereinander durch eine Kohäsionskraft zusammengehalten werden, die die Bewegung der Moleküle nicht verhindert.

Gas Gasförmiger Stoff.

Gasförmig Aggregatzustand von Stoffen, bei dem die Moleküle untereinander nur schwach verbunden sind und daher jeden verfügbaren Platz einnehmen; sie können deshalb leicht komprimiert werden.

Gehör Sinn zur Wahrnehmung von Tönen.

Gemisch Zwei oder mehr vermischte Elemente oder Verbindungen, die sich nicht chemisch verbunden haben.

Geruchssinn Sinn zur Wahrnehmung von Gerüchen.

Geschmacksknospen Kleine warzenförmige Rezeptoren auf der Zunge, mit denen vier Grundgeschmacksrichtungen wahrgenommen werden (süß, sauer, salzig, bitter).

Geschmackssinn Sinn, mit dem wir verschiedene Geschmacksrichtungen unterscheiden können.

Geschwindigkeit Verhältnis zwischen dem zurückgelegten Weg eines Körpers und der dafür benötigten Zeit.

Getriebe System von Zahnrädern, mit dem Kräfte oder Bewegungen umgewandelt oder übertragen werden.

Gewicht Kraft, die die Erdanziehung auf einen Körper ausübt.

Geysir Heiße Springquelle.

Gleichgewicht Zustand, in dem sich alle an einem Körper greifenden Kräfte in der Waage halten, so dass er in Ruhe verharrt oder sich gleichförmig bewegt.

Gravitation Kraft, aufgrund der sich alle Körper mit einer Masse gegenseitig anziehen.

Hebel Einfache Maschine, die ein günstiges Verhältnis zwischen der aufzuwendenden Kraft und der zu verrichtenden Arbeit erzeugt.

Höhenmeter Instrument zur Messung des Höhenunterschieds zwischen zwei Punkten.

Isolator Material, durch das kein Strom- oder Wärmefluss möglich ist.

Kilogramm Einheit der Masse (Abkürzung kg).

Kompass Instrument zur Bestimmung der Himmelsrichtung.

Komprimierte Luft Luft, deren Volumen durch starken Druck verringert wurde.

Kondensation Übergang eines Stoffes vom gasförmigen in den flüssigen Zustand.

Konvektion Wärmetransport in einem flüssigen oder gasförmigen Körper durch Bewegung von Molekülen von unten nach oben und umgekehrt.

Laser Instrument zur Herstellung eines sehr dünnen und intensiven Lichtstrahls – des Laser-

strahls–, der sehr viel Energie besitzt. Der Laserstrahl wird oft in der Medizin eingesetzt.

Lösung Homogenes Gemisch aus einem oder mehreren Stoffen, die durch mechanische Mittel nicht trennbar sind; sie entsteht durch das Auf-lösen eines flüssigen, festen oder gasförmigen Stoffes in einer Flüssigkeit.

Luftdruck Von den Gasen, die die Erde an ihrer Oberfläche umgeben, ausgeübte Kraft.

Magnet Material, das andere Materialien anzieht, die entweder Eisen, Kobalt oder Nickel enthalten. Ein Magnet richtet sich normalerweise in Richtung der Magnetpole der Erde aus.

Magnetfeld Bereich, in dem ein Magnet auf einen magnetischen Körper eine Anziehungskraft ausübt.

Meeresströmung Bewegung der Wassermassen der Weltmeere.

Metalle Chemische Metalle, die gute Wärme- oder Stromleiter, dehnbar und nachgiebig sind und einen charakteristischen Glanz aufweisen.

Molekül Teilchen aus zwei oder mehr chemisch verbundenen Atomen; der kleinste Teil eines Stoffes, der noch dessen chemische Eigenschaften besitzt.

Nebel Masse winziger Wassertröpfchen in der Luft in der Nähe der Erdoberfläche.

Newton Maßeinheit der Kraft (Abkürzung N).

Nichtmetalle Chemische Elemente, die Wärme und Strom schlecht leiten und immer spröde sind.

Oberflächenspannung Kräfte, die bewyirken, dass sich die Oberfläche einer Flüssigkeit wie eine elastische Membran verhält.

Optische Täuschung Wahrnehmung der Augen, die vom Gehirn falsch interpretiert wird.

Orbit Bahn von meist runder oder ovaler Form, in der sich ein Körper (Planet, Satellit, Elektron) um einen anderen bewegt

Orientierung Fähigkeit, die eigene Position im Raum oder die Richtung der eigenen Bewegung zu bestimmen.

Oxidation Chemische Reaktion, bei der ein chemisches Element eine Verbindung mit Sauerstoff eingeht.

Photosynthese Prozess, bei dem grüne Pflanzen Sonnenlicht und Kohlendioxid aufnehmen, mit Wasser, das sie aus dem Boden aufnehmen, und Chlorophyll aus den Blättern verbinden und daraus Glucose herstellen, einen Zucker, von dem Pflanzen sich ernähren.

Reflexion Phänomen, bei dem Lichtstrahlen ihre Richtung ändern, weil sie auf eine reflektierende Oberfläche (zum Beispiel einen Spiegel) stoßen.

Regen Flüssiger Niederschlag, bestehend aus Wassertropfen.

Regenbogen Leuchtender Bogen in den sieben Spektralfarben, der durch die Brechung des Sonnenlichts in Regentropfen entsteht.

Reibung Widerstandskraft bei der Änderung der Lage zwei sich berührender Körper.

Rezeptor Zelle, Gewebe oder Nervenorgan, das äußere Reize aufnehmen kann.

Schall Mechanische Schwingungen und Wellen in einem elastischen Medium (zum Beispiel Luft), die einen Klang erzeugen.

Schalter Vorrichtung, mit der ein Stromkreis geschlossen oder unterbrochen werden kann.

Schatten Bereich, den Lichtstrahlen nicht erreichen, weil sie von einem undurchlässigen Körper aufgehalten werden.

Schiefe Ebene Einfache Maschine, die aus einer schiefen Ebene besteht, über die man Körper entgegen der Schwerkraft leichter bewegen kann.

263

Schmelzen Übergang eines Stoffes vom festen in den flüssigen Zustand.

Schnee Niederschlag aus Eiskristallen.

Schwingung Regelmäßige, zwischen bestimmten Grenzen hin- und herführende Bewegung eines Körpers.

Sieden Übergang eines Stoffes vom flüssigen in den gasförmigen Zustand, an dem die gesamte Masse des Stoffes beteiligt ist.

Spektrum Gesamtheit der Farben, aus denen sich weißes Licht zusammensetzt.

Statik Untersuchung der Bedingungen, unter denen sich Körper bei Einfluss von Kräften im Gleichgewicht befinden.

Stereoskopisches Sehen Fähigkeit, durch den Einsatz beider Augen dreidimensional zu sehen.

Stethoskop Medizinisches Instrument, mit dem man zum Beispiel Herztöne und Lungengeräusche abhören kann.

Stimmgabel Gabelförmiges Instrument, das einen Grundton erzeugt und zum Stimmen von Musikinstrumenten benutzt wird.

Stromkreis Serie elektrischer Komponenten und Leiter, durch die der elektrische Strom fließen kann.

Stromleiter Körper, der den Fluss von elektrischem Strom ermöglicht.

Sublimation Direkter Übergang eines Stoffs vom festen in den gasförmigen Zustand und umgekehrt.

Tastsinn Sinnesorgan zur Wahrnehmung von Reizen wie Druck, Schmerz, Wärme und Kälte durch Rezeptoren auf der Haut.

Trägheit Neigung der Körper, in Ruhe zu verharren oder ihre Bewegung beizubehalten.

Vakuum Leerer (materiefreier) Raum.

Verbindung Stoff, der durch die chemische Vereinigung anderer Stoffe entsteht und andere Eigenschaften hat als die Ausgangsstoffe.

Verbrennung Chemische Reaktion, bei der ein Brennstoff mit einem Verbrennungsmittel oxidiert, wobei Wärme ensteht.

Verdunstung Übergang eines Stoffes vom flüssigen in den gasförmigen Zustand, woran jedoch nur die oberste Schicht des Stoffes beteiligt ist.

Verflüssigung Übergang eines Stoffes vom gasförmigen in den flüssigen Zustand.

Volt Einheit der elektrischen Spannung (Abkürzumg V).

Wärme Energieform, die von einem Körper auf einen anderen übertragen wird, wenn zwischen ihnen ein Temperaturunterschied besteht.

Wärmeleiter Körper, der den Fluss von Wärme ermöglicht.

Wasserkraftwerk Kraftwerk, das zur Herstellung von elektrischem Strom die Wasserkraft nutzt.

Widerstand Teil des Stromkreises, der den Stromfluss erschwert und so die Umwandlung von Strom in Wärme und Licht bewirkt.

Wind Bewegung von Luftmassen in der Atmosphäre aufgrund von Veränderungen der Temperatur- oder Druckverhältnisse.

Windkraftwerk Kraftwerk, das zur Herstellung von elektrischem Strom die Windkraft nutzt.

Wirbelsturm Sammelname für alle Stürme, bei denen die Luft in spiralförmigen Bahnen um ein wanderndes Zentrum herumfließt.

Wolken Luft- und Wassermassen, die durch Kondensation von Wasser entstehen.

Zentrifugalkraft Kraft, die einen rotierenden Körper vom Zentrum der Umlaufbahn wegdrückt.

Zentripetalkraft Zum Kreismittelpunkt gerichtete Kraft, die der Zentrifugalkraft entgegenwirkt.

Zelle Kleinste selbständig lebensfähige Einheit.